音乐至上

Riccardo Muti

里卡尔多·穆蒂自传

[意]里卡尔多·穆蒂 著

谢瑛华 译 徐卫翔 校

上海三联书店

Prima la musica, poi le parole

作者的话

乔瓦尼·巴蒂斯塔·卡斯蒂写过一部歌剧脚本，*Prima la musica e poi le parole*（《音乐至上》，本意为先有音乐后有言词），安东尼奥·萨列里为它谱了曲。我这本书的书名，正是取自这部歌剧。凡是了解我的人，可能都会觉得我这么做很矛盾，而你只要把这本书读下去——特别是读到有关在萨尔茨堡演出《女人心》（*Cosi fan tutte*）的部分——你就会发现，我总是喜欢一上来先谈“词”，因为在戏里，我希望它们能完美地独立于音乐之外，甚至是超然于音乐之上。可在这儿，我只想说，年过七旬，在音乐中研磨了五十个春秋，我觉得有必要歇歇脚，回头看看过去的自己和一路走来的点点滴滴，再把我的反思化为言词。

题　记

E come giga e arpa, in tempra tesa
di molte corde, fa dolce tintinno
a tal da cui la nota non è intesa,

così da' lumi che lì m'apparinno
s'accogliea per la croce una melode
che mi rapiva, sanza intender l'inno.

然后如同提琴和竖琴把好多弦索
调节得和谐悦耳，向不能清楚辨别
音色的人，弹奏出琤琮激越的韵律，

从那出现在我面前的光辉里发出的
　一阵歌声，就那样汇合在十字架上，
　使我听得入神，虽然我听不懂那歌辞。

——但丁《神曲·天堂篇》[①]

① 此段选自但丁《神曲·天堂篇》(*Paradiso*)，第十四歌，第118—123行。本书所引但丁《神曲》(*La Divina Commedia*)中译文，均出自朱维基译本，上海译文出版社，1994年。——译者注(以下凡未注明作注者的均为译者注)

目　录

第一章　小提琴代替了玩具 9

“来，好戏开始了！”这是托尼奥在《丑角》(*Pagliacci*)一开场发出的号令。① 和别的很多音乐一样，该序幕中这一高深、静谧的声音，在我这一生里，始终伴随着我。

那么，就让我们从搞清楚我的出生地开始吧，因为关于这一点总是迷雾重重。有些人说我是普利亚人，还有些人说我是那不勒斯人，但不知怎的，莫尔费塔的市民似乎要为这么个事实生气了——鉴于某些客观原因，我不能不说自己生在那不勒斯。那是1941年的7月28日，正是战火纷飞的年月。我母亲不折不扣就是个那不勒斯人，我父亲则是

---

① 在莱翁卡瓦洛的歌剧《丑角》中，“托尼奥”(Tonio)是一名巡回剧团的演员，由男中音饰演。他在序幕里扮成小丑向观众打招呼，并宣布演出开始：“Andiam. Incominciate!”

普利亚人。我虽然出生在那不勒斯，但一落地他们就把我直接抱回了莫尔费塔，因此，对这两个家乡我都怀着深厚的感情：我喜欢说自己是普利亚—坎帕尼亚人。[1]

尽管我父亲多梅尼科（Domenico）在普利亚行医，但因为我母亲，吉尔达·佩利—塞利托（Gilda Peli-Sellitto），深为她的老家感到骄傲，所以，我就被生在了那不勒斯。我们总共兄弟五人，母亲每次临盆前都要坐着火车返回那不勒斯在那里生产，然后，不出几日，再把我们带回莫尔费塔。自打懂事起，我们都觉得这个决定怪得离谱。我们问她，为什么要做这种漫长、艰苦甚至危险的旅行呢？起码生我那回，可是大战的第二年哪！我母亲当时并不知道我们弟兄中至少有一个，一生都要绕着地球跑，大部分时间都不在意大利，但她却回答道："有一天，如果你周游世界，最后——谁晓得呢——保不定在美国落脚，人们问你是哪人啊，你说'那不勒斯'，他们准会高看你一眼。可如果你讲自己生在莫尔费塔，就少不得费点工夫和人解释这地方在哪儿了。"

---

① 普利亚（Puglia）是意大利南部的一个大区，基本处于长靴形的意大利的"靴跟"部位，莫尔费塔（Molfetta）位于这个大区的巴里省（Bari），地处亚得里亚海沿岸；而那不勒斯（Napoli）是与普利亚相邻的坎帕尼亚区（Campania）的首府，地处第勒尼安海沿岸。

她在说“高”这个字时，发出了特别强调的音，只有那不勒斯人才这样说话。当时，我们谁也没把她的话放在心上，但现在看来，我不得不佩服她的先见之明。

当然，她这么说，并没有丝毫冒犯莫尔费塔人的意思。这个了不起的地方同样孕育了一批杰出的人才：不仅有博学的修道院长维托·福尔纳里，伟大的画家科拉多·贾昆托，更近的还有加埃塔诺·萨尔韦米尼（他娶了我父亲的一个堂亲，偶尔还会来参加家庭会议）。①

我十四天大的时候，他们带我去了莫尔费塔，我在那儿一住就是十六年。我的启蒙学校以亚历山德罗·曼佐尼②的名字命名，我在那里的最后三年，给我上课的是我的祖父多纳托·穆蒂（Donato Muti），他也是该校的校长。祖父以

---

① 维托·福尔纳里（Vito Fornari，1821—1900），意大利神学家、哲学家、作家，著有《宇宙之和谐》（*L'armonia universale*）、《论口才》（*L'arte del dire*）等。科拉多·贾昆托（Corrado Domenico Nicolò Antonio Giaquinto，1703—1765），意大利著名的洛可可画家，代表作包括《法里内利肖像》等。加埃塔诺·萨尔韦米尼（Gaetano Salvemini，1873—1957），意大利历史学家、作家、反法西斯主义运动家，长期在美国哈佛大学讲学，著有《法西斯刀斧下》（*Under the Axe of Fascism*）、《二战序幕》（*Prelude to World War II*）、《法国大革命：1788—1792》（*The French Revolution：1788—1792*）等重要作品。

② 亚历山德罗·曼佐尼（Alessandro Manzoni，1785—1873），意大利诗人、作家，他的代表作《约婚夫妇》（*I Promessi Sposi*）堪称世界文学史上的杰作。

11 严治校，这股严厉之风从我儿时起一直贯穿于我的整个成长期，直至长大成人。可以说，它对我的影响格外巨大。无论是初中还是高中(我读的是同一所中学，萨尔韦米尼也曾就读于此)，老师都一样严厉。就算是对初中生，他们也用敬语“您”来称呼。所以，直到今天，我在称呼别人“你”时还会觉得别扭；这是一个关乎教养和礼仪的问题。在我年少时，“您”这种敬语频频出现，它着实给我留下了深刻的印象——尤其是在某些特定情形下，例如：课堂上的训话。在这种时候，师生成了对立的双方，你怎么也搞不清他们用“您”称呼彼此，是为了表示对对方的尊重呢，还是存心在奚落对方。我不止一次地听到老师们一边咆哮着训斥学生，一边使用敬语“您”，比如：“您真是个蠢货！”

我还记得初中一年级，有一次上拉丁语课，德尔佐蒂(Delzotti)老师揪住我的耳朵，硬把我拖起来，我简直疼得要命。而这一切都是因为那个大难临头的“*pluit aqua*”：他问我这是什么格，我回答说“主格”，明显没有做过回家作业。①

---

① 拉丁语中 *aqua* 意为“水”。*pluit* 是无人称动词，意思是“下雨了”。据说下雨、打雷等事情是由朱庇特掌管的，所以主语是不言自明的，不必说出。于是在这个句子中，*aqua* 就不可能是主格，而只能是夺格，整个句子的意思差不多是“(朱庇特，或者说老天)借助水来下雨”。

他把我拽上讲台，兴味盎然地继续盘问我："主格，呃？主格，
呃？主格，呃？"还有一次，他命我翻译"*mus est farinam*"（老
鼠吃面粉）这句话，此处的"*est*"（吃），和贺拉斯《书札》里的激
情吞噬心灵（*si quid est animum*）[①]一样，都暗藏着一个坑人
的陷阱——结果，我把"吃"和"是"搞混了，[②]他同样毫不容
情地对我进行了严厉的批评。这一桩桩，一件件，让我现在 12
想起那些老师只觉得陌生，他们和今天的老师太不一样了，
哪怕和教过我孩子的老师比，也是那么不同。我不清楚别的
地方怎么样，但在硝烟刚刚散去的意大利南部，行事都要有
钢铁般的纪律，教书也要用超严厉的手段，若是换到现在，那
些老师恐怕都会被直接送进教师拘留所去了。

虽然我认为这种教学手段不足取，但也不得不说，它们并没有给我造成任何特殊的心理阴影；相反，它们让我受益匪浅，譬如，我至今都还能娴熟地使用拉丁语——这在国外

---

① 古罗马诗人贺拉斯（Horatius）的《书札》（*Epistles*），卷 1，2. 39："*Quæ lædunt oculum festinas demere; si quid est animum, differs curandi tempus in annum*"，意思是"要是有什么伤了你的眼，你即刻就能找人将伤治愈；可要是有什么伤了（吃了）你的心，你就得花上一年来抚平伤痛"。——原注

② 拉丁语动词"吃"（*edo, es, est*……）与"是"（*sum, es, est*……）有许多变位形式书写相同，很容易混淆。

常常能吸引好奇的目光。因此，我对我所有的老师都怀着某种感激。说到底，他们要求的只是那么点合乎体统的行为举止，他们希望我们表现得像“大人”而不是孩子。

某天早晨，我的意大利语老师安杰洛·坦加里（Angelo Tangari）正在课堂上教授文学，这时，他听到有人发出了一个怪声，便问是谁干的，没人应答。于是，他威胁要让全班都受罚。有人站起来说：“是他！”坦加里对那个被指控的孩子做了个手势，那孩子承认自己有错，于是，那天上午他就被逐出了教室。午后一点，铃声响过，老师像往常一样站在门口，学生们鱼贯而出，逐个跟老师道别。当那个告密者走上前时，老师将他扣下，并关了教室门，没人知道老师都和
13 他说了些什么。这类情景会让许多熟悉意大利文学的读者想起埃德蒙多·德阿米奇斯于1886年推出的经典读物《爱的教育》中的一幕：“脸色铁青的老师走到他的课桌边，怒不可遏地问道：‘是谁干的？’”①

---

① 埃德蒙多·德阿米奇斯（Edmondo De Amicis，1846—1908），意大利小说家、记者、诗人，《爱的教育》（*Cuore*，本义为“心”）是其最具影响力的代表作。这里的一幕，来自“宽宏大量的品德，十月二十六日，星期三”：弗朗蒂侮辱性地模仿科罗西的母亲，科罗西抄起墨水瓶掷向弗朗蒂，却被后者躲过了，墨水瓶恰巧砸中了老师。无辜的目击者加罗纳为了避免班上的其他同学受罚，将罪名揽到了自己身上。——原注

自德阿米奇斯的小说初版问世以来，七十年过去了，情况却依然如故：家风崇严，校风崇严。我不想争孰是孰非，我只是在描述自己的成长环境，也希望借此说明为什么我身上会有某种矜持。这种矜持常常被视为存心的清高，或者更糟，被视为恃才傲物，目空一切。我不是这样的人。我相信，在那种矜持背后甚至深藏着某种羞怯。（有时候，我可能是显得“严肃冷漠”、“不苟言笑”，但就在近两年的某天晚上，我在米兰的曼佐尼街与蒙特纳波莱奥内街的交叉口偶遇吉吉·普罗耶蒂和罗伯托·贝尼尼，我们闲侃了一些八卦，他俩都惊讶于我知道那么多可乐的事。）[①]

我父亲是一位妙手回春的良医，他不仅天资过人，还积累了丰富的所谓临床经验：尽管缺乏诊疗器械，却拥有渊博的诊断知识。莫尔费塔的居民仍记得“穆蒂医生”，尤其是那些上了年纪的当地人，他们孩子生病都是我父亲给治好的。他几乎总在工作，不停地巡视病房（那时，他的病人都

---

① 曼佐尼街（Via Manzoni）与蒙特纳波莱奥内街（Via Montenapoleone）的转角就位于斯卡拉歌剧院附近。与作者邂逅的两位，吉吉·普罗耶蒂（Luigi detto Gigi Proietti，1940—　）和罗伯托·贝尼尼（Robert Remigio Benigni，1952—　），都是意大利电影界的名人，均以喜剧的编、导、演见长。

14 被称为 mutuati①)。查房结束，他会定期腾出时间，参加宗教社团的活动。在镇上，这样的社团很多，它们都是由大区宗座修院和主教修院发起成立的，孩子们直至上高中前，都能在这些地方接受教育。所以，在我的整个孩童时代，人们经常可以看到我在修女院或修道院的回廊上穿进穿出，蹦蹦跳跳。

在那种环境下，我怡然自得。小时候的某一天，我还在殉教者之圣玛丽亚大教堂(Basilica di Santa Maria dei Martiri)里干了一件小小的糗事。这是一座非常古老的嘉布遣会教堂，里面有一所医院，建于十字军东征时期。医院里有一间巨大的病房，每年我们都会去那里吃一次午餐。那一回，就在僧侣们举行弥撒的时候，我爬上了管风琴操控台，大胆地弹起了《茶花女》(*La Traviata*)中的《饮酒歌》(*Brindisi*)，作为圣餐仪式的伴奏。今天，我眼前依然能看见僧侣们雪白的长须和冒火的双眼，那样子，仿佛是直接脱胎于《命运之力》中梅利托内②的故事。当时的我，真是不知

---

① 这是文字游戏，它反映了一个巧合：Muti 是医生的姓，它的读音和 mutuati 这个词有些相近，而 mutuati 的意思是“国家公共医疗卫生服务中心的病人”。——英译本注

② “梅利托内”(Melitone)是威尔第歌剧《命运之力》(*La forza del destino*)中的人物，一个絮叨、坏脾气的修士。

天高地厚啊！

频繁地出入这类场所，频繁地接触僧尼（我有时会帮他们刨刨土豆，或用橡果喂喂猪），将我与远去的历史联系了起来，那个世界在今天看来就像是19世纪的王国。这势必也对我产生了影响，不是在认信的意义上（相反，它使我在面对任何狭隘的、沾染了基要主义色彩的人或事时，都保持审慎的态度），而是在一种完全特定的“文化”层面上。你一定不会忘记，那个年头电视机少得可怜，事实上就相当于没 15
有，因此，在彼时彼地，宗教文化显得格外鲜活。

我还记得当年的莫尔费塔，虽然它的市镇规模并不太小，但仍有两样东西极为稀罕：电话和汽车。我第一次在我的朋友潘西尼（Pansini）家看到电话，那心情呀，真是又惊叹又艳羡。老爸直到五十岁前，都是乘着马拉的大车（由车夫驾驶）出门巡诊的。车夫尼古拉（Nicola）总是吹嘘自己在第一次世界大战中当过突击兵，他还随身佩着他的步兵团短剑以防不测。我住在佛罗伦萨时，有一次，一位朋友借给我一本书，是雷纳托·富奇尼的《内里的夜间娱乐》，这本聚焦托斯卡纳（Toscana）乡村生活的书是当地的畅销读物。其中有一章写到富奇尼的父亲，地方上的一名医生，在一个飞雪连天的日子出去巡诊，临上马前，他气势汹汹地把儿子教训了一通："记住，你爸的钱是怎么挣来的！"[1]唉，在战后的莫尔费塔，情况也差不离。不过，当我们全家出游，去附近的城镇像安德里亚、泰利齐、比谢列、焦维纳佐[2]参加那里的节庆活动时，我们就会搭乘厢式马车。一次，我们坐着这样的马车连夜出城，以便能在黎明时分赶到蒙特堡(Castel del Monte)：
16 拉开窗帘，我惊喜地发现，那座由神圣罗马帝国皇帝腓特烈二世(Frederick II)下令建造的城堡近在眼前，它就像一顶巨大的皇冠从天而降，这震撼人心的景致叫我终生难忘。

1950 年，拉车的老马终于退休了，接替它的是我父母新买的 Fiat Giardinetta，"菲亚特小花园"[3]。这辆车主要服务于我父亲的工作，但到了暑假，我们有时也会乘着它前往那不勒斯，在我外婆家住上几天。司机和我母亲坐前排，父亲和我的两个哥哥挤后座，同时，他们在后备厢里搁上一条木凳，留给我和我那两个双胞胎弟弟。父母亲、司机，加上我们一群孩子，总共八个人，把车内塞得满满当当，至于行李，只能用

---

① 雷纳托·富奇尼(Renato Fucini)著，《内里的夜间娱乐》(*Le veglie di Neri*，佛罗伦萨：G. Barbèra出版社，1883 年)。这一章名为"甜蜜的回忆"(*Dolci ricordi*)，其中，富奇尼向父亲坦白自己赌博输了些钱。——原注

② 安德里亚(Andria)、泰利齐(Terlizzi)、比谢列(Bisceglie)、焦维纳佐(Giovinazzo)基本都是亚得里亚海沿岸的小镇。

③ "小花园"是菲亚特出品的一款双开门迷你旅行车，尤其适合家用。

带子牢牢地绑在车顶，叠得足有一座宝塔高。所有这一切，现在恐怕只能在一些新现实主义电影里才能看到了。当时还没有高速路，我们的车要在区际和省际公路上行驶大约十个小时，翻山越岭，一路颠簸。在开过博维诺和阿里亚诺—伊尔皮诺后，通向丹特卡内的尽是上坡路，[1]父亲不断地给司机鼓劲，要他加大油门，只听他喊道："加油，路易吉，加油！"[2]

在那些青春萌动的日子里，午后的时光都被我们消磨在了俗称"城市别墅"（Villa Comunale）的一带。这个地方差不多算是我们的马约尔大街[3]，它并非真正的别墅，而更像是一座海滨游乐场，每个住在莫尔费塔的人都会来此散步。我们会在闲逛时邂逅自己的老师，和他们谈谈哲学，聊聊各种困惑。我们就像一群年轻的"逍遥派弟子"，然而也像一伙无所事事的公子哥，头一回跃跃欲试着想和姑娘们打情骂俏。最激动人心的瞬间，莫过于迎面走来的女孩与我们擦肩而过时 17
的眉目留情。你无法想象还有比这回眸一瞥更神圣的爱情：

---

① 博维诺（Bovino）临近普利亚区和坎帕尼亚区的交界处，阿里亚诺—伊尔皮诺（Ariano Irpino）和丹特卡内（Dentecane）均位于坎帕尼亚区。

② 原文为莫尔费塔方言"Scèmme, Lui', scèmme! "

③ 在反映西班牙小城生活的著名电影《马约尔大街》（*Calle Mayor*，1956年）里，马约尔大街是封闭小城中唯一的热闹去处，人们在这里散步、约会，所有的故事都在这里上演。

我们外出漫步，只为了得到那一霎时的秋波流转！

主教修院里那口高悬的大钟见证了这一切，钟上镌刻着怡情悦性的铭文，“*Mortales vos esse docet quae labitur hora*”。后来，我走遍意大利，所到之处都有这种人文色彩浓郁的六韵步诗句，虽说版本各异，但区别不大。它们都有一个共同的核心概念：*labitur*（流逝）——“有朽者啊，光阴的荏苒诉说着你也终将逝去！”一次，我看到一句铭文这样写道：“权力把人戏，荣耀色渐稀，光阴飞逝去”（*Fallimur imperiis it gloria labitur aetas*）。多么强烈的对照啊，爱情也就是在这样一口钟下萌芽的！当我变成“大人”，并开始指挥《唐·乔瓦尼》（*Don Giovanni*），每每进行到花花公子从口袋里掏出怀表的那场戏时，我都会想起这一点。（1999 年，萨尔茨堡上演了卢卡·龙科尼[1]版的《唐·乔瓦尼》，在舞台布景方面设计了一大堆表，在我看来，它同样是对那句铭文的响应。）这种独特的死亡观在意大利南部尤为盛行，仿佛在这里，利比蒂娜[2]的手指从早到晚都向你指出这一死亡的警告（*memento*）。想想

---

① 卢卡·龙科尼（Luca Ronconi，1933— ），意大利演员、戏剧及歌剧导演，曾为斯卡拉歌剧院、维也纳国家歌剧院、罗西尼歌剧节、萨尔茨堡音乐节等制作了大量精彩的歌剧，被认为是欧洲最有影响力的戏剧导演之一。

② 利比蒂娜（Libitina），古罗马司掌死亡、尸骨、葬礼的女神。——英译本注

吧，在我小时候，我们城里还有“哭丧婆”(prefiche)呢！而今，却只有为数甚少的意大利人还能借助《死亡与哭丧礼》一书的描写记起那些女人。[①] 但凡有谁过世，这些女人就会跑去治丧的那户人家，吟唱一种赞颂亡者生前美德的经文，并以此获取酬劳。她们所唱的“葬礼颂”(*laudatio funebris*)，确切地说，就是德马蒂诺书里所记载的费兰迪纳的哭丧歌：“O Ciccille 18
mie，o belle，o frate，o frate，o Ciccille mie”。[②] 最后一位，也是最

---

① 埃内斯托·德马蒂诺著，《死亡与哭丧礼：马里亚的古代葬礼上的哭丧活动》(*Morte e pianto rituale: Dal lamento funebre antico al pianto di Maria*，都灵：Bollati Boringhieri 出版社，1977 年)。德马蒂诺(Ernesto De Martino，1908—1965)是意大利哲学家、人类学家、宗教史学家，主要以研究卢卡诺地区的丧葬仪俗和民间舞蹈而闻名。在《死亡与哭丧礼》一书的第二章“卢卡诺的哭丧礼”(*Il lamento funebre lucano*)中，德马蒂诺写道：“在今天的卢卡诺一带，哭丧通常都是由死者家属来完成的，没有受雇或职业的哭丧者参与。然而，大众对那种‘哭丧婆’，即被叫到葬礼上来唱哭丧歌的女子，仍然记忆犹新，因为她们的时代刚过去不久。一度享有盛名的塞尼塞(Senise)的哭丧者，曾受到附近城镇的招募，出借她们饱受赞誉的嗓门，正如那些来自皮斯蒂奇(Pisticci)或其他一些村落的哭丧者一样。近来，人们视职业哭丧为某种耻辱和难堪，一个村子经常在真凭实据不足的情况下就指责邻村进行此类活动，而这样的指控也往往得不到印证。”(第 79 页)——原注

② 费兰迪纳(Ferrandina)是意大利的南方小镇，位于巴西利卡塔区(Basilicata)马泰拉(Matera)省。据罗伯特·波格·哈里森(Robert Pogue Harrison)著，《白事》(*The Dominion of the Dead*，芝加哥：芝加哥大学出版社，2003 年)，德马蒂诺所记录的这首哭丧歌的歌词意思是：“哦，我的弗朗切斯科，哦，我的好帅哥，哦，我的兄弟啊，哦，我的兄弟啊，哦，我的弗朗切斯科”。

有名的哭丧婆，可能要数“墓地里的”朱斯蒂娜（Giustina）了：我依然能描绘出她的样子，她总是从头到脚一色黑——那年头，“黑”可是流行色，特别是在莫尔费塔。

*

我父亲生就一副男高音的好嗓子，我时不时地能听到他演唱马斯卡尼或莱翁卡瓦洛的咏叹调。我祖父，严厉的多纳托校长，声音虽不怎么样，却也好唱上两嗓：他经常唱的是《诺尔玛》（*Norma*）中的咏叹调，有一回，我甚至听他唱了几句《阿蒂拉》（*Attila*）。在我家，真是洋溢着一股浓浓的对歌剧的爱——正如那时社会各界多是热爱歌剧的一般，这种爱在民间管乐队的滋养下日益壮大。鉴于事实上没人有唱片，当时许多人家甚至连收音机都没有，所以，全靠民间管乐队演奏“歌剧幻想曲”①，将音乐送到人们身边。父母
19 亲第一次带我去巴里的佩特鲁采利歌剧院（Teatro Petruzzelli）时，我才三岁。我坐在车夫的膝头，听着《阿依达》（*Aida*），不哭也不闹——也可能，他们只是这样告诉我吧。

此后不久，我父亲便决定：凡是他的孩子，不管以什么

① 歌剧幻想曲（fantasie），指将不同歌剧中的著名旋律串在一起编成的组曲。

方式，都要学点音乐。他把这看成优质教育的基本元素，缺了这条，你就不可能成长为一个全面发展的人。我的两个哥哥，一个抱起了吉他，一个拉起了手风琴——我想，这两件乐器都是他们自主选择的。我对这事丝毫没有想法；我不感兴趣，所以什么也没选。在莫尔费塔，每年 12 月 6 日都要过圣尼古拉节（当地方言把圣尼古拉叫做 Santa Nicola①），这天大多数孩子都会收到礼物，就像在意大利的其他地方或者在国外，孩子们每到圣诞节或主显节都会收到礼物一样。而在很久以前的 1948 年，在圣尼古拉节的早晨，我收到的全部礼物就是一个小盒子，里面装着把 3/4 小提琴。我失望极了，它怎么可以不是玩具呢?！与此同时，我眼前还浮起了一个预兆，似乎什么可怕的东西正在等着我，一些倒霉的事就要发生了。果然，没过多久，他们就把我介绍给了我的视唱老师，她训练我认识音阶。直到今天我都未曾忘记她的长相：金发碧眼，正值妙龄。然而，我对视唱练习的深恶痛绝却没有因此而改变，以至于头三个月里在音乐上毫无长进。我思维迟钝，拒绝学习。她会指着五线谱上的线让我唱，我则唱出什么算什么，好像一个音符

---

① 正规的意大利语应该是 San Nicola。

也不识的样子。最后，她劝我父亲，就此作罢吧。

尽管不情不愿，他还是信了她的话，并且准备放弃：家
20 里要出一个没有音乐细胞的孩子了，认命吧。我母亲却刚好相反，她神神叨叨地说了句："让我们再看一个月。"这大大出乎我的意料，因为她对音乐丁点特殊兴趣也没有。家里的大部分决定——那些被我们称为"不可更改的"决定——都是由她做出的。我不明白她为什么会说那句话，也不知道自己怎么就开了窍，但是那天晚上，一切都在我眼前变得清晰起来了。次日上午，站在老师面前的我非但准确地唱出了所有的音符，而且反应之快都有点急于表现的意思了。就这样，我最终得以通过视唱课，进而真正地开始学习小提琴。

我的第一位老师叫阿尔多·吉甘特(Aldo Gigante)，他让我从基本功学起，例如在指板上向我演示左手的把位，教我如何运弓等。万事开头难。当我站在自家窗前，试着拉空弦的时候，刚好可以俯瞰天堂广场(Piazza Paradiso)，我的小伙伴们都在那里踢足球；从这点看，要想不恨小提琴还真不容易，于是，我的学习进度又一次慢得像龟爬了。这以后，我不记得是怎么弄的，又一个拐点出现了，我也再次体验了一番突飞猛进的感觉——这进步是如此神速，到了

1950年，我就在吉甘特的钢琴伴奏下，面对宗座修院的三百位观众，演奏了维瓦尔第的《A大调协奏曲》。这场音乐会是一次晚会，在我演出结束后，一支小乐队和修院的合唱队还表演了几个节目。《午报》(*Gazzetta del Mezzogiorno*)对这场音乐会进行了报道。(当天在场的修生中，有一位是托尼诺·贝洛，他后来成了莫尔费塔的主教阁下，而该修院的院长科拉多·乌尔西，日后则升任枢机和那不勒斯大主教。)

再早几年，还有一次经历，我也想提提。那时，我在莫 21
尔费塔的学琴生涯才刚刚开始，就遇到了一件很不一般的事。前面我已经说过，作为一名备受尊敬的医生，我父亲常常出门巡诊，他的足迹遍及修院、修会和各个堂区。其中的一个堂区邀请我去参加无玷圣母堂(Chiesa dell'Immacolata)的圣诞布道活动，那座圣母堂就在我家边上。为了这次活动，我花了两个月的时间向教堂里的一位女裁缝(她勉强也算是教堂司事)学习表演。这个裁缝很清贫，她并没有什么真正的裁缝手艺，最多就是替当地的农民缝缝裤子而已，不过，她却向我展示了布道须用到的各种动作，这些动作可以帮你赢得教众的尊敬。我必须先以“让我们赞美主的诞生”(*Christus natus est nobis*, *venite*, *adoremus*)开场，接着在说“最尊敬的堂区长”时转向右边，然后，面向全体听众说，“先生们”。再下面的话，我就一句也记不起来了。我还得去主教修院取全套的布道行头。在试穿了各式各样的修生僧袍后，我终于找到了一款合适的，那件袍子上钉着红色的钮扣（宗座修院僧袍上的钮扣是黑色的）。他们又递给我一顶堂区牧师戴的大三角帽和一件白法衣。布道日的晚上，我所有的亲戚都挤进了人满为患的教堂，就在我最后跑去向堂区长致意的时候，我祖父给了我500里拉。这在当时可是一笔巨款啊，尤其对我祖父而言，因为他既享受过富贵也经历过贫穷，平日里一直省吃俭用。我这个人，从没动过出家的念头，却曾经身披僧袍两个小时，想想都觉得有趣！

我小时候，好玩的事情实在不多，平常不过是跟着父亲
22 出出诊，要不就是绕着宗座修院的那些大厅奔来奔去，正因为这样，举例说，即便只是在轩敞的科学讲堂里东看看西摸摸，我也会觉得不虚此行。后来，我被巴里的音乐学院录取，于是，修生们就决定把我吸纳进他们的表演队伍，参加一年一度的戏剧演出。这种演出是对公众开放的，前来捧场的亲友不计其数。人们从普利亚、卡拉布里亚①、巴西利卡塔的各地赶过来。我的任务是导演一部小歌剧《阳光普

---

① 卡拉布里亚（Calabria）是意大利南部的大区。

照》(*Raggio di sole*),剧中的演员除了修生,还有我的两个双胞胎弟弟。我印象最深的是剧中的一首合唱,修生们在唱这首歌时,都穿着当年颇为时髦的灯笼裤,歌词也花里胡哨的,什么"我们来自纽约的高楼大厦,我们徒步穿越加拿大"①。看着他们那身迥异于平时的打扮,我直觉得奇怪。每次我在莫尔费塔的大街上遇见他们,他们总是戴着宽边圆帽,披着短斗篷,两个一排地列队前行("如同圣芳济派的修道士走路一样"②);那样子,和我的这支身着灯笼裤的合唱队完全不沾边。尽管这部歌剧相对轻快,我对他们的要求却十分严格。

我的这种严格同样表现在圣诞演出中,那天,我负责的节目是《神圣的欢乐》(*La santa allegrezza*),一首莫尔费塔的传统圣诞颂歌。正如我父亲所说,从前,这部作品有时会被作为独唱曲来表演,有时则由几个临时凑在一起的颂歌歌手共同演绎——这样的歌手当时还有很多,他们总是前往当地底层百姓的家里进行演唱。只听他们唱道:"余今颂 23

① 原文为"Veniam dai grattacieli di New York, passammo tutto a piedi il Canadà"。

② 但丁著,《神曲·地狱篇》(*Inferno*),第二十三歌,第3行:"come frati minor vanno per via."——原注

唱/ 神圣欢乐，/ 因主之美，/ 至尊至上。/ 童贞之女，诞下我主/ 虔诚如伊，白璧无瑕/ 我主仁爱，我主仁爱：/ 圣灵之德，歌以咏之。”[①]唱完，这些打临工的游吟诗人就会向人们要几个小钱，作为演出酬劳。

应该是在 1956 年，人们决定举行团体比赛，因为到那个时候，吟唱圣诞颂歌已经蔚然成风。经常一支小合唱队，加上由一把吉他、一把小提琴、一架手风琴、一把低音提琴和其他乐器组成的伴奏乐队，大家一起走街串巷，挨家挨户地送上《神圣的欢乐》，将歌名中所寄寓的那份喜悦与人分享。听他们唱过几句，女主人便会拿出些糖果、甜酒（比如葡萄干露酒）送给造访者，这很快就成了一种风俗，吟唱者也都会以这样的请求来结束长长的歌谣：“主妇，主妇，提篮提壶，仙果琼浆，解我辘辘。”[②]我和我的团队参加了这场比赛，还拔得了头筹。我拉小提琴，所率的合奏队伍包括一把吉他、一架手风琴、一把曼陀铃，以及一把三弦低音提琴。这把低音提琴巨大无比，我是在我家边上的底楼理发店里

---

① 原文为“Cantare io voglio / la santa allegrezza, / di Dio bellezza, / a maggior dignità. / S'è incarnato in la Vergine pia / lasciando a Maria la verginità / con amor tanto, con amor tanto: / così volle lo Spirito Santo”。

② 原文为“Uè la patrona, uè la patrona, issa o canistru e da' cosa bona”。

发现它的，鉴于我们要演奏的这些歌曲总是用主音、属音和
下属音来谱写，其中甚至连个下中音都没有，所以，我就把
它的弦调成了降B、降E和F。我们用降B调演奏了结尾
段，恳请获得些茶点；结果，得到的奖励竟是个“杯子”！我
一直把这个奖杯珍藏到现在，它是我的第一件音乐传家宝。
我的乐手们都比我年长，可我对他们的要求却格外严苛，虽
然我当时完全没有预见到自己将来会从事何种职业，但还
是要他们把每一个音都奏得精确无误：那个可怜的演奏三 24
弦低音提琴的家伙，他在拉着降E、F和降B时，一定清清楚
楚地知道还有一大堆工作正等着他呢！我对排练如此一丝
不苟，以至于他们在几番排练后发起了一场哗变：他们半道
停下来，商量如何在我家前门的台阶上搞一次起义，结果，
全都误了排练时间。现在回想起这些，我不禁莞尔，但事实
让我相信，那段音乐或许是简单，可它的成功多亏了极度的
精准和全情投入的演奏。最后，所有的“乐师”都很开心。

同样是在那几个月，参演《阳光普照》的修生委托我写一首四声部合唱曲，他们想在成为神职人员的按立仪式上演唱它。这回，我还是压根没想到自己将来会干音乐这行，只是如今回首起这点点滴滴，倒觉得它们是人生路上一个又一个特别的预兆。我写了一首无伴奏多声部合唱曲《你是永远的

祭司》(*Tu es sacerdos in aeternum*),其中运用了对位法——现在看来是相当不成熟的,可当时我却是真心的得意。不过那些修生准是觉得它太难了,因为他们从来都没有唱过这首歌。和那个奖杯一样,我也把这支合唱曲的乐谱保存至今。

我从一名小提琴手起步,此后几年不断地学习这门乐器,直到我的老师启迪我:钢琴方面的背景知识是多么必不可少。初学钢琴的那些年,我师从德朱迪奇布斯(Maria De Judicibus)女士,她的老师曾经跟随那不勒斯乐派的重要领
25 袖弗洛雷斯塔诺·罗索曼迪[①]学艺。我爱上了这件乐器:小提琴逼得我非找合奏者不可,而钢琴却能让我一边弹着主旋律一边也弹着伴奏,这对我来说不啻为真正的奇迹。很快,我就学满五年,准备迎考了。

这一切发生期间,我在学校的常规课程从未间断。我父亲从没指望我成为一名职业音乐家,尽管他是那么热爱音乐。而且,就像那个年代小城镇上的人所共有的想法,他认为音乐和音乐圈是那种遥不可及,甚至与现实世界有点格

---

① 弗洛雷斯塔诺·罗索曼迪(Florestano Rossomandi, 1857—1933),意大利钢琴家、作曲家、管弦乐指挥,执教于那不勒斯音乐学院,著有《钢琴演奏技法学习指南》(*Guida per lo studio tecnico del pianoforte*,8卷)等重要作品。

格不入的东西。或许，他最多只能想象我成为一个民间管乐队的指挥兼老师。所以，我放弃了小提琴而改学钢琴，并进入了巴里皮钦尼音乐学院（Conservatorio Piccinni di Bari）。但我一直在超越自己，一年又一年，我走得越来越远。

那是在1955年，我的考试曲目除别的几部作品外，还包括肖邦的《升g小调第四波罗乃兹》。我一早就来到考场，排队等候。时间一小时一小时地过去。等到两点，天色过午，热浪滚滚，我们空着肚子，心头的恐惧一个劲地增长。考试委员会一律打着黑色的蝶形领结，就像老一辈的音乐家那样，例如帕斯夸莱·拉·罗泰拉大师①。你完全可以想象，对于一个像我这样从小在神秘灵异的氛围中长大，生活被耶稣受难日、《可怜的玫瑰》②以及莫尔费塔的传统葬礼进行曲包围的孩子来说，他们的衣着会让我产生怎样的联想！突然，门口出现了一个小个子男人，目光炯炯，洞察人心。

---

① 帕斯夸莱·拉·罗泰拉（Pasquale La Rotella，1880—1963），意大利作曲家、指挥家，曾任巴里皮钦尼音乐学院附中（高中）校长。

② 在耶稣受难日的主游行活动中，来自民间的管乐队会在大街小巷沿途的各个"站点"演奏葬礼进行曲，《可怜的玫瑰》（*Povera Rosa*）或许是其中最受欢迎的曲子之一。它的标题可能得自一首动人的挽歌《可怜的玫瑰！》，见萨尔瓦托雷·迪贾科莫（Salvatore Di Giacomo）著，《诗歌与散文》（*Poesie e prose*，米兰：Mondadori出版社，1977年），第242页。——原注

他问我们还剩几个没考，答案是：三个。大概是心慌的缘
26 故，我壮着胆问："我们可以明天再来吗？"他定睛瞅了瞅我，
然后带我去了另一间房间，叫我弹几首曲子给他听，并向我
保证："你今天就会考掉的。"语气里没有丝毫犹豫。在我预
演完毕后，这个小个子男人站起身，当着所有人的面对我
说："我们要给你 A+。不是因为你今天的表现，而是因为
将来你能弹得非常好。"这个男人的名字就叫尼诺·罗塔[①]。
他是音乐学院的院长，由于他在罗马和巴里两地奔忙，所以
经常不见人影，但仿佛是上苍注定，那一天，他在，而且还和
我说了话。我欢欣鼓舞地回到家，对以后的事情没再多想。

那年 9 月，我父亲要去巴里的 INAM（即当时的国家公共医疗卫生服务中心[②]）取一份文件，我也跟着去。私人司机佩皮诺（Peppino）为我们开车，后来，我又在美国遇见过

---

① 尼诺·罗塔（Nino Rota，1911—1979），意大利作曲家，尤以电影音乐的创作而享誉世界。他与意大利伟大的电影导演费代里科·费里尼（Federico Fellini）的合作堪称佳话，费里尼的一众名片如《大路》（*La Strada*）、《卡比利亚之夜》（*Le notti di Cabiria*）、《八部半》（$8\,^{1}/_{2}$）等，几乎都是由他配乐的；而他为电影《教父》（*The Godfather*）前两部所谱的音乐，更是让他摘得了奥斯卡最佳原创配乐奖。此外，罗塔在古典音乐领域也有建树，作品涉及歌剧、芭蕾、合唱、交响乐、室内乐等，其中最为出名的是弦乐协奏曲。罗塔长期执教于巴里音乐学院，并任该校校长近三十年。

② 国家公共医疗卫生服务中心，意大利语全称为"Istituto nazionale dell'assistenza sanitaria di allora"。

他，那时他已移民去了新泽西的霍博肯（Hoboken）。当我父亲忙于公务时，我和佩皮诺一起到音乐学院去看了成绩单。成绩单就张贴在学院楼梯的平台上，我一眼便瞧见自己的分数是A+，顿时喜不自胜。就在我们看分数的时候，一个人从我后面走过去，又回转身来问："这不是小穆蒂吗？"（他这样亲昵的称呼，把我叫得愈发小了。即使今天我也不算高大，小时候就更不显个儿了，母亲有时会因为我长得太慢而牢骚连连，"这小鬼头，总归长不高了"[1]。）这一回，又是罗塔大师。他把我领到他的办公室，建议我注册入学，他说，因为我有天赋，所以应该成为学音乐的一员。这就意味着要出远门啦：巴里距离莫尔费塔31公里，而我们中还没有谁曾经离开过家呢。我们召开了一次家庭大会，会议决定有必要和院长谈一谈。于是，我们全家出动去拜访罗
塔，并最终达成共识，让我跟随那不勒斯乐派成绩斐然的大 27
师佛朗哥·鲁杰罗（Franco Ruggero）学习（在温琴佐·维塔莱的杰作[2]中，对这位大师有详细的描述）。

---

① 原文为当地方言"Chisto ccà nun cresce maie, stu guaglione"。

② 这里说的"杰作"是指意大利钢琴家、教育家温琴佐·维塔莱（Vincenzo Vitale, 1908—1984）的《19世纪那不勒斯钢琴史》（*Il pianoforte a Napoli nell'Ottocento*，那不勒斯：Bibliopolis出版社，1983年）。——原注

到了 1956 年，我每天上午去上文科中学（liceo classico）[1]的一年级，下午就搭乘公交车前往巴里。那辆公交车以蜗牛般的速度，沿着 16 号公路慢慢地爬，经过焦维纳佐、圣斯皮里托、帕莱塞，[2]最后抵达巴里。虽然我总是这样赶来赶去，但我猜，我的高中老师根本不会在意我还有音乐课要上（反之亦然：两所学校都不会接受任何借口），所以，我必须在两边都力争上游。罗塔总是全力地支持我，给予我真诚的爱，对我循循善诱，关怀备至。在他的呵护下，我第一次听到了四重奏，也第一次看到了真正的音乐会，那就是由他指挥巴里管弦乐团与合唱团举行的音乐会。接下来是奥拉齐奥·菲乌梅的清唱剧《埃阿斯》(*Aiace*)[3]。我以前从没见识过管弦乐团，我简直不敢相信自己的眼睛，直到这时，我才学会了许多关于乐器的新知识，而在此之前，我只能偶尔通过广播或唱片来了解它们。罗塔在钢琴上为我弹奏了几支他自己写的曲子，接着，他又弹了阿尔班·贝尔

---

① 在意大利的教育体系中，“文科中学”与一般高中的区别在于其对拉丁语、希腊语、文学，以及所有人文主义课程的集中教育。——英译本注

② 圣斯皮里托（Santo Spirito）、帕莱塞（Palese）是从莫尔费塔一路南下至巴里途经的海滨小镇。

③ 奥拉齐奥·菲乌梅（Orazio Fiume，1908—1976），意大利作曲家。《埃阿斯》是他在 1940 年创作的清唱剧。

格的《沃采克》(*Wozzeck*)和《璐璐》(*Lulu*)中的一些选段——这对我来说,完全是个陌生的领域。

追溯我与尼诺·罗塔的友谊,让我更清楚地看到他是
一位怎样的作曲家。诚然,许多人因为他所写音乐的类型 28
而对他有看法。其实,他们不明白这么一个简单的道理:选定一种类型,势必导致无法旁顾,但这不会令他那耀眼夺目的闪光点黯然失色(更不消说,从他的作品中还可以听到来自斯特拉文斯基、普罗科菲耶夫、巴托克这样的作曲家的影响)。我想说的是,尽管罗塔只利用了一种技巧,可事实上,他对所有技巧都了如指掌。即使他的作品听上去不那么时髦,或者,用一个更贴切的词来形容——不那么"前卫",那也不是说他不能前卫(要是他真想这么干,他早就成为先锋作曲家了)。

29 第二章　“你想过要当指挥吗？”

1956至1957这一学年在一场课堂汇报演出中结束了。我弹奏了一支相当复杂的曲子，舒曼的《维也纳狂欢节》(*Faschingsschwank aus Wien*，op. 26)。演出大获成功，这也使我的家人瞬间下定了搬到那不勒斯去的决心。那段时间，我正面临为大学择校做准备，而我的两个哥哥都已经去了那不勒斯，所以对这个问题，我们的当家人，也就是我母亲，已经考虑了好一阵子。后来，全家人再次去向罗塔征询意见。这个向来非同凡响的人，在这件事上表现出了双倍的远见卓识。他谦和而诚恳地建议我去一所比巴里的音乐学院更好的学校，并为我给那儿的校长雅各布·纳波利写了封推荐信。[1] 就这样，我们举家搬迁，我也转入了维托里奥·埃马努埃莱国立高中（Liceo Statale Vittorio Emanuele），继续高二的学业。几个月前，我刚回过一次母校，门房一看见我就操着当地口音说："你好吗，大师？我可是每天都能看到你哦！"[2]这话听得我一头雾水，因为自从 1959 年离开后，我还是第一次回到那个地方。见我满脸困惑，他指了指一块题着杰出校友名字的牌匾，其中包括朱塞佩·麦加利，著名的"麦加利地震烈度"的创立者[3]；不过，除却我，匾上的其他人都已入土为安，我是硕果仅存的一个。

我第一次报到，就遇上了纳波利，他亲自领我去伟大的 30
钢琴家温琴佐·维塔莱那里接受面试。年及半百的维塔莱看上去文质彬彬。我去了他位于梅尔杰利纳大街（Via Mergellina）2 号的房子——那儿的景致真是美，维苏威火山、小船、游轮、走私客的摩托艇，还有从他家窗口望出去壮

---

① 这里指的就是那不勒斯马耶拉的圣彼得罗音乐学院（Conservatorio San Pietro a Majella di Napoli），即那不勒斯音乐学院。意大利作曲家雅各布·纳波利（Jacopo Napoli，1911—1994）当时正任该校校长。

② 原文为那不勒斯方言"Maestro，cumme state? I' ve tengo ogne ghiuorno 'nnanze a ll'uocchie!"

③ 朱塞佩·麦加利（Giuseppe Mercalli，1850—1914），意大利火山学家。他创立的"麦加利地震烈度"是衡量地震对某一特定地点造成影响大小的量度单位。

观的全景，叫人久久不忘。我弹了一曲舒曼的op. 26，向他展示自己的琴技。我已使出浑身解数，他瞥见了我演奏中的优点，但还是给出了严厉的批评。就技巧而论，我必须从头开始：在各种不同的位置以极慢的速度来练习；还要面对额外的风险，那就是，在听我连续几小时地弹奏诸如 Do-Mi-Re-Fa 这样最基本的音阶后，我的两个哥哥很可能会发疯。

拜入维塔莱门下对我而言极其重要，因为，他的钢琴教学不只是传授有关这门乐器的技艺，简直可以说就是音乐本身(tout court)。正是他，让我对美妙绝伦的分句和缓急法[①]有了感觉。通过阅读深受那不勒斯乐派影响的奥地利钢琴家西吉斯蒙德·塔尔贝格[②]的书信，通过了解贝尼亚米诺·切西和朱塞佩·马尔图奇[③]的教学法，我们对分句和缓

---

① 缓急法(agogica)，音乐术语，表示出于表情的目的而在演奏中对音符的时值做细微的调整。——原注

② 西吉斯蒙德·塔尔贝格(Sigimond Thalberg，1812—1871)，奥地利作曲家，同时也是19世纪最富盛名的钢琴家之一。

③ 意大利钢琴家贝尼亚米诺·切西(Beniamino Cesi，1845—1907)和钢琴家、指挥家、作曲家朱塞佩·马尔图奇(Giuseppe Martucci，1856—1909)都是那不勒斯乐派的代表人物。切西以钢琴教育闻名，门生中很多人都成长为20世纪早期的钢琴明星。马尔图奇曾执教于那不勒斯音乐学院，他一生致力于恢复意大利的器乐作曲传统，并在意大利境内推广德奥作曲家的作品；其自身的创作实践也很丰富，包括交响曲、协奏曲、室内乐和意大利古乐改编曲等，但是没有歌剧。2009年穆蒂首次赴中国内地演出，就曾指挥上海交响乐团演奏了马尔图奇的《夜曲》(*Notturno*)。

急法建立起了透彻的认识。这些音乐家都认为，乐句自有其理，包含了其自身的展现模式。如此就绝不可能出现“我这么觉得”的要命情况，而这种情况在现如今的音乐表演者中十分流行——在那以前，连我也被这种外行的偏见推着走。上述几位音乐家还认为，乐句生来就有其内在法则，寻
找并发现这种法则，然后严肃认真地对待它，不代表索然无 31
味，反而是唯一的对待乐谱的客观态度；我甚至要强调，这才是科学地对待音乐文献的态度。打个比方说，一个音乐家必须寻踪觅迹一路抵达顶峰，而不是对它弃之不顾；他必须搞清楚各个涉及缓急处理的点，并将它们表现出来。可是那些天真地迷信自我感觉的人，到头来常常会发展到不尊重乐句的地步，甚至不可避免地会背离它，从而毁了它。这就是那些大师的观点，他们真是目光如炬。

我受教于维塔莱，并取得了长足的进步。到这一年的年末，我已经能够娴熟地弹奏李斯特的《西班牙狂想曲》(*Rhapsodie espagnole*)和塔尔贝格的好几首高难度的练习曲了。在那不勒斯音乐学院组织的一次赴巴里的旅行中，我演奏了那些练习曲中的一首，并赢得了在那里任教的伟大的风琴演奏家阿尔曼多·伦齐[1]的赞许。在维塔莱的课

---

① 阿尔曼多·伦齐(Armando Renzi，1915—1985)，意大利作曲家、风琴家。

上，对广义上的（*lato sensu*）那不勒斯乐派的狂热崇拜享有至高地位。可以这么说，当我沿着长长的卡拉乔洛大街（Via Caracciolo）一路行来，穿过城市别墅公园，这期间，那个流派就展现在我眼前：西吉斯蒙德·塔尔贝格的塑像是我第一个遇上的，从他开始，我会经历整个王朝，直到最后准时地与维塔莱见面。

*

而另一方面呢，马耶拉的圣彼得罗音乐学院坐落于从前的切莱斯蒂尼修道院（Convento dei Celestini），所以，它从里到外就是个宗教场所。肃穆的教室里，摆放着简朴的草编椅，几盏昏暗的灯泡悬在天花板的中央，屋子里弥散着狂飙突进（Sturm und Drang）的味道。许多年后，当我率领费城管弦乐团（Philadelphia Orchestra）去印第安纳大学举行
32 一场音乐会时，他们带我参观了一间钢琴教室，里面放着两架三角钢琴，设有一个吧台，地上还铺着地毯，室内布置得富丽堂皇。我完全惊呆了，只剩下感叹美国学生是多么幸运！或许，我应该反过来感叹自己是多么幸运，因为供我们读书的那些简朴的房间，曾经是乔瓦尼·帕伊谢洛（本校第

一位名校长)[①]这样一批杰出人物的家。

每天上午,我仍然去维托里奥·埃马努埃莱国立高中上课,那里有一些很棒的老师(特别是一位哲学老师,我记得最清楚),不过,偶尔也有个别不靠谱的代课老师。有个代课老师就对我们说,梅奈纽斯·阿格里帕[②]是位"两栖将军",因为他在陆上和海上都打了胜仗。当我们扯着嗓子和他争论时,他恼羞成怒,发誓要进行报复:"我会把你们像章鱼一样泡在水里,然后,一点一点地,煮透!"这所学校严得出奇,1959 年,一个三十人的班,拿到文凭的竟然只有我们四五个!那一年,我因为全神贯注于自己的高中学业,花在音乐学院的时间就比较少。我肯定错过了一些东西,好在维塔莱大师对他的学生加强音乐以外的文化修养表示理解,他是第一个看到这么做的重要性的人。

一天,音乐学院的校长雅各布·纳波利把我叫过去。我以为,他要因为我的缺课而批评我了,所以就毕恭毕敬地立

---

① 乔瓦尼·帕伊谢洛(Giovanni Paisiello, 1740—1816),意大利作曲家,那不勒斯乐派的杰出代表。他一生创作了不少教堂音乐、交响乐、协奏曲和室内乐,但最出名的还是多达近百部的谐歌剧。

② 梅奈纽斯·阿格里帕(Menenius Agrippa,? —公元前 493),公元前 503 年罗马共和国的执政官,曾率军打败萨宾人。

正在他的书桌前，活像个玩具士兵。弗朗切斯科·奇莱亚[①]的巨幅画像就高挂在他身后的墙壁上。他注视着我："你想过要当指挥吗？"在我可能预想得到的所有问话中，这句话是最最出乎我意料的。他补充道："我听了你去年的汇报演
33 出，"——当时我弹了圣-桑的一部富有表现力的作品《随想曲，依照据格鲁克的〈阿尔切斯特〉所作的芭蕾咏叹调而作》(*Caprice sur les airs de ballet d'Alceste de Gluck*)——"我印象中，与其说你弹得像个钢琴家，倒不如说你弹得像个指挥家。"他的意思是我的"思维方式"(*forma mentis*)，对此，我当然从未想过。"今年，"他继续说下去，"作曲班上没有一个人对担任管弦乐演奏课的指挥感兴趣。他们一个是修士，一个是神父，还有一个是女的。你有这方面的素质，为什么不试试呢？"

他已经和乌戈·阿耶洛(Ugo Ajello)大师讲定了——我对这位大师怀着无限的感激，他是一个地道的那不勒斯人，一位谦谦君子，也是圣卡洛歌剧院管弦乐团[②]的首席大

---

① 弗朗切斯科·奇莱亚(Francesco Cilea，1866—1950)，意大利作曲家，曾执教于巴勒莫、那不勒斯等地的音乐学院并任校长。

② 圣卡洛歌剧院(Teatro San Carlo)是那不勒斯闻名世界的老牌歌剧院，与斯卡拉歌剧院(Teatro alla Scala)、罗马歌剧院(Teatro dell'Opera di Roma)并称意大利三大歌剧院。

提琴,一位了不起的音乐家——他正是管弦乐演奏课的负责人。他们计划演奏巴赫分别为两架和四架羽管键琴所作的协奏曲。音乐学院里还有一位出色的钢琴老师叫蒂娜·德马里亚(Tina De Maria),她的学生将担任上述两部作品的羽管键琴演奏员。我和阿耶洛见了面,也打开了总谱——幸亏这是巴赫,我唯一觉得难懂的只有用于中提琴的中音谱号而已。阿耶洛一边解释一边晃着双臂做示范:"'二拍子'像这样,'四拍子'像这样;右手稳住节奏,左手则是'心与灵魂'。"这是他的话,原封未动。这些话今天听来可能像是一种修辞,稍有点花哨,但它本质上是对的,他教会了我让每只手执行不同的任务。

第二天早晨,我发现自己满怀恐惧地站到了同学们面前——现在,他们是我的同事了。平生第一次,我开始指挥。我还记得第一拍打下去时,那种妙不可言的奇异感觉。后来我才理解,为什么我的另一位伟大导师安东尼诺·沃 34
托①会说:"一做这个动作,"他多少有些随意地挥下他的右臂,"某些事情就会发生。"在最初的几分钟里,我全神贯注

① 安东尼诺·沃托(Antonino Votto, 1896—1985),意大利歌剧指挥,长期供职于斯卡拉歌剧院,并执教于威尔第音乐学院。

于手上的动作，渐渐地，姿势变得自然了，我的胳膊也自如地挥动起来。阿耶洛大师离开了房间，后来我才知道，他是去给纳波利大师打电话了，通知他一位新的管弦乐指挥的诞生。他已经从我那稚嫩的手势中看到了一些亮点。在斯卡拉蒂厅（Sala Scarlatti）里，我指挥了最终的演出。所有学生都到场了，那是一场真正的欢庆会，维塔莱大师高兴地看着我，他的门生之一，站在那个位置上。

于是，雅各布・纳波利派给了我一场完整的音乐会，一场名副其实的音乐会，也正是在那一刻，我开始面临下一年要不要去上作曲课的问题。纳波利坚信，作曲课对一个志向远大的指挥而言必不可少。就这样，我把自己交到了最好的老师阿拉迪诺・迪马蒂诺的手上，他是卡米洛・德纳尔迪斯与真纳罗・纳波利的学生。[①] 乌戈・拉帕洛[②]教我认识了七种不同的谱号，并教会我如何读总谱。他的体系

---

① 阿拉迪诺・迪马蒂诺（Aladino Di Martino，1908—1989），意大利作曲家，作品涵盖歌剧、协奏曲、交响曲、钢琴独奏、艺术歌曲、电影音乐等多个领域。卡米洛・德纳尔迪斯（Camillo De Nardis，1857—1951）与真纳罗・纳波利（Gennaro Napoli，1881—1943）都是意大利有名的作曲家，是近现代那不勒斯乐派的代表人物，并且都担任过那不勒斯音乐学院的副校长。

② 乌戈・拉帕洛（Ugo Rapalo，1914—2003），意大利作曲家、指挥家，曾担任圣卡洛歌剧院的音乐总监。

虽然古老却无懈可击，直到今天，我都能架得住圆号演奏员们设下的重重机关——他们的谱花样最多，当他们问你移调后这是什么音时，其实就是在探你的底。

1961年，我凭借钢琴专业的高分与各项殊荣拿到了文凭。我指挥了穆索尔斯基的《展览会上的图画》（*Quadri da un'esposizione*），而且好像还指挥得不赖。我率领着学生管弦乐团和来自斯卡拉蒂[①]及圣卡洛歌剧院管弦乐团的外援们（包括贾钦托·卡拉米亚、萨尔瓦托雷·阿尔托贝利和后
来去了圣切奇莉娅音乐学院的朱塞佩·普伦奇佩，他们全 35
都是一流的音乐家[②]），演出了贝多芬的《莱奥诺拉序曲》（*Leonore*, No. 3）、舒伯特的《b 小调第八交响曲》（“未完成”）、皮泽蒂《比萨女郎》（*La Pisanella*）中的间奏曲[③]，还有

① 指亚历山德罗·斯卡拉蒂管弦乐团（Orchestra Alessandro Scarlatti）。

② 贾钦托·卡拉米亚（Giacinto Caramia，1923—　）和萨尔瓦托雷·阿尔托贝利（Salvatore Altobelli，1914—2004）都是意大利那不勒斯著名的大提琴演奏家，后任职于圣切奇莉娅音乐学院（Accademia Nazionale di Santa Cecilia，即罗马音乐学院）的朱塞佩·普伦奇佩（Giuseppe Prencipe）是意大利著名的小提琴演奏家。

③ 伊尔代布兰多·皮泽蒂（Ildebrando Pizzetti，1880—1968），意大利作曲家、音乐著述家，主要从事舞台音乐和声乐创作。《比萨女郎》创作于1912年至1913年，是为意大利剧作家加布里埃莱·邓南遮（Gabriele D'Annunzio）的戏剧所配的音乐。

肖邦的《第一钢琴协奏曲》，钢琴独奏为劳拉·德富斯科[①]。虽然对于这样一场音乐会，舒伯特的交响曲是自然之选——即便你无法诠释出任何新意——但《莱奥诺拉序曲》就完全是另一码事了！

我是凭记忆指挥《莱奥诺拉序曲》的，那就是我当时的工作方式，直到我遇见斯维亚托斯拉夫·里赫特[②]，一切才有所改变。他问我："为什么要背谱？没长眼睛吗？"（原话！）从那一刻起，我看事情的角度变了。"没长眼睛吗"这几个字让我相信要永远把总谱放在指挥台上：你已经和它相依相伴了几个月，那么，在音乐会上看着它，一定是有意义的。如今，就算是指挥我早已烂熟于心的《命运之力》，我还是会翻动谱页；不管怎么说，如果你的工作方式因人而异，那才叫荒唐呢。两天后，我们到了巡演的第一站，阿韦利诺[③]。观众基本上是一群小学童。我们开始演奏《莱奥诺

---

① 劳拉·德富斯科（Laura De Fusco，1948— ），意大利钢琴家，师从温琴佐·维塔莱。20 世纪 60 年代起以独奏家身份在世界各地演出，与 BBC 交响乐团、费城管弦乐团等都有过合作，后被那不勒斯音乐学院钢琴系聘为教授。

② 斯维亚托斯拉夫·里赫特（Sviatoslav Teofilovič Richter，1915—1997），俄罗斯钢琴家，20 世纪最伟大的钢琴家之一。

③ 阿韦利诺（Avellino）位于坎帕尼亚区中部，是阿韦利诺省的省府。

拉序曲》，进入渐强（*crescendo*），达到极强（*fortissimo*），整个大厅里人声鼎沸，被爆发的音乐煽动起来的小学生们，纷纷将自己的小书包掷向空中。

几个月后，维塔莱大师要去美国授课一段时间，而当地有一份报纸，是罗马日报《天天新闻》（*Il Quotidiano*）的“那不勒斯版”，其中关于市内音乐活动的评论文章正是由他负责撰稿的。由于他要离开，便请我在这段时间内接替他担任乐 36
评。我感到局促不安，因为我发现，评价一场音乐会要比单纯地去听一场音乐会难得多；同时，这种不安也和我自己是从事音乐表演工作的有关。不过，我还是点评了由埃托雷·巴斯蒂亚尼尼演唱的马斯内的《黛依丝》（*Thaïs*），指挥是弗朗切斯科·莫利纳里-普拉代利，以及多场由佛朗哥·卡拉乔洛指挥的音乐会。① 过去那个时代，身为乐评一定要穿晚礼服。我租的那套太大了，以至于每走一步它都会拖住我：我几乎无法挪动。于是，我只能一动不动地站着，满脸宁神静思的模样，这使我看起来就像是完全投入到了自己的乐评工作中。

---

① 埃托雷·巴斯蒂亚尼尼（Ettore Bastianini，1922—1967），杰出的意大利歌唱家，早年唱男低音，后来改唱男中音。弗朗切斯科·莫利纳里-普拉代利（Francesco Molinari-Pradelli，1911—1996），意大利歌剧指挥家。佛朗哥·卡拉乔洛（Franco Caracciolo，1920—1999），意大利指挥家，曾任亚历山德罗·斯卡拉蒂管弦乐团和意大利米兰广播交响乐团指挥。

37 # 第三章 “我们每次只骂一个笨蛋！”

1961年下半年，纳波利大师接受了米兰音乐学院(Conservatorio di musica “G. Verdi” di Milano)的校长任命，并建议我也转到那里去。他告诉我，米兰有安东尼诺·沃托和布鲁诺·贝蒂内利[①]，他们一个教管弦乐指挥，一个教作曲；此外，米兰还有名至实归的大都市音乐气象。又一次，一场家庭大会召开了，我母亲说“行”——尽管在那个时候，离家千里的念头会让每个人都想起电影《托托、佩皮诺和坏女孩》[②]里的著名场景。在一个南方男孩的想象中，米

---

① 布鲁诺·贝蒂内利(Bruno Bettinelli，1913—2004)，意大利作曲家、教育家，毕业于米兰音乐学院，后任该校作曲系教授，一大批20世纪中后期最重要的意大利音乐家都曾得到过他的指点。

②《托托、佩皮诺和坏女孩》(*Totò, Peppino e la malafemmina*)是卡米洛·马斯特罗钦奎(Camillo Mastrocinque)拍摄于1956年的影片。(转下页)

兰似乎只可能是一个遥不可及、神秘莫测、如梦如幻的地方。而且，那时我已经报了哲学班：我并不是天生的思想家，但我认为哲学能帮助我建立起基本的审美观，这对我择定的职业必然有所裨益。（在这之前，我还报名参加了那不勒斯音乐档案馆的音乐古文书班，可结果证明，这门课太难了。）

我在 1962 年的 11 月 2 日抵达米兰。要是我懂米兰方 38
言的话，哪怕只懂一句，我准会说："L'è el dì di mort, alegher!"（乐吧，死期到了！）[①]爸妈已经给我的这次旅行打了一系列预防针，活像马斯特罗钦奎电影里的托托（Totò）："听着，那上头可冷啦，米兰雾气弥漫，你会生肺炎的。"他们甚至给我买了顶博尔萨利诺帽——我这辈子还没戴过这样的帽子，它让我想起同年出品的电影《安逸人生》中维托里奥·加斯曼（Vittorio Gassman）的名言"小心啊，老公公，不

（接上页）故事讲述了托托（托托饰）和佩皮诺·卡博尼（佩皮诺·德菲利波饰）一起去米兰看望他们的侄子贾尼（特迪·雷诺饰），贾尼因为无可救药地爱上了一个名叫玛丽萨的芭蕾舞女演员（道连·葛雷饰）而追随她到了北方。——原注

① 这是米兰方言大诗人德利奥·泰萨（Delio Tessa，1886—1939）发表于 1919 年的诗作《卡波雷托战役 1917：犹如梦幻》（*Caporetto 1917: Sonada quasi ona fantasia*）中的诗句。卡波雷托战役是一战中意大利惨遭失败的一役。泰萨诗歌的特色之一便是对死亡的笑骂。引文出自他的诗选《乐吧，死期到了！在墙外》（*L'è el dì di mort, alegher! De là del mur*，都灵：Einaudi 出版社，1999 年），第 55 页。——原注

然你的博尔萨利诺帽就没啦"[①];此外还有埃托雷·彼得罗利尼的小诗:"你一定不要忘记 / 明早我们就要出行:/ 若不能戴上你的博尔萨利诺帽/ 一路该有多么伤心"[②]——除了这顶帽子,还要外加一条羊毛围巾。我只身来到米兰,一下火车就立即想到了托托和德菲利波(Peppino De Filippo)的巨大的皮帽;我刚刚习惯了那不勒斯,而这座崭新的城市与之相比又是如此不同,这里唯一缺的就是北极熊!我去了威尔第音乐学院,它给我的印象是别有洞天。它的门面

---

① 由迪诺·里西(Dino Risi)摄制于 1962 年的影片《安逸人生》(一译:超车)(*Il Sorpasso*),讲述了一个以喜剧开场以悲剧收尾的公路旅行故事:腼腆的法律系学生罗伯托(让-路易·特兰蒂尼昂饰)遇到了生气勃勃的中年男子布鲁诺(维托里奥·加斯曼饰),后者驾着自己的爱车——蓝旗亚的奥莱利亚 B24——带着罗伯托从罗马到托斯卡纳乡村一路旅行。其间,布鲁诺的安逸生活和功成名就惹得罗伯托羡慕不已,但他也看到了布鲁诺的空虚、肤浅和不快乐。引文来自电影中的一个桥段:布鲁诺和罗伯托让一个农夫搭车,农夫问车有多大马力,布鲁诺便猛踩油门,不计后果地飙起速度来,同时建议农夫按住帽子:"小心啊,老公公,不然你的博尔萨利诺帽就没啦!"博尔萨利诺帽其实就是一种男式宽檐软毡帽,以其制造商的姓氏命名。——原注

② 原文为"è importante ricordarsi / che si parte domattin: / sarìa triste allontanarsi /senza avere il Borsalin"。埃托雷·彼得罗利尼(Ettore Petrolini, 1884—1936),意大利戏剧和电影导演、剧作家、电影编剧、小说家,是时俗讽刺剧和综艺节目最重要的代表人物之一,对 20 世纪意大利的喜剧发展产生了深远影响。他的这首《戴博尔萨利诺帽的人》(*Borsalineide*),选自《你快乐吗?!!》(*Ti à piaciato ?!!* ,塞斯托·圣乔瓦尼:Madella 出版社,1915 年),第 91—95 页。——原注

又矮又小，根本看不出里面居然会有一道又高又大的回廊。它和“马耶拉的圣彼得罗”完全不像。我注册入学，不久便 39
见到了贝蒂内利，我跟随阿基莱·斯基内利学习管风琴伴奏，跟随里卡尔多·卡斯塔尼奥内学习总谱阅读（我和他一起用四手联弹的方式读了无数总谱）。[1]

接着，沃托出现了，我对他的记忆栩栩如生。他神情肃穆，为人极其严厉，在斯卡拉工作的那些年里，他一直与托斯卡尼尼[2]共事。南方的老家，最美好的莫过于“南方的缪斯”，也就是那个由我亲爱的阿耶洛大师一手浇灌出来的世界，消失了；取而代之的是我的新大师，沃托，他张扬着托斯卡尼尼式的公正与冷漠——并不意味着平庸——同我在维苏威火山脚下感受过的那种“热力”，形成了鲜明的对比。当我见到他时，他说：“你是穆蒂？拿上《唐·乔瓦尼》，研究下序曲，然后回来给我看你都学到了什么。”这就是他的第一句话，除了听从，我别无选择。一周后，在普契尼厅（Sala Puccini），面对一群学生，我开始指挥了。

---

① 阿基莱·斯基内利（Achille Schinelli）和里卡尔多·卡斯塔尼奥内（Riccardo Castagnone，1906—1983）都是意大利钢琴家、音乐教育家。

② 阿尔图罗·托斯卡尼尼（Arturo Toscanini，1867—1957），意大利指挥家，19 世纪末至 20 世纪最伟大的指挥家之一。

对于莫扎特宏大的序曲，要把引子里徐缓的行板（*andante*）同后面稍快的快板（*molto allegro*）“分离”开来，需要真正的技巧。我们遇到了一些麻烦：我记不清是自己没拿捏好，还是那些乐队的小朋友靠不住，总之，在试过三次后，我的怒气开始显现出来。我打算不再表现得像个学生，而是要像职业指挥家那样让他们知道我怒了，于是，我举起左手，却感觉有人从我背后抓住了它。是沃托！他已
40 经爬上几级台阶，站到了我后面。我试图说些什么，却被他打断。“Parlamme nu fesso a'a vota!”他用那不勒斯话讲道：我们每次只骂一个笨蛋！我看见一种幸灾乐祸的表情从乐手们的脸上拂过，因为我，指挥，正被拎出来当众挨批。“是你的错。看好了。”他把我赶到一边，沉着地指挥起了这段音乐。一切顺利，原因再简单不过了：一、他是安东尼诺·沃托；二、孩子们个个全神贯注，就想让我看看谁才是“笨蛋”。我彻底泄了气。在那不勒斯，我都成功地指挥过一场音乐会了，可在这儿，在米兰，却连完整地分割一段快板也做不到。我担心事情又会变得跟我师从维塔莱学琴时一样：我不得不完完全全从头来过。

然而，不出几天我就意识到，沃托对我产生了好感，他甚至给了我一些曲子，让我在来年的几场演出中指挥。他

对我的偏爱似乎超出了那些不怎么有天赋的学生，或者说，那些他不怎么喜欢的学生。我不仅听他的课，还观摩了几次他在斯卡拉的排练。为了不撞见人，他总是避开菲洛德拉马蒂奇街（Via Filodrammatici），走威尔第街（Via Verdi）进入剧院；他穿着标志性的灰色长大衣，一到大厅就把它脱给乐务，而后爬上指挥台进行排练。我特别受震撼的是看他排练《法斯塔夫》（*Falstaff*）：他竟然不用谱！我现在要说，背谱是一回事，而指挥《法斯塔夫》时敢于背谱则是另一回事，这种行为只会叫你目瞪口呆，进而想到既然有这样的世外高人在，或许自己最好还是另谋出路。我就这一点请教了他，他回答说：“要是你和他共过事，你也会像我一样。” 41
“他”，当然就是指托斯卡尼尼，和他在一起，这份工作便成了紧张、特殊且长达数月的担当；历经这一切后，持久记忆即变成自发行为，那是对总谱完全熟练掌握后的一种自然结果。

对贝蒂内利的作曲及对位法课，我同样怀着美好的回忆。我们班上有不少才华横溢的学生，像阿尔曼多·真蒂卢奇、阿齐奥·科尔吉和弗朗切斯科·德格拉达。[①] 其中，

---

① 阿尔曼多·真蒂卢奇（Armando Gentilucci，1939—1989）、阿齐奥·科尔吉（Azio Corghi，1937— ）后来都成为意大利当代重要的（转下页）

弗朗切斯科也和我一起上管弦乐演奏课，但他更像个史学家而不是指挥家。在处理一部奇马罗萨[①]的交响曲时，节拍标明 2/4，他却坚持以 4/4 来指挥。沃托不耐烦地叫嚷起来："二四拍，二四拍！"

弗朗切斯科镇静地回答："我觉得是这样的。"

沃托强压怒火："随你的便，犟驴！"

我和科尔吉结下了深厚的友谊，而且，我们还没完没了地进行着对位法作曲竞赛。我仍然保留着那些写满了习作的笔记本，里面尽是些逆行卡农（*rectus*），转位卡农（*inversus*），忽而渐强（*aggravamento*），忽而渐弱（*diminuzione*），仿佛我们就是两个佛兰德人[②]。同班同学告诉我，科尔吉有时会说："里卡尔多比我强！"我想，他说这话准是出于友爱或同情，因为，我虽也不赖，他却是真正的

（接上页）古典音乐和歌剧作曲家、音乐学家。弗朗切斯科・德格拉达（Francesco Degrada，1940—2005）则成为米兰大学艺术音乐和戏剧系教授，从事古代和现代音乐史的教学；同时，他也是世界公认的研究意大利作曲家乔瓦尼・佩尔戈莱西（Giovanni Battista Pergolesi，1710—1736）的专家，编过一部关于佩尔戈莱西的权威目录，并推动了佩尔戈莱西作品在当代的传播。

① 多梅尼科・奇马罗萨（Domenico Cimarosa，1749—1801），意大利作曲家，那不勒斯乐派的重要代表人物，作品包括歌剧、弥撒曲、清唱剧、康塔塔等，其中最著名的要数喜歌剧《秘婚记》（*Il matrimonio segreto*）。

② 对位法是在 14 世纪的佛兰德地区（Vlaanderen）发展起来的。——原注

一流，所以，我那所谓的“第一”根本就站不住脚。 42

1963 年，我指挥音乐学院的管弦乐团和合唱团在威尔第厅（Sala Verdi）献上了一场音乐会；后来，为了表达对此前担任过米兰教区总主教的教皇保禄六世（Paolo VI）的敬意，我们把同样的节目又演了一遍。我们演奏的曲目是维瓦尔第的《圣母颂歌》（*Magnificat*）和斯卡拉蒂的《圣母悼歌》（*Stabat Mater*）。

*

有一天，我正在普契尼厅和器乐小组进行排练。随着一声难以置信的刺耳巨响，门开了，一个女孩连蹦带跳地闯了进来，因为她以为会在这里找到合唱团的排练。我是个学生没错，不过站上指挥台的我就好比穿上了一身“权力”的外衣——姑且这么说吧，我彰显着大师的权威。于是，以一个傲慢的手势，我示意她：必须走。那位被我支出去的年轻女士叫克里斯蒂娜·马扎维拉尼（Cristina Mazzavillani），她会在 1969 年的 6 月 1 日成为我的妻子，而当时，她还在玛丽亚·卡尔博内[1]的声乐班上念书。当她向周围的人打

---

① 玛丽亚·卡尔博内（Maria Carbone，1908—2002），意大利女高音歌唱家，毕业于那不勒斯音乐学院，21 岁即在圣卡洛歌剧院登台演出，所演剧目非常广泛。离开舞台后，她主要在米兰和威尼斯从事声乐教学，培养了一大批杰出的歌唱家。

听我是谁时，人们回答她“Il moro”（一个摩尔人）。这就是我在音乐学院的名声，一则我长了头又黑又密的头发，二则，或许因为我是打南边来的，他们从骨子里瞧不起我。那以后，我们很快又见面了。他们已经告诉过她“那个摩尔人”姓甚名谁，并让她放心我不是“奥赛罗”，同时添油加醋地说我总是相当阴郁，还老爱戴着顶帽子。

自从我北上以来，还真没离开过帽子——记得彼得罗利尼的诗句吧，“若不能……一路该有多么伤心”——不过，
43 某天我巧遇了老乡多梅尼科·达基诺（Domenico D'Aquino），从那以后，我就不再戴帽子了。多梅尼科一面在音乐学院学习古典吉他，一面为一家电话公司打工，以勉强维持生计。我们在那不勒斯时就认识了，那天早上，我俩在大堂擦肩而过，他带着他那口浓重的乡音评论道：“乖乖，里卡，你对自己都做了些啥呀？你看起来就像巴里埃洛。”①我不禁问谁是“巴里埃洛”，他自鸣得意地答道：“就是一个整天戴着帽子的家伙。”②就在那一瞬间，我摘下了它，并且再也没把它戴回去过，即使在室外零下四十度的时候也没

---

① 原文为方言“Guè, Ricca', ch' ee fatto? mme pare Barièllo”。

② 原文为方言“U cazzo co' cappiello”。

有。我妈妈关于博尔萨利诺帽、严寒、肺炎的所有论调，以及火车站的北极熊，就这样黯然退场了！

达基诺是个不可思议的家伙。一次，他甚至成功地逗乐了沃托。那天我们正在音乐学院的传达室，沃托走了过来，以他典型的生硬口气对门房说："出租车……"停了许久，才说，"拜托。"

"大师，我的车就在外面，"达基诺用家乡话说，"我可以送您回家。"①

沃托回答："我只坐……"停得稍稍短一点，"租的……"又顿了顿，"车。"

达基诺立即反问道："怎么，您以为我会让您免费搭车？"②

沃托笑了。只此一次！

那以后，我意识到，他是移植在伦巴第③音乐学院中的一朵那不勒斯奇葩。虽说这里是个截然不同的世界，但有沃托在对我是件好事——哪怕我们性格迥异——他让我继续沐浴在一种严谨的氛围中，这在许多方面和我所熟悉的

---

① 原文为方言"Maestro，teng'a macchina cca fora... ve porto a casa vuosta"。

② 原文为方言"Ma pecché，ve credive ca ve purtave pe senza niente?"

③ 指伦巴第区(Lombardia)，米兰即该区的首府。

南方生活类似。唯一缺失的是幽默感，那份我在整个青少年时代都体验着的幽默感。对我而言，身为一个普利亚人——或者进一步说，身为普利亚—坎帕尼亚人——生活在米兰，就读于这儿的音乐学院，几乎等同于生活在奥匈帝国沉闷的清规戒律下。

44 *

我参加了几次我们班在圣费代莱文化中心（Centro Culturale San Fedele）举行的演出和音乐会，洛伦佐·阿鲁加是该中心的艺术总监①。我记得其中一次我指挥的是肖邦的《f小调第二钢琴协奏曲》，担任钢琴独奏的是玛丽亚·路易莎·卡普拉拉②。我们还表演过一些当代作品，包括由翁贝托·罗通迪③等学生谱写的曲子。与此同时，对于在斯卡拉

---

① 洛伦佐·阿鲁加（Franco Lorenzo Nicolò Arruga，1937— ），意大利记者。早年曾任斯卡拉歌剧院总监助理，后创办并主编月刊《音乐万岁》（*Musica Viva*）和《万象》（*Panorama*）。他不仅在米兰大学开设歌剧院史课，也是多尼采蒂研究会议、国际威尔第研究会议等多个国际学术会议的委员。

② 玛丽亚·路易莎·卡普拉拉（Maria Luisa Caprara），意大利钢琴家，后执教于米兰音乐学院。

③ 翁贝托·罗通迪（Umberto Rotondi，1937—2007）后来成为意大利现代重要的作曲家，尤以1992年创作的《安布罗西亚弥撒》（*Mass Ambrosiana*）而闻名。

和 RAI[①] 举行的排练我也追着观摩。洛夫罗·冯·马塔契奇指挥的贝多芬交响曲，以及塞尔久·切利比达克的一些排练，都令我特别难忘。[②] 我为一次班级演出写了一首钢琴曲，还在普契尼厅弹奏了它。此曲模仿了我们在贝蒂内利课上学到的风格，极尽繁复之能事，非常时髦，而又奇难无比。前几天，我再度翻阅了这部作品的乐谱，发现时间真是过得飞快。如今，像这样的曲子，我哪怕连三小节都弹不下来！

在音乐学院的最后一年，我们排演了一部歌剧，而后在艺术剧院（Teatro dell'Arte）进行了演出。教师们同学生乐团一起参加了表演，其中有意大利四重奏的第一小提琴保罗·博尔恰尼，还有路易吉·费罗。[③] 在雅各布·纳波利的安排下，我们上演了帕伊谢洛的《马莱基亚洛客栈》（*L'osteria*

---

① RAI 是意大利广播电视公司的名称缩写。该公司原名 Radio Audizioni Italiane，1954 年更名为 Radiotelevisione Italiana，但仍使用原来的缩写名，包括公司下属的一支出色的交响乐团也叫这个名字。——英译本注

② 克罗地亚指挥家洛夫罗·冯·马塔契奇（Lovro von Matačić，1899—1985）与罗马尼亚指挥家塞尔久·切利比达克（Sergiu Celibidache，1912—1996）都是 20 世纪杰出的指挥大师。

③ 保罗·博尔恰尼（Paolo Borciani，1922—1985）和路易吉·费罗（Luigi Ferro，1903—1975）都是意大利优秀的小提琴演奏家。前者任职于米兰音乐学院，是享誉世界的室内乐团意大利四重奏（Quartetto Italiano）的创立者之一；后者曾就读于米兰音乐学院，毕业后长期执教于威尼斯音乐学院，是威尼斯四重奏（Quartetto Veneziano）的成员。

di Marechiaro），歌手都是从玛丽亚·卡尔博内的学生中挑选出来的，克里斯蒂娜饰演了“莱斯比娜”（Lesbina）一角。这是我指挥的第一部歌剧。我们甚至带着这出戏的精简版进行了巡演。第二年，我们又做了两部歌剧：多尼采蒂的《丽塔》（*Rita*）和雅各布·纳波利的《玫瑰园》（*Il rosario*）。它们不仅
45 让克里斯蒂娜大放异彩，还在卢加诺取得了重要的胜利，那里可是广播电台的总部所在地啊！①

1966 年，我以优异的成绩毕业，同时为了谋生，我接受了在玛丽亚·卡尔博内的课上担任钢琴伴奏员的工作。

*

要想在米兰找个住处从来都不容易。初来乍到时，我住在五日广场的一家破旅店里。后来，我听说有位神父，他认识的某个人有套公寓待租。我便提着大包小包，步行来到古堡，再从古堡穿出去，直奔临近会展中心的街区，敲了敲门。②

---

① 卢加诺（Lugano）是位于瑞士南部意大利语区的城市，它也是瑞士意大利语广播电视中心（Radiotelevisione Svizzera di Lingua Italiana）的所在地。

② 这是一段不短的路程，按照作者的描述，从米兰中心城区东面的五日广场（Piazza Cinque Giornate），徒步至西北面的斯福尔扎古堡（Castello Sforzesco），再穿出去走到米兰会展中心（Fiera di Milano）附近，差不多等于斜穿了整个米兰市中心，约有四公里路。所以作者后面才说待他原路返回时，已经累得筋疲力尽。

谁知，就在前一天，他们已经把它租出去了。我只得顺着来时的路，再一步一步地挪回那家破破烂烂的小旅店，而且还是靠人家把我搀进去的。圣诞假期结束后，学校的门房，一个相当喜欢我的来自卡拉布里亚的残疾人，让我去塔迪诺街(Via Tadino)2 号找一位住在那里的小老太太。这位老太太是维琴察人[①]，每天要抽两千支烟，她给了我一间带双人床的房间。"睡那张床的是一位男高音，曼普林先生，"她说，"今晚他出去唱歌了。"生平头一遭，我上床时心里却没底：究竟到了半夜，谁会冒出来呢？次日早晨，一觉醒来，我发现几步开外的地方有个大块头[②]；我们做了自我介绍，就这样成了朋友。不过他白天要进行声训，所以，为了不让自己太受干扰，我只得坚持一面在威尼斯门(Porta Venezia)附近的公园长凳上完成对位法练习，一面像托托一样把自己裹起来[③]。我在那里住了一年，期间，我父亲从普利亚送上来的橄榄油都被我们那位男高音当成了灵丹妙药。

再以后，我在平代蒙泰街(Via Pindemonte)的一栋大楼 46

---

① 维琴察(Vicenza)位于意大利东北部的威尼托区(Veneto)。

② 指室友迪诺·曼普林(Dino Mamprin)。

③ 在前面提到过的电影《托托、佩皮诺和坏女孩》中，两位南方来客总是把自己裹得严严实实，以抵御他们眼中米兰刺骨的寒冷。——英译本注

里给自己找了个单间。这栋楼里住着两位老妇人，一位是歌唱家，一位是竖琴演奏家。在她们风华正茂时，她们一团人还赴南美演出过呢。她们生活的世界看起来那样老派，都赶上威尔第了。在拿到毕业文凭前，我一直住在那个地方，定期出趟门，与克里斯蒂娜及她的三五知己去普雷穆达大道（Viale Premuda）上的饭店吃饭。那是家小馆子，现在稍微时尚了点，那时吃顿午饭花费约 400 里拉。当我以钢琴伴奏的身份开始为卡尔博内工作时，她已经是一位享有盛名的歌唱家了，尤其以擅演“真实主义”（verismo）歌剧而著称①；此外，她还是位杰出的教师，从她那儿，我学到了许多关于歌手的音色与演唱技巧的知识。同样是在那个时候，我找到了一间带冲淋的房间，这相对已经挺奢侈了，更不要说它还在音乐学院的对面。我用 1967 年参加坎泰利大赛赢得的奖金添置了几样家具，一转眼，就发现自己已经置身一间带钢琴的雅室了，顿觉梦想成真。第二年，我争取到了一个钢琴师的终身职位，这样，无论是生活还是事业就都有了着落，我感觉人生已经达到了最高峰。

---

① 从意大利文学与音乐的真实主义运动看，卡尔博内最拿手的剧目应该包括皮埃特罗·马斯卡尼、鲁杰罗·莱翁卡瓦洛和贾科莫·普契尼的作品。——英译本注

*

坎泰利国际指挥大赛是一项面向初出茅庐的青年指挥家的重大赛事，要想参加这一比赛，你必须有实战经验。备赛的曲目包括贝多芬、勃拉姆斯以及斯特拉文斯基。对于这样一份曲目单，我几乎毫无经验，而且在意大利，你听都没听说过有演出此类曲目的机会。幸运的是，一位住在耶稣街（Via del Gesù）深宅大院内的男爵夫人，即意大利青年音乐家协会（Gioventù Musicale d'Italia）的主席，年迈的多萝西·兰尼·德拉夸拉（Dorothy Lanni Della Quara）对我青睐有加。她来看过音乐学院的演出，而我，得到了她的器 47
重。为了帮我想办法积累必要的实践经验，1966 年 9 月，她送我去布拉格指挥一支军营里的室内交响乐团。（在意大利，你顶多能在同规格的军营里找到一支小型的铜管乐队，可在那儿，他们却拥有一支编制齐全的管弦乐队！）孑然一身，离乡背井，用我们当时的话讲还“处在‘铁幕’之后”，下榻在一家小旅馆里的我为了保持斗志，排解乡愁，夜夜闲步都要从街角的意大利使馆前绕一绕。

我和这些部队里的乐师们为青年音乐家协会在意大利北部举办的活动奉献了一系列音乐会，演出在蒂耶内

(Thiene)、卡尔皮(Carpi)这样的城镇举行,节目包括德沃夏克的《自新大陆交响曲》、柴科夫斯基的"第五"、贝多芬的《莱奥诺拉序曲》(No. 3)和选自《菲岱里奥》(*Fidelio*)的《囚徒大合唱》,以及勃拉姆斯的一部《狂想曲》(*Rhapsody*)。由于这是我首次指挥这些作品,所以我投入了成倍的精力,而它们也给我提供了一个解决大量问题的机会,哪怕是一些最基本的问题,例如在某种情境下或者涉及某一曲目时的手臂"姿势";鉴于历史和地域的原因,我面前的那些演奏家都对此了如指掌。他们的在场,其价值无可估量,而我也时刻在心中谨记安东尼诺·沃托的绝对法则:概念化的手势、镜子前的练习都是没用的;双臂是心灵的延展,一旦你掌握了基本动作,它们的运动必将是完全自发的,就像它们纯粹是你思想的一种延伸。一直以来,我都在这么做,以一种完全自发的方式进行指挥,我从来不必停下来思考自己现在
48 该做什么——甚至在我指挥费城管弦乐团演奏《春之祭》(*Le Sacre du Printemps*)的时候。当然,这种技术是建立在所有指挥都懂的科学法则之上的,可能一些人在赫尔曼·舍尔欣的手册[①]里读到过相关内容,但是,就我个人而言,从

① 赫尔曼·舍尔欣(Hermann Scherchen, 1891—1966),德国指 (转下页)

未对这本书做过任何科学性的研究。

最重要的一站是贝加莫[①]，多尼采蒂歌剧院（Teatro Donizetti）。我当时还不满三十岁，所以，那就和在卡内基音乐厅（Carnegie Hall）或柏林爱乐大厅（Berliner Philharmonie）演出一样！所有这一切都帮助我将指挥状态调整到最佳，它对即将到来的大赛极为有利。大赛评委会由沃托、费拉拉、埃弗雷姆·库尔茨、[②]塞尼尼（Francesco Segnini）、纳波利等一干人组成。我赢了，于是两天后，也就是1967年的10月1日，我在诺瓦拉[③]的科恰歌剧院（Teatro Coccia）指挥了贝多芬的"第七"和威尔第《西西里晚祷》（*I Vespri siciliani*）中的交响段落。我所有的亲亲眷眷都出动了，但在我开始前，我母亲给他们下了死命令：不许喝彩。她生长在一个极度刻板的家庭，认为给自己人拍手叫好是

（接上页）挥家。他是指挥现代音乐作品的专家，创办了音乐杂志《旋律》（*Melos*），创建了当代音乐协会，著有《指挥教程》（*Lehrbuch des Dirigierens*）、《感受现代音乐》（*Das moderne Musikempfinden*）等作品。文中所说的"手册"，即指他完成于1929年的《指挥教程》。

① 贝加莫（Bergamo）位于伦巴第区，是贝加莫省的省府。

② 佛朗哥·费拉拉（Francco Ferrara，1911—1985），意大利指挥家，曾任佛罗伦萨五月音乐节管弦乐团的指挥，后任教于罗马音乐学院。埃弗雷姆·库尔茨（Efrem Kurtz，1900—1995），俄罗斯指挥家，后移居美国，曾任休斯顿交响乐团和皇家利物浦爱乐乐团指挥。

③ 诺瓦拉（Novara）是意大利西北部皮埃蒙特区（Piemonte）诺瓦拉省的省府。

一种轻率的弱点。我父亲呢，刚好相反，他和我那位男高音室友一样，性格开朗，热情赤诚，鼓掌的冲动藏也藏不住。

大赛带来了两份邀请，一份来自卡塔尼亚，一份来自热那亚。[①] 回到过去那个年代，传媒速度远远赶不上今天，所以想靠音乐吃饭比现在难得多，想出名也难比登天。热那亚计划最终告吹了，原因是那位女主管企图对节目进行全面把控，而我却不愿服从。我不是因为傲慢无礼才横生枝
49 节，而是出于严肃认真：我非常年轻，还不曾建立起属于自己的保留曲目，这才宁可选一些自己有十足把握的作品来指挥。

不过，卡塔尼亚音乐会还是如期举行了。我指挥了贝利尼的两部降E大调交响曲中的一部，还指挥了雷纳托·帕罗迪的一部作品（他是一位优雅的那不勒斯指挥，同时也是位出色的电影音乐作曲家和音乐编曲家）[②]，以及《自新大陆交响曲》。我的航班从米兰起飞，傍晚时分抵达目的地。我径直去了剧院，在那儿，四周乡野盛放的橘色花朵散发着

---

① 卡塔尼亚（Catania）位于意大利最南部的西西里区（Sicilia），热那亚则是位于利古里亚区（Liguria）的北方港口城市。可见，这两份邀约来自一南一北、相距千里的两地。

② 雷纳托·帕罗迪（Renato Parodi，1900—1974），意大利作曲家、指挥家，先后供职于那不勒斯音乐学院和罗马音乐学院。

浓郁的香气，让我瞬间迷醉。这是迷娘的城市，是歌德笔下“柠檬花开的地方”[1]：它就像一剂迷药，效力如此强劲。当我从乐师入口迈进剧院时，一位门房向我表示了欢迎，并递给我一杯他刚刚叫的啤酒。自那以后，我时常会想，我们的世界——意大利的，因而也就是“南方的”——是多么与众不同，尽管也有一些众所周知的缺点，但依然保持着它的神奇。走遍世界，我再也没见过这样的门房。其他那些看门的往往都是以最糟糕的方式扮演着自己的角色，有的人甚至比他们的主管还不近人情。

我们的排练日精彩纷呈。乐队虽不是芝加哥交响乐团(Chicago Symphony Orchestra)这样的名团，却一样热力四射，激情澎湃。我依然记得在德沃夏克“自新大陆”的尾声，当音乐在升 E 中达到沸点，弦乐发出颤音[2]，那效果，简直太震撼了！这时却有什么东西移到了我的右边。我低头看去，只见首席大提琴帕拉迪诺(Ettore Paladino)先生正站在 50

① 歌德在他的小说《威廉·迈斯特的学习年代》(*Wilhelm Meisters Lehrjahre*)里塑造了“迷娘”(Mignon)这一形象，并留下了传世之作《迷娘曲》，其中写道：“你可知道吗，柠檬花开的地方，/ 葱茏的碧叶里，橘子金黄。/ 和风吹自晴碧的天上，/ 番石榴树静挺，月桂树儿高张，/ 你可知道吗？/ 去吧，去吧，/ 我愿相随呀，呵我的爱人，去吧！”(郭沫若译)

② 就是最后一个乐章第 333 小节以下。——原注

乐队中间向大家发号施令：再多点激情，再多点投入；那架势，就像是我俩在一起指挥似的！如此特立独行的人过去很常见，如今，或许就不那么多了——我们都更加“趋同”，更加克制。在大彩排的最后，我对某些段落还有点存疑，还不是完全满意，但他却走上前来劝我放宽心：“大师，你不必烦恼，音乐会当晚我们就是柏林爱乐。”

1967年的最后几个月里，我还去了趟瑞士的蒙特勒(Montreux)，并在米兰指挥了午后音乐交响乐团(Orchestra dei Pomeriggi Musicali di Milano)，当时领导这支乐团的是雷米焦·保内①，后来他做了佛罗伦萨的主管。

① 雷米焦·保内(Remigio Paone，1899—1977)，意大利戏剧制作人、戏剧导演、剧院经理。

第四章　演艺家？ 51

1968年3月，雷米焦·保内邀我去佛罗伦萨指挥一场音乐会，担任这场音乐会独奏的不是别人，正是斯维亚托斯拉夫·里赫特，与我相比，他是一个名副其实的"巨人"。鉴于那时的我完全是个无名小卒，他们便去请求里赫特同意这样的安排，于是他就要我去锡耶纳（Siena）见他，因为他正在那里为基贾纳音乐学院（Accademia Musicale Chigiana）准备一场独奏音乐会。我明白他是想试试我，以便搞清楚我是哪路音乐家。考虑到他会要我弹琴给他听，我就拿着两首管弦乐曲的钢琴简编谱进行了强化训练。这两首曲子正是我即将为他担任管弦乐伴奏的作品：莫扎特的《降B大调钢琴协奏曲》（K. 450）和布里顿气势如虹的五乐章协奏曲《D大调钢琴协奏曲》。我前往锡耶纳，到音乐学院与他会面。在一座轩豁的音乐厅内，我看见人高马大的里赫特正“耸立”在两架钢琴前等着我。他让我充当乐队，跟他一起弹奏莫扎特。接着，我们又弹了布里顿，分工照旧。最后，他站起身
52 来，通过翻译告诉我：“如果您的指挥和您的演奏一样，那您就是位优秀的音乐家。我同意这场音乐会跟您合作。”

我抵达了佛罗伦萨，发现自己正站在一支声名赫赫的乐队面前——五月音乐节管弦乐团①。然而，一场近在眼前的罢工却让乐队乱作一团，人人都唯恐天下不乱，竟至为所欲为起来；他们过了很久才注意到指挥台上的我，仿佛我不是去指挥的，而只是去那里旁观他们侃大山的。

我们从布里顿的《彼得·格林姆斯》(*Peter Grimes*)中的《大海间奏曲》(*Sea Interludes*)开始排，然后排莫扎特的《C大调第三十四交响曲》(K. 338)，以及两首分别来自莫扎特和布里顿的协奏曲。作品与作品间的每一次停歇，乐手们都会吵成一片。忍无可忍之下，我终于对如此的骚乱表现出了不耐烦。乐队这才安静下来，而且，由于他们碰巧正在寻觅一位常任指挥，其中的一些人便开始考虑我。他们

---

① 佛罗伦萨五月音乐节管弦乐团(Orchestra del Maggio Musicale Fiorentino)是佛罗伦萨市于每年春季举办的“五月音乐节”(Maggio Musicale Fiorentino)的核心演出团队。——英译本注

对我的兴趣在第二次排练的过程中逐步递增。可是到了第三天，排练就因罢工而中断，音乐会也随之取消了。不过，精干的剧院经理保内还是决定，在五月音乐节的乐团演出日程中保留这场音乐会。

罢工最终变成了我的幸事：乐团已经对我产生了好感，我估摸，等到5月，他们就会接纳我，不是作为一个新人，而只是要验证一下他们最初的良好印象是否正确。实际情况也正是如此：气氛完全变了——排练时大家安静协作，演出
时则激情四射。佛罗伦萨的乐评家莱奥纳尔多·平藻蒂在 53
他的文章中写道："一位年轻之极、令人惊叹的乐队指挥让我们听到了一线希望。"①

这样一来，保内便再次敲定让我参加接下来10月的演出。那场演出的开场曲是盖迪尼的《一个信徒的札记》

---

① 莱奥纳尔多·平藻蒂(Leonardo Pinzauti，1926—)，早年担任过佛罗伦萨五月音乐节管弦乐团的小提琴手，并在路易吉·凯鲁比尼音乐学院教授音乐史，后来成为记者，负责几份重要报刊的乐评工作。他在1968年6月20日的《民族报》(*La Nazione*)上发表了题为《里赫特与穆蒂：出乎意料的成功》(*Richter e Muti：successo a sorpresa*)的文章。这是他所写的关于穆蒂的众多乐评中的第一篇，转引自《里卡尔多·穆蒂在佛罗伦萨市立歌剧院，1968—1982》(*Riccardo Muti al Teatro Comunale di Firenze，1968—1982*，比萨：ETS出版社，2009年)，第1页，平藻蒂写的其他所有关于穆蒂的评论文章也都收入此书。——原注

(*Appunti per un Credo*)[1]，接着是莫扎特为单簧管写的协奏曲K. 622（独奏由该团的单簧管首席戴塔尔莫·科尔内蒂担任），下半场安排的是理查·施特劳斯的《意大利交响诗》（*Aus Italien*）。正如我前面所说，乐队的热情极度高涨，他们燃烧的热度甚至惊动了董事会成员皮耶罗·法鲁利（Piero Farulli），他出人意料地来到现场，想看一看自己所听到的一切有关我的传闻是否都有根有据。

佛罗伦萨的音乐会结束后，平藻蒂写道："激情……出现了，这点无须证明，寻找'常任指挥'的老大难问题终于有了些盼头。"[2]歌剧院的管理者们给了我那个职位，1969 年初，我走马上任。事实上，乐队对此起了不小的推动作用，而这份非同寻常的聘书也让我陷入了十分苦恼的境地。没
54 错，这家歌剧院久负盛名，它的声望足以让任何一个像我这般年轻的指挥心生惶恐。与我共事的人包括保内、卢恰

① 乔治·费代里科·盖迪尼（Giorgio Federico Ghedini，1892—1965），意大利作曲家、音乐教师，先后执教于都灵、帕尔马和米兰音乐学院。《一个信徒的札记》是他谱写的一部管弦乐作品，发表于 1961 年。

② 平藻蒂撰，《为单簧管演奏家戴塔尔莫·科尔内蒂与那不勒斯指挥家的胜利而欢呼》（*Vivo successo del direttore napoletano e del clarinettista Detalmo Corneti*），载《民族报》，1968 年 10 月 29 日，转引自《里卡尔多·穆蒂在佛罗伦萨市立歌剧院，1968—1982》，第 3 页。——原注

诺·阿尔贝蒂[1]和极为了得的剧院秘书长雷纳托·马里亚尼(Renato Mariani)。罗曼·弗拉德[2]也在那里,因为他被请来组织一届以“表现主义”为主题的五月音乐节,并且取得了成功。同样是在那段时间,祖宾·梅塔已经以客座指挥的身份开始了他在佛罗伦萨的演出(他与雪莉·薇瑞特一起奉上了一台感人至深的《阿依达》)[3]。还有许多形形色色的人物,尽管他们没有明确的职务,却都在为音乐节服务,这一事实也表明歌剧院正处于一个特殊的破旧立新的转型期。

就这样,我成了“常任指挥”,一个在剧院“安营扎寨”,掌管它的音乐季,用不着成天东奔西走的指挥。这一职位

---

① 卢恰诺·阿尔贝蒂(Luciano Alberti)是佛罗伦萨市立歌剧院的艺术总监,也是专门负责国际音乐会事务的著名机构新音乐事务协会(Associazione Nuovi Eventi Musicali)的创始人之一。

② 罗曼·弗拉德(Roman Vlad,1919—2013),意大利作曲家、钢琴家、音乐学家。生于罗马尼亚,后赴罗马学习。他担任过罗马爱乐音乐学院(Accademia Filarmonica Romana)的艺术总监、意大利当代音乐协会的主席和 RAI 的音乐顾问,并曾是罗马音乐学院的理事会理事、拉文纳艺术节及斯波莱托音乐节的艺术顾问。弗拉德的音乐创作包括交响乐、歌剧、室内乐和电影音乐,他的电影配乐曾让他收获了意大利电影新闻记者协会银丝带奖。他还出版了不少重要的音乐著作,如《十二音技法史》(*Storia della Dodecafonia*)和斯特拉文斯基的传记等。

③ 祖宾·梅塔(Zubin Mehta, 1936—),印度指挥家,当代最著名的指挥大师之一。雪莉·薇瑞特(Shirley Verrett, 1931—2010),美国黑人次女高音歌唱家,一度转型唱过女高音,是 20 世纪 60 年代至 90 年代最优秀的歌唱家之一。

既是一种使命，也是一个标签，鉴于那时还不存在“音乐总监”的头衔。（“音乐总监”出自盎格鲁-撒克逊文化，不过在意大利，它被赋予的权力并不怎么大。而在美国，这个职务尤其位高权重，因为那里不同于意大利，管理机构中没有官僚体系，音乐总监便成了权力金字塔的尖儿。）

我一接到任命，就去了切凯里尼（Ceccherini）音乐商店，它现在还开在托尔纳布奥尼街（Via Tornabuoni）的老地方。我在那儿买下了一架属于自己的钢琴——诗密尔（Schimmel）小型三角钢琴。从1969年起它就伴随着我走过了整个艺术生涯，直到今天，我还在用它准备演出节目。我从来不敢对它不忠，比如说移情别恋于斯坦威大三角钢琴或其他品牌的名琴，因为我实实在在地把它看成一个“人”，与它数小
55 时数小时地进行着神奇的对话；舒伯特在他那羞涩而崇高的《致我的钢琴》（*An mein Klavier*）[①]中就表达过这样一种情愫。

我让他们把琴送到鲁切拉伊街（Via Rucellai）8号，一栋邻近美国圣公会圣雅各伯教堂[②]的房子里，那里是我和克

---

① 《致我的钢琴》（D. 342），舒伯特的艺术歌曲。

② 美国圣公会圣雅各伯教堂（Chiesa Di Altri Culti Americana Di S. Giacomo），是由居住在佛罗伦萨的美国圣公会教友出资建造的教堂，1908年奠基开工，1927年完成。该堂接纳圣公会以及不与罗马教宗共融的旧公教会礼仪。

里斯蒂娜的家。

就在那年的6月1日,我们已经在拉文纳[1]古老的圣阿加莎教堂(Chiesa di Sant'Agata)里喜结连理。我的伴郎是沃托大师,斯维亚托斯拉夫·里赫特则临时充当起了我们的特别摄影师,有不少好照片就是他拍的。尼诺·罗塔打着出租车来到婚礼现场,他还带来了一个空空的大皮箱,上面已请人烙上了我名字的首字母。他说,箱子之所以是空的,因为将来我会用一辈子的经历去填满它。傍晚的时光,我们在"知音圈"里度过(知音圈,Circolo degli amici,是指由一群热爱歌剧和美食的好朋友组成的团队),迪诺·恰尼[2]、玛丽亚·卡尔博内、雅各布·纳波利以及其他一些人都在。晚宴后,一场几乎是自发的音乐"双人秀"在罗塔和里赫特之间展开。

---

① 拉文纳(Ravenna)位于艾米利亚—罗马涅区(Emilia-Romagna)的东部,邻近亚得里亚海,这座历史悠久的城市曾经是西罗马帝国的首都,它也是穆蒂妻子克里斯蒂娜的家乡。

② 迪诺·恰尼(Dino Ciani, 1941—1974),意大利钢琴家,从罗马音乐学院毕业后拜在法国钢琴家阿尔弗雷德·德尼·科尔托(Alfred Denis Cortot)门下,被科尔托赞为"罕见的天才"。1970年穆蒂首次以交响乐指挥的身份在斯卡拉歌剧院登台,11月与恰尼合作,演出了贝多芬的《合唱幻想曲》(*Fantasie für Klavier, Chor und Orchester in c-Moll*, op. 80);此外,两人还在米兰的RAI演出过巴托克的钢琴协奏曲。不幸的是,恰尼后来意外地死于一场车祸,1975年人们创立了以他名字命名的钢琴比赛,以纪念这位杰出的钢琴家。

他们轮流在钢琴上弹奏自己保留曲目的片段，而且越弹越短，并要另一个人猜出所弹曲目的名称。这场比试进行到最后，两位都弹起了“更加鲜为人知”的作品。“意大利超人”罗塔的能力毋庸置疑，但里赫特所展现出来的博闻多识，让我们中的大多数人都叹为观止；就在那一夜，我们获悉，原来里赫特年轻时还在某歌剧院当过钢琴伴奏。

*

佛罗伦萨五月音乐节由维托里奥·古伊[①]创办，他在1933年4月30日的下午以一场交响音乐会开启了该音乐
56 节的首场演出。古伊此人极不平凡，考虑到他为音乐所做的一切（例如：将罗西尼的一些歌剧重新搬上舞台这么重大的贡献，还有，他建立起了一套从勃拉姆斯一直延续到当代的广泛的交响乐保留曲目），人们理应给予他更多的关注。

---

① 维托里奥·古伊（Vittorio Gui，1885—1975），意大利指挥家、作曲家、音乐学家和评论家。古伊的指挥事业起步于罗马，后担任都灵雷吉奥歌剧院指挥，自创办佛罗伦萨五月音乐节起，他主管这一音乐节长达十年，期间他还担任了萨尔茨堡音乐节和科文特花园皇家歌剧院的指挥工作，1951年至1965年他先后担任格林德伯恩歌剧节的音乐总监和艺术顾问。在交响乐方面，古伊被视为当时意大利最顶尖的勃拉姆斯诠释者，他对当代音乐的扶持也备受瞩目。此外他还留下了不少重要的音乐论文。

那些推动音乐节创办的理念相当具有前瞻性,不仅仅是在30年代显得如此,即便现在去看依然如此。音乐节在一场国际会议中拉开序幕,这场会议开始于那年的4月30日,与会者除了意大利人,还有像保罗·贝克尔、爱德华·邓特[①]这般高水平的历史学家——足以证明音乐节的精神绝非保守狭隘,偏于一隅。[②] 他们推出了贝利尼的《清教徒》(*I Puritani*),由德基里科[③]任舞美设计,还上演了斯蓬蒂尼的《维斯塔贞女》(*La vestale*)[④]和多尼采蒂的《卢克雷齐娅·

---

① 德国音乐评论家保罗·贝克尔(Paul Bekker, 1882—1937)和英国音乐史家、理论家爱德华·邓特(Edward Dent, 1876—1957)都是对20世纪西方古典乐坛产生过重要影响的人,他们留下了一大批极具价值的著作。

② 见《首届国际音乐大会文件汇编:佛罗伦萨,1933年4月30日—5月4日》(*Atti del primo congresso internazionale di musica: Firenze, 30 aprile-4 maggio 1933*,佛罗伦萨:Le Monnier出版社,1935年)。——原注

③ 乔治·德基里科(Giorgio De Chirico, 1888—1978),出生于希腊,是意大利超现实主义画派大师。他在第一次世界大战前发起的形而上派艺术运动对超现实主义画家们产生了深远的影响,战后,他的兴趣开始转向传统绘画技巧,除了早期的风格外,也尝试新古典主义或新巴洛克风格的创作。

④ 加斯帕雷·路易吉·帕奇菲科·斯蓬蒂尼(Gaspare Luigi Pacifico Spontini, 1774—1851),意大利作曲家,曾任那不勒斯宫廷音乐总监、法国御前作曲家和普鲁士宫廷音乐总监等。1807年首演于法国的《维斯塔贞女》是他最成功的歌剧。

博尔贾》(*Lucrezia Borgia*),舞台布景的草图分别由费利切·卡索拉蒂和马里奥·西罗尼绘制①。那个时候,意大利的歌剧院为了生存所需,都把配乐戏剧(melodrama)制作得很呆板,而音乐节上推出的作品相比那些司空见惯的演出而言,则显得前卫很多。

四十年过去了,古伊一直生活在这座城市,这对我来说同样很重要。今天,除了个别"发烧友",没有谁还记得他,因此,也就没有谁了解他在诸如格林德伯恩歌剧节上指挥的许许多多场演出。在那里,他曾以风趣、上品的方式演绎着罗西尼,完全不同于另一些人搞出来的矫揉造作的喜剧,因为这些人只会把一出出喜歌剧变成一系列粗制滥造、庸
57 俗不堪的滑稽戏——这股风气在德国也迅速冒头真是最不幸的事了。就看看他们对精妙绝伦的《唐·帕斯夸莱》(*Don Pasquale*)都做了些什么吧,他们把它变成了一个拙劣的歌

---

① 费利切·卡索拉蒂(Felice Casorati, 1883—1963)和马里奥·西罗尼(Mario Sironi, 1885—1961)都是当时活跃于意大利绘画、雕塑及设计领域的大师。卡索拉蒂早期的作品受符号学派和奥地利象征主义绘画大师克里姆特(Gustav Klimt)的影响,后回归传统,从文艺复兴时期的大师作品中汲取养分,从而形成了自己冷静、知性的风格。而作为现代主义艺术家的西罗尼,其绘画作品则以粗重的线条、凝固的色块为特色,画面充满了阴郁的基调。

剧笑话：导演、歌手彻底歪曲了这部戏，致使观众沦为他们低级噱头的牺牲品，大家不再是因为脚本的喜剧性与音乐的文雅轻快而欢笑了。古伊却有着深厚的文化修养。当我来到菲耶索莱[1]，在一栋摆满了音乐家塑像的房子里与他会面时（特别要提一句，他认识理查·施特劳斯），他绘声绘色地谈起了最近这段时期音乐史上的大人物，他的讲述是那样亲切生动，叫我觉得自己好像认识他们一般。即使在私底下，他也会用一种犀利的批评眼光来看待意大利音乐界的人或事，正因如此，他的观点和个性有时会与时下出版物里的官方论调背道而驰。

通过古伊，我见到了作曲家路易吉·达拉皮科拉[2]。当时，我们三个正同弗拉德一起吃午饭，突然，弗拉德与达拉皮科拉之间起了激烈的争执——没错，就是斗嘴。后者对20世纪几位重量级艺术家进行了严厉的批评，把勃拉姆斯、肖斯塔科维奇、柴科夫斯基一通狂贬，批得体无完肤，可以

---

① 菲耶索莱（Fiesole）位于意大利托斯卡纳区的佛罗伦萨省，是一个小镇。

② 路易吉·达拉皮科拉（Luigi Dallapiccola，1904—1975），意大利作曲家，以十二音技法的运用而著称，擅于将序列技巧与意大利歌剧中的抒情性相结合，他最著名的作品包括歌剧《夜航》（*Volo di notte*）、《囚徒》（*Il prigioniero*）、《尤利西斯》（*Ulisse*），合唱《囚禁之歌》（*Canti di prigionia*）等。

说是视他们如草芥。当说到勃拉姆斯时，古伊冲我递了个眼色，明显已是忍无可忍。我凑上前去，他开始对我低语。古伊人称“勃拉姆斯的门徒”，对此他完全当得起，因为他本人就公然这么自诩，而且还带着十足的骄傲，这份情感中丝毫没有自大，只有对勃拉姆斯的爱。早在 1922 年，他就发表过一篇题为《勃拉姆斯，当世第一》(*Brahms primo dei moderni*)的文章，虽然时隔多年，但他一直都在怒叱那些自
58 以为“不懂他的音乐有多重要也无妨”①的人。

与古伊亲近也令我受益匪浅，因为他把我领进了另一个音乐世界，这个世界与沃托的世界刚好相反，而此前，沃托的世界是我唯一的知识源泉。沃托的方式方法以指挥效率为基础，音乐就是音乐，很少套话，没有华丽的点缀和无用的装饰，它直抵歌剧的心脏，除了绝对必要的基本手势，没有一样多余的东西。在他的课上，他经常反复强调：“别

---

① 维托里奥·古伊著，《休止符：一位音乐斗士的沉思》(*Battute d'aspetto : Meditazioni di un musicista militante*，佛罗伦萨：Monsalvato 出版社，1944 年)，第 110 页。这篇文章早在 1914 年的《意大利邮报》(*Corriere d'Italia*)上就刊登过。相形之下，另一篇维护勃拉姆斯的著名文章，即阿诺尔德·勋伯格(Arnold Schönberg)发表于 1933 年的《勃拉姆斯，进步的革新者》(*Brahms il progressivo*)就不算什么了，比比时间就知道古伊文章的重要性。——原注

干扰乐队。”这句话在新手听来，可能显得荒唐可笑，或者说，容易把人误导，进而怀疑乐队指挥的作用。可事实上，他只是想忠告我们，一旦乐队踏准了点子（这显然是长时间排练的结果），那么，指挥一定不要去搅乱那自然的步伐，为此，他不能在指挥台上鲁莽地乱动，以免一不留神就变成宫廷小丑；说到底，就是指挥不能违拗作品本身建立起来的自然性。而这样的立场，清清楚楚、全然（in toto）得自于阿尔图罗·托斯卡尼尼。

然而在古伊这里，效率被转化为一帧帧影像，其中，文 59
化占据着主导地位。他把这些影像称为“思想沿线的舞台，而思想总是直接支撑着演员的演奏”（和表演）；同时，他还给我们设下了这么一个寓意鲜明的问题：“如果演员不是叩响一切创作大门的批评家，那又该是什么呢？”[①]他在指挥乐队的时候，就是一个知识渊博的文化人，在他看来，手势的重要性还在其次。确实，没有谁对他留下技巧超凡的印象。不过在交响乐领域，他却有着无可替代的地位。我们一定不能忘记，那个年代，意大利还不得不通过卓绝的努力去恢

---

① 维托里奥·古伊著，《休止符：一位音乐斗士的沉思》，第 6 页。——原注

复其对交响乐和室内乐的鉴赏力(恐怕现在仍得这么做),因为配乐戏剧的盛行已经让公众对它们置之不理了。这种现象由来已久:像朱塞佩·马尔图奇、乔瓦尼·斯甘巴蒂甚至是奥托里诺·雷斯皮吉这样的音乐家,[①]都长期处于阴影笼罩之下,节衣缩食,勉强度日,就是因为他们英勇而不懈地尝试着要把意大利带回欧洲传统,而这一传统要是单和我们音乐文化中叫人又爱又恨的歌剧放在一起,显然早就销声匿迹了。这就要说到古伊的另一面了,他定期指挥勃拉姆斯、贝多芬,甚至上演巴赫、亨德尔、凯鲁比尼[②]和斯蓬蒂尼。自然,他的指挥忠实于那个时代的基本立场,并没有任何现代人对于形式锱铢必较的态度——例如,他毫不犹豫地对《维斯塔贞女》做了"砍伐"——不过,他做这些都是经过格外细致的考量的。哪怕是对斯蓬蒂尼的《艾格尼
60 丝·冯·霍亨施陶芬》(*Agnes von Hohenstaufen*):当我在

---

① 乔瓦尼·斯甘巴蒂(Giovanni Sgambati, 1841—1914),意大利钢琴家、指挥家、作曲家,李斯特的学生。奥托里诺·雷斯皮吉(Ottorino Respighi, 1879—1936),意大利作曲家、音乐学家、指挥家,一生致力于16至18世纪的音乐研究,其作品也以此为基础,代表作有"罗马三部曲"等。

② 路易吉·凯鲁比尼(Luigi Cherubini, 1760—1842),意大利作曲家,生于佛罗伦萨,作有大量歌剧和不少宗教音乐,其作曲风格对贝多芬产生了一定的影响。

1974年淘出这部作品时，还以为是自己让它奇迹般地重见天日了呢！结果却发现有人已经演过此剧了，而且演出地点就在佛罗伦萨，时间是1954年，指挥古伊。不必说，较之原作，他的版本经过了大刀阔斧的删节。我们谈起了这部歌剧，他对我说，第二幕从头至尾就该被视为杰作，那些旋律是19世纪最美妙的音乐篇章之一。

就这样，在古伊家，我开始反思指挥的问题：它不仅需要精准和严密，还需要深厚的文化底蕴。我在大学报考哲学系时，潜意识里就已经有了这种感觉，但只有在古伊的帮助下，我才完全懂得了它的意义。

*

在佛罗伦萨，我当然是既指挥音乐会也指挥歌剧。早在五月音乐节季到来之前，我就已经在罗马的RAI礼堂指挥了《清教徒》。邀我去那儿的是弗朗切斯科·西奇利亚尼①，他是我艺术成长道路上遇到的一个要紧人物（我还在

---

① 弗朗切斯科·西奇利亚尼（Francesco Siciliani，1911—1996），意大利作曲家，杰出的歌剧导演，对二战后意大利音乐的复兴做出了重要贡献。他曾坐镇斯卡拉、圣卡洛和佛罗伦萨歌剧院，栽培了包括卡拉斯和泰巴尔迪在内的一批伟大艺术家。1967年起，他连续九年在RAI担任歌剧与交响乐音乐总顾问。晚年还担任过威尼斯凤凰歌剧院的艺术总监。

米兰音乐学院念书时就被他相中了，当时他是斯卡拉歌剧院的艺术总监）。我在佛罗伦萨指挥的第一部歌剧是 1969 年冬天的《强盗》（*I masnadieri*），演员阵容是预先定好的，埃尔温·皮斯卡托有趣的导演手法在剧中得到了复兴①，这在当时是非常时髦的。它也是我第一部“登台亮相”的威尔第。我游刃有余地掌控着那个巨大的舞台，歌剧厅的音效虽不完美，却也没有对我形成任何障碍。我一下子就感受到了观众的神奇。直到今天，我虽已踏遍千山万水，漫漫音乐旅途中遇到过各式各样的观众，但仍然觉得那一批观众
61 最不同凡响。他们追随了我十二年，支持我，信赖我。尤其是他们对《清教徒》的热情拥戴叫我终生难忘，这份热情始于 1970 年 12 月 1 日，即该剧上演的那一天。②

我在台上推出的一切，这批观众都能理解，比方说罗西尼的《威廉·退尔》（*Guillaume Tell*），由马里奥·塞奎导

---

① 埃尔温·皮斯卡托（Erwin Friedrich Max Piscator，1893—1966），德国戏剧导演、制作人，一生致力于以社会政治为核心内容的“史诗剧”的实验，与贝托尔特·布雷希特（Bertolt Brecht）齐名。

② 平藻蒂在他的文章里谈到了这点，言语中稍稍夹带了一些瓦格纳或托斯卡尼尼式的不以为然。见《由市立歌剧院上演的〈清教徒〉掀起的又一幕热情》（*Entusiasmo di altri tempi per "I puritani" al Comunale*），初载《民族报》，1970 年 12 月 2 日，转引自《里卡尔多·穆蒂在佛罗伦萨市立歌剧院，1968—1982》，第 17 及以后数页。——原注

演、皮耶尔·路易吉·皮齐任舞美设计,[①]一个原汁原味、未经任何删节的版本。这部作品要求相当高,特别是对于“阿诺尔德”(Arnold)这个角色,必须找对演员。我打电话给尼古拉·耶达[②],虽然他已不再年轻,但还是接下了这一艰巨的任务。可惜他只演了两场。这部戏从晚上八点一直演到凌晨两点,当耶达唱响最后的高潮和主题并获得真正的重生时,观众毫不掩饰他们的惊叹之情(RAI 还把耶达的这段唱用作了电视节目播放完毕时的音乐)。是的,彩排期间,当辉煌的 C 大调在最后响起、整个剧院内一下子灯火通明时,第一排一个名叫巴尔杜奇(Balducci)的大提琴手,高举着他的乐器,以一种难以抑制的喜悦叫道:“罗西尼万岁,意大利万岁!”这是身为乐师的他,在为自己属于一个如此美妙的世界而欢呼雀跃。我永远也忘不了那一刻。后面的几场演出唤起了人们的激情。佛罗伦萨的观众就是智慧,他们从不会杞人忧天地去分析某位表演者的音色是不是刚好

---

① 马里奥·塞奎(Mario Sequi, 1910—)是意大利著名的导演兼编剧;皮耶尔·路易吉·皮齐(Pier Luigi Pizzi, 1930—)是意大利戏剧舞美和服装设计师,曾与大导演卢卡·龙科尼合作多年,1977 年他自己也开始执导歌剧并成为著名的歌剧导演之一。

② 尼古拉·耶达(Nicolai Gedda, 1925—),瑞典男高音歌唱家,是 20 世纪最优秀的抒情男高音之一。

62 适合其所饰演的角色(因为在第三场演出中,扮演“阿诺尔德”的是布鲁诺·塞巴斯蒂安[1])。1976 年我们复排此剧时,我选择了佛朗哥·博尼索利[2],这遭到了几位声乐专家的反对,可那个时候,我只想让更多的人来关注这部歌剧杰作。我太清楚如何辨别一个人的嗓音有几分“罗西尼的味道”(或者没有)了。博尼索利的声音听起来有点沉,或许这未必是罗西尼心里想要的,但其实也很难说——谁知道呢,兴许他要是真的听到了这声音,就迷上它了呢?当我在钢琴边坐下来预备弹奏巴赫时,抑或当我必须决定要派多少乐师上场并给出一个“确切”数字时,都会遭遇同样复杂的问题。莫扎特有一次写信给他父亲,说自己很高兴,因为他找到了一个有十二把低音提琴和八支大管的乐队;而不出几个月,海顿的《创世纪》(*Die Schöpfung*)在维也纳首演,这部作品要求有一千名音乐家参加演出。今天,我们狂热地追求清点人数,天真地把古典风格与压缩乐队规模联系

---

① 布鲁诺·塞巴斯蒂安(Bruno Sebastian, 19? —2009),意大利男高音歌唱家,一生演得最多的是威尔第歌剧,和耶达相比,他的音色可能不那么适合罗西尼的歌剧。

② 佛朗哥·博尼索利(Franco Bonisolli, 1938—2003),意大利男高音歌唱家。1962 年他因饰演普契尼《燕子》(*La Rondine*)中的“鲁杰罗”而一举成名,70 年代开始在世界各地登台演出,成为广受欢迎的男歌手。

在一起，结果往往得不偿失。[1] 再回到刚才的话题，当时有一点对我来说很重要，那就是每个歌手都必须能够把音唱到位，这样我就不用被迫降调或删去任何段落了。我的观点和费代莱·达米科的一致：恢复了那些被砍掉的部分，《威廉·退尔》最终“让我们觉得这部歌剧比平时更短了”（di farci parer l'opera più breve del solito）。[2]

在我工作的头一年，我们还去了佛罗伦萨以外的地方 63
演出。我们到过沃尔泰拉（Volterra）、富切基奥（Fucecchio）和大区内的其他几个市镇[3]，表演了贝多芬的“第七”和威尔第的《四首圣曲》（*Quattro pezzi sacri*）。我们在沃尔泰拉演出威尔第时，舞台上差不多有两百名演员，而观众席里只坐了 37 个人！还有的地方，在一座老电影院的售票厅里，陪

---

① 有的人在演奏所谓的早期音乐时，以“有据可查”或者说在形式上照搬过去为目标。其实这些人没必要觉得忠于原作就是非得使用有限的乐手。显然，在莫扎特和巴赫时代，乐队的规模要比今天小，但有许多迹象表明，一旦他们抓到少得可怜的机会可以去扩大乐队编制，他们都会开心得不得了。——原注

② 费代莱·达米科（Fedele D'Amico，1912—1990），意大利音乐学家、音乐评论家。这句话出自费代莱·达米科撰，《红旗骗过了批评家》（*La bandiera rossa ha ingannato i critici*），收入《音乐新闻全编》（*Tutte le cronache musicali*，罗马：Bulzoni 出版社，2000 年），第 749 页。——原注

③ 指托斯卡纳区的市镇。

伴我们的只有一张《狮谷中的乌尔苏斯》的海报[1]。我们并非单单在尽义务，相反，我们是怀着无上的奉献精神将音乐送到人们身边去，哪怕只有五个观众。当我大踏步地登上指挥台，那种激动的心情和我在“城市别墅”指挥乐队时一般无二：“*Tolle siparium*，”我对自己说，并且一遍遍地重复着这句我在格鲁克著名的序言中读到过的有用的话，“*sufficit mihi unus Plato pro cuncto populo*”[2]。那时候，

---

① 《狮谷中的乌尔苏斯》(*Ursus nella valle dei leoni*)是意大利在 1961 年至 1964 年推出的九部系列电影中的第四部，由卡洛·卢多维科·布拉加利亚(Carlo Ludovico Bragaglia)执导。该片讲述了在狮群中长大成人的乌尔苏斯发现自己原来是个王子，当他了解到国破家亡的真相后发誓复仇的故事。

② “去把大幕拉开吧：一个如柏拉图般智慧的观众，胜过满满一屋子人。”这是格鲁克在《帕里斯与海伦》(*Paride ed Elena*)的著名序言中的总结陈词：“我并未指望我的《帕里斯与海伦》会比《阿尔切斯特》更成功。至于想要它如预期的那般对【其他】作曲家产生影响，我估计困难更大。然而，尽管如此，我不会停止对出色的【音乐】设计的追求，若能得到殿下的支持，鄙人将再次荣幸地说：‘去把大幕拉开吧：一个如柏拉图般智慧的观众，胜过满满一屋子人。’”(维也纳：Trattner 出版社，1770 年，第 x 页)，转引自鲁道夫·格贝尔(Rudolf Gerber)编，《克里斯托夫·维利巴尔德·冯·格鲁克作品选》(*Christoph Willibald von Gluck: Sämtliche Werke*，卡塞尔：Bärenreiter 出版社，1954 年)，系列一，卷 4，第 xiii 页。这句话流传甚广，例如，弗朗切斯科·阿尔贝加蒂·卡帕切利(Francesco Albergati Capacelli)就在他 1787 年版的戏剧作品全集的序言里用了这句话——可能是回应文学批评家朱塞佩·巴雷蒂(Giuseppe Baretti)在信中对他过于轻易就取得成功的指责；见埃内斯托·马西(Ernesto Masi)著，《十八世纪喜剧家阿尔贝加蒂的(转下页)

我有种印象，人们一听说有什么东西可能创造出“一个更美 64
好的世界”就备受鼓舞，而所谓“更美好的世界”往往只是个笼统的概念。我们都身处十字路口，一旦朝某条路走下去，其他的路就对我们封闭了。意大利正试图通过文化传播来彻底改造它的那些偏远地区。故而我们这支乐队的精神——如果我可以用这个词的话——是愉悦的，就仿佛一片新的乐土正在它面前徐徐铺开。

对于我们在翁布里亚圣乐节[①]上表演的节目——亨德尔的《底波拉》(*Deborah*)、巴赫的《圣母颂歌》(*Magnificat*)、维瓦尔第的《荣耀经》(*Gloria*)、凯鲁比尼的《d小调安魂曲》和门德尔松的《圣保罗》(*Paulus*)——西奇利亚尼做了不少推荐，这些曲子我们在佛罗伦萨也演过。同时，我的保留曲目也在迅速增多。我推出了《大地之歌》(*Das Lied von der Erde*)，这是我指挥过的第二部马勒作

(接上页)生平、时代及友人》(*La vita, i tempi, gli amici di Francesco Albergati commediografo del secolo XVIII*，博洛尼亚：Zanichelli出版社，1878年)，第269页。——原注

① 翁布里亚圣乐节(Sagra Musicale Umbra)创办于1937年，是致力于弘扬宗教音乐和当代音乐的艺术节，举办地为意大利翁布里亚区(Umbria)的一些市镇，以佩鲁贾(Perugia)为主场地。今天，该音乐节已成为当地最重要的文化盛事之一。

品，随后，我又在博洛尼亚和莫琳·福雷斯特[①]一起演出了《旅人之歌》(*Lieder eines fahrenden Gesellen*)。福雷斯特曾与布鲁诺·瓦尔特共事，和她相比，我不过是个初出茅庐的小指挥；但她在与我的合作中，把她那些非凡的历史经验和对往事的记忆都传授给了我。

我不但指挥了普罗科菲耶夫的《伊凡雷帝》(*Ivan il Terribile*)和《亚历山大·涅夫斯基》(*Aleksandr Nevskije*)，还指挥了迈耶贝尔的《非洲女郎》(*L'africaine*)[②]。这些全是艺术总监罗曼·弗拉德的提议，他对我产生了根本性的影响，因为我觉得在他身上，你可以看到才高八斗的学问

---

① 莫琳·福雷斯特(Maureen Kathleen Forrester, 1930—2010)，加拿大女低音歌唱家，深受德国指挥大师布鲁诺·瓦尔特(Bruno Walter, 1876—1962)的赏识，瓦尔特早年当过马勒的助手，在他的指点下福雷斯特成为演唱马勒的行家。

② 《非洲女郎》是一部法国大歌剧，法语脚本由奥古斯丁·欧仁·斯克里布(Augustin Eugène Scribe)编写，杜撰了有关航海家瓦斯科·达伽马(Vasco da Gama)的一些故事。该剧是德国作曲家迈耶贝尔(Giacomo Meyerbeer, 1791—1864)的最后一部作品，1865 年在巴黎歌剧院首演，随后又在伦敦、纽约、博洛尼亚进行了演出。由于作曲家在 1864 年去世时还未来得及最终确定作品的名称，只是以剧中男主角“瓦斯科·达伽马”的名字指称这部歌剧，所以，首演的负责人弗朗索瓦-约瑟夫·费蒂(François-Joseph Fétis)就自行将它命名为《非洲女郎》。该剧共五幕，讲述了发现新岛屿的瓦斯科·达伽马与岛国女王塞莉卡(Sélika)之间的恩恩怨怨，最后，塞莉卡为了救达伽马并成全其与恋人伊涅斯(Inès)的爱情而牺牲了自己。此剧在 19 世纪曾取得巨大成功，如今却很少上演。

家、出类拔萃的音乐家和胸藏万卷的理论家的完美结合。
我拜读过他写的有关斯特拉文斯基的书[①]，他个性独具、机
敏睿智的探索欲实在堪称典范。当弗拉德谈起迈耶贝尔
时，这位作曲家对我而言还只是个名字，尽管他颇有来头
（在19世纪后期的法国，其作品的受欢迎程度经常不亚于 65
如今电影的风靡程度）。不过，弗拉德想尽办法让我相信了
迈耶贝尔的重要性。记得在一个风雨交加的夜晚，鲁切拉
伊街上的粉红小楼内，我正窝在家里埋头用功。这时，门铃
响了：来人正是弗拉德。他身穿一件驼色蒙哥马利连帽粗
呢风雪大衣，疾步冲上楼，来到琴房内，把总谱翻到他早就
想好的那一页，开始弹奏《非洲女郎》里他最喜欢的片段，其
中包括第三幕精彩的开场，一段描绘静海黎明的音乐。我
真是一句话也说不出。他在钢琴上一弹就是半小时，魔法
般地唤起了一场音乐的狂风暴雨。他走后，我信服了，这绝
对当得起杰作之名，我们不能不演它！我主动地去研究这
部歌剧，1971年4月，我们把它搬上了舞台，导演是佛朗
哥·恩里克斯[②]——我们曾因斯卡拉蒂的《狄玲蒂娜》（*La*

---

① 罗曼·弗拉德著，《斯特拉文斯基》（*Strawinsky*，都灵：Einaudi出版社，1958年）。——原注

② 佛朗哥·恩里克斯（Franco Enriquez，1927—1980），意大利戏剧及歌剧导演。

Dirindina)一剧在一起共事了好几个月,那以后,我还想与他合作。

参加首演的歌唱家有维里亚诺·卢凯蒂和杰西·诺曼。[1] 诺曼女士的身量与气场都非比寻常,当她站上舞台的一刹那,观众似乎都看傻眼了——可等她一开口,唱起那首咏叹调《太阳之子,我甜蜜的爱》(*Figlio del sol, mio dolce amor*),观众的反应就不约而同地变成了惊羡无比的膜拜。如果可以,我要说她的声音就像纯正的巧克力,美得那样浓郁,那样温暖,那样芳醇,让我此后常作"曾经沧海难为水"之叹。不幸的是,可怕的意大利语老译本,无法贴切地呈现终曲之美:"su bianca nuvoletta / un cigno là mi aspetta / sul carro di cristal"(越过那片白云 / 一只天鹅正在水晶马车之巅 / 将我等待);今天,你还能找到那一版的录音。

66 佛罗伦萨的观众热爱自己的剧院,他们从不流露出忽冷忽热、起伏不定的情绪,这就是他们表达骄傲的方式。可是那晚,观众席里优雅文明的安静,却在维里亚诺·卢凯蒂

[1] 维里亚诺·卢凯蒂(Veriano Luchetti, 1939—2012),意大利男高音歌唱家,1971年佛罗伦萨五月音乐节上演的《非洲女郎》对他而言是一场重要的演出,从此他在意大利声名大噪,其歌剧事业也从这一年开始走向国际。杰西·诺曼(Jessye Norman, 1945—),美国女高音歌唱家,"格莱美终生成就奖"获得者,被认为拥有世界上最美的声音之一。

唱到著名的《哦，波涛退却现天堂》(*O paradise dall'onde uscito*)时让位给了纯粹的欢乐，这是观众给予他的认可。如今，只有这首咏叹调还被频繁地演唱，全世界的每一位男高音都在自己的保留曲目里给它留下了特殊的一席之地。确实，可能就是因为这支曲子，一大群娃娃才会被取名为“瓦斯科”；而我在托斯卡纳期间，也不止一次地读到这样的讣告，上面写着某个名叫“奈鲁斯科”的八旬老翁离开了人世，这当然是该歌剧曾经轰动一时的证据。[①]

*

1968 年至 1969 年的那场大骚乱结束后，余烬尚存，文化上甚至出现了一点蒙昧主义式的顽固不化。比如说，当弗拉德和我选择马斯卡尼的《乡村骑士》(*Cavalleria rusticana*)与莱翁卡瓦洛的《丑角》作为 1970 年至 1971 年冬季演出的节目时，市议会竟然为此召开了一次特别会议，还威胁说，鉴于我们把一些(在他们看来)如此消极、如此缺乏艺术价值的歌剧安排了进来，他们非得给我们点颜色瞧瞧。

---

① 《哦，波涛退却现天堂》是《非洲女郎》里男主角瓦斯科·达伽马在第四幕中的一首咏叹调；而“奈鲁斯科”(Nélusko)则是剧中岛国女王塞莉卡的一名扈从，由男中音饰演。

那是一段艰难的岁月：出版物上尽是辩论和时评，同时，那些因为深入人心而在世界各地上演的真实主义歌剧中的力作也遭到了蓄意阻挠者的破坏，这些人唯一关心的就是小心翼翼地踩着派系路线走。

在毛罗·博洛尼尼[①]的执导下，我们还是把这两部歌剧推上了舞台。伟大的理查德·塔克（尽管略嫌老迈）在莱翁
67 卡瓦洛的作品里扮演了“卡尼奥”[②]，他似乎把托斯卡尼尼晚年的那套规矩无一遗漏地从纽约搬了过来。每一次排练，他都正装出席，打着领结，穿着双排钮的黑色西服，戴一顶黑色礼帽。不过，只要他的脚一跨进剧院，他就会立即摘掉帽子。几年后，当我们一起合作威尔第的《假面舞会》(*Un ballo in maschera*)时，我同意他把他的一个音延长，他竟从椅子上一跃而起，对我批准他的请求表示感谢。

从一开始，塔克就问我：“大师，那句‘喜剧到此结束’(La commedia è finita)是由我来说吗？”我告诉他“是的”，虽然当我们在钢琴上排练时，他从没让我听到过这句唱词。

---

① 毛罗·博洛尼尼(Mauro Bolognini，1922—2001)，意大利电影导演，以对当代题材的精准把握而著称，作品屡屡获奖。

② 理查德·塔克(Richard Tucker，1913—1975)，美国最伟大的男高音歌唱家之一。他所饰演的“卡尼奥”(Canio)是歌剧《丑角》中弑妻的男主角。

这再自然不过了，我想——当男高音们唱到这几个字时，都会全力以赴地去制造一场天灾：他们攥住幕布，将它撕扯下来，嘴里咆哮着“喜剧……到此结——束——！”博洛尼尼和我事先就达成一致，我们要让塔克尝试一些历史上曾获得过赞誉的表演方式，这些方式都是为追求“剧场效果”而设计的，虽然许久以来它们已经不太流行了，但偶尔享受一下某种业已消逝的传统留给我们的遗产，未必不是乐事。那个时候，我并不知道在莱翁卡瓦洛的原作中，这句台词是写给男中音的，而这样安排的意义也大得多。确实，表演开场戏的是一个完全置身戏外的人物，他在“好戏开始”前就登台了，比歌剧出现得早[①]；既然有此开头，那么全剧结束时，这个“非角色的”角色就必须回来，再一次冷静地朗诵这样一句话“喜剧到此结束”，并且不带一丝表情。显然，肯定是有人（天知道是卡鲁索[②]还是谁）提出了抗议：

---

① 《丑角》的序幕是男中音“托尼奥”的独角戏，演员会站在未开启的大幕外完成这段演唱。他唱道：“可以吗，可以吗？女士们，先生们，请容我自我介绍，我是一个报幕人……”然后就介绍起作者写此剧的初衷是因为受到一个真实案件的触动，说即使穿上戏服，艺术家也是有血有肉的人。最后，他宣布：“来，好戏开始了！”

② 恩里科·卡鲁索（Enrico Caruso，1873—1921），伟大的意大利男高音歌唱家，有“一代歌王”之美誉。

68 “怎么，整部歌剧我都唱了，却不让我唱到底？你把我这个男高音当什么了？”从此，由男高音来演唱结尾的传统就诞生了。

这是个严重的错误，就像在“好戏开始了”这句里加一个高尖音一样。它们是同一类错误。因为，当歌手站在观众与大幕之间时，没有任何东西可以把这个负责戏外戏的角色和最后出来卖弄嗓音的那个人联系在一起。他必须“宣布”演出开始——这样才对——语气中要波澜不惊。当然，众所周知的事实是，这种拨乱反正会触怒某些观众，让他们感觉很不舒服。而我的看法是，在对某种声乐传统满怀敬意的前提下，如果有谁想要满足一下观众的期待也未尝不可，但要为此惩罚那些尊重作者原意的人就荒谬可笑了。随着时间的推移，这种受效果驱使而做出的选择，最终会变得比歌剧的本来面目更重要。再说一遍，男中音在歌剧最后必须讽刺地、极弱地（*pianissimo*）——照总谱里写的——“并不剧烈地”（*senza rigore*）说出他的台词，这样，就与序幕形成了首尾呼应，而在序幕里，“好戏开始了”也不是自然音G而是D，这才是莱翁卡瓦洛——一位受过良好教育，有知识又有涵养的作曲家——所构想的样子。

再说《乡村骑士》，它是由詹弗兰科·切凯莱和埃莱

娜·索利奥蒂斯主演的。[1] 这场演出被寄予了厚望，剧院里
人头攒动，他们是为了庆祝“老乡”马斯卡尼的作品上演而
专程从里窝那[2]赶过来的。当晚的前奏曲简直美妙绝伦，舞
台布景为其添上了一种独特的地中海式的忧郁：人们一贫
如洗，不得不含辛茹苦地工作，但依然有一股暖意包围着他
们。这时，冷不防地，一个身穿军用防水长外套的男人打断
了表演。他直接冲向提词员的位子，脚步声很响——我愣
住了——只听他在那儿高呼：“佛罗伦萨的人民们，当你们
在这里寻欢作乐时，外面，卡莱吉[3]的百姓正在死去！”人丛 69
里嘘声四起，大家叫嚷道：“滚出去！”这听起来肯定很像古
罗马皇帝在马西莫竞技场[4]对比赛倒竖起大拇指时发生的

① 詹弗兰科·切凯莱（Gianfranco Cecchele，1938— ），意大利男高音歌唱家。1964 年他初次登台，次年就在斯卡拉歌剧院亮相演出了自己的第二部歌剧瓦格纳的《黎恩济》（*Rienzi*），此后几年是他歌剧事业最辉煌的岁月。埃莱娜·索利奥蒂斯（Elena Souliotis，1943—2004），出生于希腊的女高音歌唱家，幼年随父母移民阿根廷，初次登台扮演的就是《乡村骑士》中的“桑图扎”（Santuzza）。20 世纪 60 年代中期，她以秀美的形象、高超的演技和独具个性的音色成为最受追捧的明星之一。

② 里窝那（Livorno）是位于托斯卡纳区里窝那省的著名港口城市，也是作曲家马斯卡尼的出生地。

③ 卡莱吉（Careggi）是佛罗伦萨北部、距离佛罗伦萨中心城区不远的小乡镇。

④ 马西莫竞技场（Circo Massimo）位于罗马市中心，是古罗马时代建造的第一座也是最大的一座竞技场。

情况。我离开了指挥台，而且，因为所有这些都发生在切凯莱结束他那首《西西里小调》(*Siciliana*)[①]的当口，这位背运的男高音便以为那些嚣叫都是针对他的，于是就问边上侧台的替补演员，自己是不是真的唱得那么糟！我想把这段插曲统统“删除”，从头再演一遍。起初，切凯莱不同意，但后来他还是决定支持我的想法，于是，我们又重新开始，从第一个音符演起。

我父亲也坐在观众席里。他从莫尔费塔北上，就是为了听我指挥他的最爱。可由于旁边坐的是克里斯蒂娜，他只能絮絮叨叨、多少有点痛苦地重复如下独白：“不是这样演的啊，我的孩子，不是这样演的！”我提这件事，是因为它反映了我想对这类音乐作品做怎样的处理。既然多年来它们常被糟糕透顶的“效果”和通常没什么价值的过火的真实主义所残杀，那么，我要努力尝试的就是找回它们依然深藏在内的高贵。(是的，就是它们固有的高贵。谁要是认为卡拉扬[②]在斯卡拉期间把马斯卡尼“高贵化”了，那他就是大错特错，因为

---

① 指男主角图里杜(Turiddu)在《乡村骑士》开场时唱的一首小夜曲《哦，罗拉》(*O Lola*)。

② 赫伯特·冯·卡拉扬(Herbert von Karajan，1908—1989)，奥地利指挥家，执棒柏林爱乐三十余年，是20世纪下半叶最具影响力的指挥大师之一。

质朴的风格本来就是《乡村骑士》不可或缺的一部分。读一读
巴斯蒂亚内利的《马斯卡尼》，任何人都会信服这一点。[1]）演出
结束后，我父亲带着那种典型的、只有人父才有的和蔼与深 70
情，简简单单地说了句："儿子，我对它的理解有点不同。"

事实上，在我灌录这些作品时，可能已经承认父亲是对的了：我思考了他的"理解"，并给予了它们更大一点的空间。可是，在佛罗伦萨，第一次指挥这些歌剧，我只想赋予它们一种贵族气质。

*

弗拉德在 1973 年卸任，我听说出于政治上的考虑，他的接班人将是某个来自特定党派的成员。这就是我们现在所谓的以政治为目的的"委派"。这件事让我大伤脑筋，因为我觉得在某些领域，文化眼光的重要性理应盖过政治派别的划分。不论谁被任命为艺术总监，为了求取平衡，他都必须从对立党派中选出一个人来担任戏剧总监，这样的理念将我这个搞音乐工作的置于尴尬境地。对此，我没有发

---

① 詹诺托·巴斯蒂亚内利（Giannotto Bastianelli，1883—1927），意大利音乐评论家、作曲家、钢琴家，著有《彼得罗·马斯卡尼》（*Pietro Mascagni*，那不勒斯：Ricciardi 出版社，1910 年）。——原注

言权——这类事情不由常任指挥来决定——但我不能眼睁睁地保持沉默，不能不对这样一种潜规则进行谴责。于是我就放出话去，如果任命真的以这种方式产生，那么我就辞职。任命当然还是下达了（对于被派下来的那位，我不怀疑他的资质，所以也不想在这里提他的名字），而我也被限于骂骂"那些规则"而已。

此事激起了几场风波。乐队中断了他们与另一位指挥
的排练，为了支持我，他们发动了一次罢工，合唱队、芭蕾舞
71 团，还有一些技术人员也做了同样的事。歌剧院经历了一
段时间的危机，连带发生的还有在外的示威游行和内部的
派系斗争，这些斗争不失其活泼、幽默的一面。某次，我获
悉有人激昂地总结道："穆蒂这么说的！"（L'ha detto i'
Muti!）对此，另一个人则借用民歌《皮亚韦河之战》中的话
"那夜步兵默不作声，/ 他们必须保持安静，勇往直前"
（Muti passaron quella notte i fanti, / tacere bisognava e
andare avanti）来回应[1]。无论如何，那个被任命者最终也没

---

[1] 《皮亚韦河之战》（*La leggenda del Piave*）是 20 世纪上半叶意大利诗人、音乐家乔瓦尼·加埃塔（Giovanni Gaeta，笔名E. A. 马里奥）根据 1918 年 6 月发生的历史事件所作的爱国歌曲。穆蒂提到的那个人是借指挥的姓玩了个一语双关，因为"muti"在意大利语里也有"默不作声"的意思。——英译本注

来赴任。过了一阵子，人人都对不同意见做出了让步，这样一来，马里奥·波利弗罗尼(Mario Polifroni)便成了管理者。他非常开明，在他的扶持下，我们举办了那段时期内又一届精彩的五月音乐节。

我们择定了斯蓬蒂尼的《艾格尼丝·冯·霍亨施陶芬》。1970年，在罗马的RAI礼堂里我就曾指挥过它，当时是应西奇利亚尼的邀请。西奇利亚尼的狡猾手段，和弗拉德诱我指挥《非洲女郎》时使的鬼伎俩很像。一天晚上，我们在他那里共进晚餐，他早早地就把总谱摆好在钢琴上，并让我弹几段写得最妙的旋律——首先就是取自庄严的第二幕的法国骑士场景(这可不是巧合)，对于此间乐队所奏出的那个绵绵不尽的长音，费代莱·达米科就有过一段引人入胜的评语[①]。当我弹完时，西奇利亚尼以他那个性鲜明的口吻，欢快而又不容置疑地说："亲爱的穆蒂，这是一部为你量身定制的歌剧，你可一定要指挥它哟！"他说对了，而且我希望在我有生之年，能有机会演出《艾格尼丝·冯·霍亨施陶芬》的德语版，因为在维也纳和柏林已经有了类似的

① 费代莱·达米科撰，《斯蓬蒂尼玩玄的》(*Spontini gioca con l'algebra*)，收入《音乐新闻全编》，第1045及以后数页。——原注

呼声。

那一次的演出阵容星光熠熠：蒙特塞拉特·卡芭耶、安东涅塔·斯泰拉、詹贾科莫·圭尔菲、塞斯托·布鲁斯坎蒂
72 尼、布鲁诺·普雷维迪。[①] 蒙特塞拉特宛若天人，即便如此，当她首次应邀演唱“艾格尼丝”（Agnes）时，她还是问：“大师，《艾格尼丝》是什么，它是一部歌剧吗?”这部戏里有一段后来变得家喻户晓，其中，管乐要模仿管风琴的声音。（为什么他们不在音乐学院每天都有的作曲课上安排学生听这段呢?）那天晚上，到最后，达米科亲自来到我的休息间，一个猛子扑向总谱，就像要用他自己的眼睛把总谱里的秘密一一搜集起来似的。值得一提的是，配器法总是给人留下深刻的印象，哪怕在《艾格尼丝·冯·霍亨施陶芬》里（或许，总的来说，在斯蓬蒂尼的作品里），器乐曲几乎都是极其盛大的，用德语讲就是 *voller Satz*（丰满的乐句，丰满的乐谱）。就在那个历史性的时刻，照样优哉游哉、吞云吐雾的西奇利亚尼悄悄地对我耳语道：“知道吗，穆蒂，古伊指挥它

---

① 西班牙女高音卡芭耶（Montserrat Caballé，1933—　）、意大利女高音斯泰拉（Antonietta Stella，1929—　）、意大利男中音圭尔菲（Giangiacomo Guelfi，1924—2012）、意大利男中音布鲁斯坎蒂尼（Sesto Bruscantini，1919—2003），以及意大利男高音普雷韦迪（Bruno Prevedi，1928—1988）都是当时炙手可热的歌唱明星。

时用了谱!”当我在佛罗伦萨遇见那位老大师并向他询问这件事时,他答道:“你觉得呢?这些好演员在一起原本就已经完美了,背不背谱都一样!”

所有这些都发生在波利弗罗尼的治下。对此,你可能觉得奇怪,但一切顺风顺水真是仰仗了他的高瞻远瞩。不过,他也负责监管一切,这差事通常不怎么招人待见,然而最要紧的毕竟还是一个人的思维方式(我绝不是在暗示为了干好工作,剧院应该用指派的领导来代替民选的领导!)。

《艾格尼丝·冯·霍亨施陶芬》的连续上演给我带来了又一次重要的邂逅,那就是与担任舞美及服装设计的科拉多·卡利[1]的相遇。卡利是个沉默寡言、脾气暴躁却又魅力非凡的男人,他在心中勾画了一座座火红的火山图景,事先,恩里克斯已经向我展示过它们了,而我在顷刻之间就被
它们所征服。演员阵容由莱拉·根吉尔[2]与维里亚诺·卢 73

---

① 科拉多·卡利(Corrado Cagli, 1910—1976),意大利画家,20世纪30年代创建“罗马画派”小组,被认为是意大利新一代画家中的领军人物。二战期间他迁居美国,并入美国籍,还以美国军人的身份参加过战役,并绘制了一系列相关作品。战后他回到罗马定居,并在艺术上开始探索各种抽象的、非写实的技法。

② 莱拉·根吉尔(Leyla Gencer, 1928—2008),土耳其女高音歌唱家,有“土耳其歌后”之誉,从20世纪50年代一直到80年代中期,始终活跃在歌剧舞台上。

凯蒂领衔；根吉尔女士多少上了点年纪，但她还是塑造了一个光彩照人的“艾格尼丝”。

*

1974年，在计划下一年即将推出的威尔第的《麦克白》（*Macbeth*）时，我再次邀请了莱拉·根吉尔，一位伟大的歌唱家，同时也是我的好朋友。这部歌剧是她的保留剧目，我还特地安排了马里奥·彼得里[①]与她搭戏。有人认为这个选择很古怪，因为彼得里数年来都在拍电影和做流行音乐。可结果却大大出乎那些“纯粹主义者”的预料。他是一个伟大的“麦克白”，表演中富有真正的智慧，舞台风采迷人。他的嗓子确实无法和十五年前比，在唱到最后一幕的咏叹调《怜悯、敬重、爱》（*Pietà, rispetto, amore*）时不再宽广有力，但这反而让他更充分地认识到作者的戏剧意图。不仅如此，它还帮助他找到了那些特殊的色调，例如一些很轻很轻的窃窃私语，这才是威尔第心向往之的最终效果——达米

---

① 马里奥·彼得里（Mario Petri，1922—1985），意大利男低音兼男中音歌唱家，擅长演唱莫扎特和罗西尼的歌剧，1960年在意大利电视版的《唐·乔瓦尼》中他就与莱拉·根吉尔有过合作。后来他还参加过一系列古装冒险电影的拍摄。

科就这场演出写了一篇热烈颂扬的文章，我高兴地在其中
读到一大段评论男中音的话[1]。威尔第本人还反对使用女
高音，因为女高音的音色太过优美，而这部歌剧需要的是某
种与普通美声差别很大的声音，它更倾向于强大的表现力， 74
就像在玛丽安娜·巴尔别里-尼尼的长篇访谈中，那个从头
至尾都闪耀着光芒的声音。这位女高音第一个塑造了“麦
克白夫人”（Lady Macbeth）的形象，她的嗓音据说可以有千
般变化，万般色彩。[2]

例如，在第一幕“读信”这场戏里，升腾弥漫的乐声如果不是雾，那又该是什么呢？不过既然说到这场戏，我需要澄清一点，我和根吉尔在好几天的排练中持续对开的那些玩笑，唉，都变成了聋子的对话：我要求听见她的“朗读”，而她却

---

① “结果，也由于从其声音的绵密分句和视觉形象的高大威严之间所产生的对立关系，出现了一个与其说暴虐不如说压抑的麦克白，一种被罪孽所侵袭却仍然依稀可辨的尊严，最终却被一种令人同情的哀伤所压倒。”见费代莱·达米科撰，《嗓音低沉的麦克白》（*Macbeth a bassa voce*），收入《音乐新闻全编》，第1173页。——原注

② 玛丽安娜·巴尔别里-尼尼（Marianna Barbieri-Nini，1818—1887），意大利女高音歌唱家，1840年至1856年活跃于世界各大歌剧院，1856年后在佛罗伦萨从事声乐教学。她的声音强而有力同时色彩变化丰富，无论歌唱还是表演都充满了戏剧性。除了《麦克白》，她还是威尔第另两部歌剧《福斯卡利父子》（*I due Foscari*）和《海盗》（*Il corsaro*）的首演者之一。

回答说这样的事要么想都别想，要么就放到舞台上去做。基本上，她是以和气、甜蜜且最具女人味的方式拒绝让我听到“Nel dì della vittoria io l’incontrai，stupito io n’era per le udite cose”[1]。

我唯一的办法就是彬彬有礼地退让，并建议她至少要保持一定的分寸。“你得诵读这些句子，”我说，“只有这样观众才能理解。在现实生活里，在一切类似的情况下，我们是默念的——假如你身边没别人，你这样读没错。要你读出声，只是因为观众必须知道此刻发生了什么；只要他们能听见你的声音，也就够了。”但实际做起来，伴着若有若无、好似踩在柔软“地毯”上的乐声，她的声音却可能还不及喃喃细语大。我一遍又一遍地解释，苦口婆心，直到第一次联排那天，我们再次进入这场决定命运的戏：舞台布景都已到位，这下她终于可以念出声了吧。我们开始了。现在，请想象一个人手持扩音器，把它像个传统“面具”那样放在嘴边，或者是像渔民在海滩上用白铁皮“喇叭筒”吆喝招揽
75 顾客，然后放声高叫，“NEL Dì DELLA VITTORIA IO L’INCONTRAI”。她就是这样一口气说到了最后的

① 这是第一幕第二场麦克白夫人大声读着的信里的内容：“我在得胜之日见到她们，并为我所听到的而深感震惊。”——英译本注

"ADDIO"（再见），中气那个足啊，叫我终生难忘！正如在所有这类情况下，一番花哨的念白之后，起音到了该唱的部分，"Ambizioso spirito tu sei Macbetto…"（野心啊，你就是麦克白……）——是的，这句就是要求用真声来唱——这声音相形之下会显得有些苍白，但又像是一个最精致的急转直下。我这才醒悟，为何此前她一直不想让我听到它。我们试着找到了一些折中的办法，终于达成了妥协。

*

1976 年上演的格鲁克的《奥尔菲斯与欧律狄克》（*Orfeo ed Euridice*），由卢卡·龙科尼导演，皮齐任舞美设计。这部戏对我来说是个真正的拐点。在此之前，我已经收获了许多赞誉，人们把我想象成"血性的南方儿郎"，并因此与威尔第有着与生俱来的亲缘关系，可惜这些念头只是臆测，而且相当傻气，难不成一个人只要来自南方，他的血液里就不可避免地多多少少流淌着一座维苏威火山吗？所以，我对这部戏寄予了厚望，点燃这一希望的还有导演，因为就算不说他是绝对的先锋派，在当时看来也是一个领时代潮流的人物。我们取得了巨大的成功，直到今天我都认为那次的演出是龙科尼导演过的最上乘的歌剧作品之一。（有些人

想不通我们为何“如此频繁地结对”[1]，但我确信，我俩的长
76 期合作是最愉快的经历之一。）然而第二年的《纳布科》（*Nabucco*），这部威尔第的作品却让观众有点难以接受，这回也是因为龙科尼的导演。《纳布科》是一部极受欢迎的歌剧，我们做的这版使用了一个非常现代的布景设计，差不多和该剧的创作时代相同——大约在意大利统一时期。全剧最后，面对一大片挥舞着的刀枪剑戟，国王唱道“他们会败亡，恶人会败亡”（Cadran, cadranno i perfidi），而他周身披挂的则是参照萨伏伊王朝的国王维托里奥·埃马努埃莱二世[2]的经典造型设计的服装。一部分人惊呆了，十五分钟后，当我们上台谢幕时，我记得听见有人高呼：“把龙科尼扔到阿尔诺河里去！”的确，剧情中根本看不到将《纳布科》与萨伏伊王朝联系在一起的暗示。正如所有的配乐戏剧一样，在威尔第的歌剧里好人、坏人也是泾渭分明的，这就像在审判日将绵羊和山羊分开，而那个恶棍在绵羊群（*inter oves*）里的突然出现——好比在良民中安插了一个坏分

① 费代莱·达米科撰，《那位导演是一个离经叛道者》（*Quel regista è un infedele*），收入《音乐新闻全编》，第 1695 页。——原注

② 维托里奥·埃马努埃莱二世（Vittorio Emanuele II，1820—1878），意大利统一后的第一任国王，1861 年至 1878 年在位。

子——实际上造成了很大的歧义。不过，就总体而言，龙科
尼的导演还是颇具才气的。他让合唱队站在乐池上方沿舞
台伸展出去的平台上，让他们全都穿上 19 世纪的服装，看
上去就像歌剧首演当天前来观看演出的观众，如此一来就
解决了一个抒情戏剧长期困扰导演的问题：合唱队该安排
在哪里，以及该让他们做些什么。背景幕是一系列巨幅图
画，以弗朗切斯科·阿耶茨的风格绘制而成[1]，这些背景画
完美地体现了静止造型的概念。在大众浪漫剧里，演员常
常要做出瞬间的定格，以表现惊愕的情绪，对此，19 世纪的
意大利人将其称为“绘画”或者“画面”。随着这部歌剧的情
感核心，即合唱《飞吧，思想，乘着金色的翅膀》（*Va,
pensiero, sull'ali dorate*）响起，高潮到来了。除却手绘的背 77
景幕，这一场景的亮点还有一片田野，收割麦子的庄稼汉一
动不动地站在田野间，只见他们用双臂抱起一捆捆谷物，从
背面打过来的光让他们看起来就像是一个个剪影，几乎成
了一群真的塑像。在这个画面里，他们可以被冠名为 *Belle
statuine*（《美丽的小像》）。真是神奇！对于这首著名的合

① 弗朗切斯科·阿耶茨（Francesco Hayez，1791—1882），意大利画家，19 世纪中叶浪漫主义画风的杰出代表之一，以绘制宏大的历史题材画作、政治寓意画和人物肖像而闻名。

唱，我再也没见过比这更好的场景设计了。据我所知，没有一个观众对此提出异议，我把这次合作视为最佳案例，它见证了这样一种关系：通过指挥与导演的精诚合作，可以将一部作品的艺术表现力推向极致。

*

我第一次在佛罗伦萨指挥莫扎特是1979年，剧目为《费加罗的婚礼》(*Le Nozze di Figaro*)。卢恰诺·阿尔贝蒂推荐我与最富人格魅力的戏剧史学家之一——安托万·维泰[1]合作，请他来担任导演；而我可以自豪地说，我是第一个把他邀来意大利参加歌剧院工作的人。海伦·多纳特[2]塑造了一个活龙活现的"苏珊娜"(Susanna)，而该剧的制作也是大师手笔。你可以相信我的话，因为几年后我很幸运地在斯卡拉指挥了同一剧目，导演是乔治·斯特雷莱[3]。即

---

① 安托万·维泰(Antoine Vitez，1930—1990)，法国男演员、导演、诗人。他是二战后对法国戏剧界产生过巨大影响的核心人物之一，尤其在表演技巧的教学方面贡献极大。

② 海伦·多纳特(Helen Donath，1940—)，美国女高音歌唱家。

③ 乔治·斯特雷莱(Giorgio Strehler，1921—1997)，意大利歌剧和戏剧导演。他凭一己之力在意大利树立起了"戏剧导演"的威望，影响了老中青三代戏剧人，可以说是20世纪意大利最伟大的戏剧导演之一。

使和斯特雷莱比，维泰的导演手法也是无可挑剔的，他通过自己的工作，让意大利收获了一份来自法国的大礼，为此，我对阿尔贝蒂的主意感激不尽。公众也对此剧充满了兴趣，其中一部分原因就是他们好奇地想看看我这个“威尔第指挥”要如何演绎莫扎特的歌剧。

1980 年，当时我还在佛罗伦萨，我指挥了自己的首版 78
《奥赛罗》(*Otello*)，舞美设计恩里科・约布[①]，导演则是伟大的匈牙利电影导演米克洛什・杨索[②]。杨索的处理引发了一点骚乱。例如，在第一幕结尾的情侣二重唱中，他设计让人们看见一个手持蜡烛的裸体黑肤美女通过舞台边缘的一座座拱门，穿越半个舞台。戏还没开演，报纸就对此设计做了夸张的宣传，在“头版头条”强调这个部分(说白了不过就是个细节)会让余下的内容都蒙上阴影，如此一来，杨索只得无奈地割舍掉这一场景。还有一个细节，他让奥赛罗用

---

① 恩里科・约布(Enrico Job, 1934—2008)，意大利舞台美术与戏剧服装设计师，作品多次获奖，与乔治・斯特雷莱、卢卡・龙科尼等大导演有过密切合作。

② 米克洛什・杨索(Miklós Jancsó，1927—2014)，匈牙利电影导演、编剧。20 世纪 60 年代中叶起，他因《无望的人们》(*Szegénylegények*)、《红军与白军》(*Csillagosok, katonák*)、《红色赞歌》(*Még kér a nép*)等影片蜚声国际。他的作品个人风格鲜明，常常带有很强的政治讽喻色彩。

船头的突出部位去砸新娘的床，这也成了众人议论纷纷的话题。这场演出还见证了雷纳托·布鲁松[1]首次饰演“伊阿古”(Jago)，他花了整整一个月的时间和我一起在钢琴边练习，终于“树起了”这个形象。

我的佛罗伦萨岁月在1981年走向尽头，那年，我指挥了由山德罗·塞奎执导、贾科莫·曼祖任舞美设计[2]的格鲁克歌剧《伊菲格尼娅在陶里斯》(*Iphigénie en Tauride*)。该剧的布景设计美轮美奂，这令我对曼祖产生了无限景仰。记得我与他会面是在怡东酒店(Le Excelsior)的一张桌子边，我很快就意识到他是个不怎么拘泥于社交礼节的人。他要我把剧情告诉他。我照做了，还含蓄地提及了一些格鲁克的音乐方案。他随手抓过一张纸，画起草图来——似乎有点心不在焉的样子——这幅图，后来便成了那个巨大的金色团纹的核心部分，这一抹金色将背景幕布填得满满
79 当当。可以说，是我的故事激发了他的灵感，搭起了舞美设

① 雷纳托·布鲁松(Renato Bruson，1936—)，意大利男中音歌唱家，以擅长演唱威尔第歌剧中的男中音角色而闻名世界。

② 山德罗·塞奎(Sandro Sequi，1933—1998)，意大利电影及戏剧、歌剧导演，是意大利最多产、最有名的导演之一。贾科莫·曼祖(Giacomo Manzù，1908—1991)，意大利雕塑家，20世纪60年代后期开始也从事舞美设计工作，他的作品被众多博物馆和私人收藏家收藏。

计的框架，那个勋章模样的团纹图案可领先时代好几年呢！后来，别的戏剧导演也纷纷效仿这股潮流，通过使用能够清楚表达导演的歌剧理念的“实物标志”，与观众建立起直接的联系；这些“实物标志”都是让人一目了然的东西，似乎这样一来，便能更快地传达出导演的艺术意图。《伊菲格尼娅在陶里斯》让曼祖成了某种意义上的先驱。这样的经历可遇不可求，除非你是在和一个天才共事。粉墙，舞台上的孤椅。那是曼祖的又一鲜明标志；对此，我简直爱之若狂，对他的工作也是一样，所以，许多年后，当我在那不勒斯指挥威尔第的《麦克白》时，我再次请他出山，担任该剧的舞美设计。

到了1982年，我知道自己的佛罗伦萨时代不得不告一段落了，因为，我同时兼了三份指挥工作，分别在佛罗伦萨、伦敦和费城。

*

我与伦敦的关系要回溯到1972年，当时爱乐乐团(Philharmonia Orchestra)邀请我去指挥一场音乐会：那是我第一次在那里登台演出，也是我第一次指挥一支英国乐团。爱乐乐团成立于1945年，创始人是瓦尔特·莱格[1]，一位举足轻重的音乐制作人，他把一批杰出的器乐演奏高手召集到一块儿，这些人都曾在卡拉扬、克伦佩勒[2]这样的大师手下干过。而继莱格离开后，正是克伦佩勒重又把这支队伍组织了起来。那时，他们取名叫“新爱乐乐团”，我指挥的便是这支乐团。

80 在英国，乐师们的日子过得远不如意大利的同行惬意。那里的乐队多如牛毛，可音乐厅却只有一座——皇家节日音乐厅(Royal Festival Hall)。由于缺乏固定的排练场所，音乐家们只能去学校、教堂或别的什么地方练习，经常是一天里就要从这个地方挪到那个地方，实在很不容易。有时，他们会在三个不同的地方进行三场排练。因为当时的行规是“没有演出，没有工钱”，所以经理们削尖了脑袋，竭尽全力要确保自己的乐队有活干。一支赋闲在家的乐队，就等于失去了收入，好比停到跑道上的飞机。

于是乎，他们都活在疲于奔命的状态下，然而，他们的

---

① 瓦尔特·莱格(Walter Legge, 1906—1979)，英国古典音乐制作人。从1927年起他就为唱片公司服务，制作的许多唱片后来都被EMI收入了“世纪伟大录音”系列。

② 奥托·克伦佩勒(Otto Klemperer, 1885—1973)，德国指挥家、作曲家，20世纪最杰出的指挥大师之一。

坚忍却最叫人钦佩，他们的演奏水平也一直高得出奇。过了几年，他们把一栋旧楼房变成了自己的排练地，并称呼它为“亨利·伍德厅”（Henry Wood Hall），同时，他们的待遇也有所改善。他们通常在艾比路（Abbey Road）录制唱片，那个录音棚因为甲壳虫乐队而声名大噪。阿德里安·博尔特、托马斯·比彻姆、爱德华·埃尔加都在那里录过音。①

在皇家节日音乐厅，我指挥了勃拉姆斯的《第二钢琴协奏曲》，下半场则是穆索尔斯基的《展览会上的图画》。排练到最后一刻，乐手们问我，是否愿意留下来当他们的首席指挥。我才 31 岁，只是断断续续地与国外的交响乐团有过些接触；举个例子说，我和维也纳爱乐乐团（Wiener Philharmoniker）的关系仅限于 1971 年在萨尔茨堡指挥他
们演出过多尼采蒂的《唐·帕斯夸莱》；此外，我从未去过美 81
国，也没有跟柏林爱乐乐团（Berliner Philharmonisches Orchester）合作过。所以，这些曾经与克伦佩勒、卡拉扬一起工作的音乐家居然想到了我，真叫我大出意料，甚至有点

① 阿德里安·博尔特（Adrian Boult，1889—1983）、托马斯·比彻姆（Thomas Beecham，1879—1961）都是英国著名的指挥家；爱德华·埃尔加（Edward Elgar，1857—1934）是近现代英国最重要的古典音乐作曲家。

犯迷糊。另一方面，因为我只会讲学校教过的那么点英语，而伦敦又是重要的音乐之都，所以我把这个问题翻来覆去想了好久。

结果，基本上又是佛罗伦萨故事的重演，说服我的理由是：这一呼声来自乐队本身。为此，我接受了这个命中注定的职位，一干就是十年（从 1972 年到 1982 年）。我和这支乐队亲如一家，他们最终还封我为“桂冠指挥”（direttore emerito）。除了快乐的时光，我在那儿的日子里也充分体会到了牺牲与失望的苦涩滋味。但是，我遇到了一些对我而言至关重要的人，其中包括通用电气（英国）公司的前任总裁阿诺德·温斯托克爵士（Arnold Weinstock，后来被晋为男爵），一个真正的乐迷，女王的好朋友。

在 70 年代，爱乐乐团开始重新赢得自己的听众，并且以高水准的演奏重塑了昔日的辉煌。它开始加紧录制唱片——在我个人的唱片目录里，由 EMI 发行的专辑中最多的就是与爱乐乐团的录音——很快，它就跻身英国最优秀的交响乐团之列了。我们一次又一次地外出巡演，此时，乐手们决定恢复他们的旧名字，那个他们在托斯卡尼尼的带领下录制勃拉姆斯《第四交响曲》时使用的名字：就叫“爱乐”，蜕去“新”。而我的角色也从首席指挥往上升了，因为乐团提名我为音乐总监。

一天晚上，我准备指挥一场向查尔斯王储致敬的音乐 82
会。查尔斯是乐团的长期赞助人，业余时间也拉拉大提琴。我准时离开家，却忘了带上我的燕尾服。如今，许多指挥都不穿燕尾服了，可若是在殿下面前演出而不穿这身行头，简直难以想象。温斯托克爵士，王储的朋友，给他捎去了信，请求他晚一点点到，我这才有时间差人把我的礼服取来。

我们还同伊琳娜·阿希波娃[1]合作，一起表演过普罗科菲耶夫的《亚历山大·涅夫斯基》。阿希波娃不仅是位了不起的歌唱家，同时在前苏联，她也是个有权有势的女人，与被称为“党内权贵”的精英小团体过从甚密。那段时间，正值一场声援阿纳托利·夏兰斯基[2]的国际运动兴起，许多人都对这位持不同政见者表示支持。于是，当轮到次女高音

---

① 伊琳娜·阿希波娃(Irina Konstantinovna Archipova, 1925—2010)，俄罗斯次女高音歌唱家，莫斯科大剧院首席女演员，获“人民艺术家”称号。20世纪六七十年代她迈入艺术黄金期，成为国际巨星。

② 阿纳托利·夏兰斯基(Anatolij Borisovič Šaranskij，1948—　)，后更名为纳坦·夏兰斯基(Natan Sharansky)，出生于前苏联的犹太人，是一位政治家、人权主义运动者、作家。他曾在莫斯科发起过帮助前苏联的犹太人移民以色列的地下运动，并为人权奔走呼号，1977年因被指控犯有“间谍罪”而入狱，80年代中期获得自由，此后定居以色列。

伊琳娜起身演唱她的咏叹调时，一个男人从观众席里纵跃上台，大声嚷道："释放夏兰斯基！"我停下了指挥棒，警察来了，我们重新开始，可又有人跳起来叫喊。我们重来了三次，三次都遭人打断。伊琳娜被吓到了，幸亏最后一切还算顺利。在我看来，这种事简直叫人火冒三丈——哪怕我可以理解是愤怒让那些人尖叫，但他们的暴行分明就像是在对音乐发起挑战。他们以自由的名义打断了自由的象征：音乐。

*

在漫长的艺术生涯中，自然不可能事事顺心。1973 年，我即将在罗尔夫·利伯曼[1]负责的巴黎歌剧院（Opéra de Paris）指挥《游吟诗人》（*Il Trovatore*），与此同时，"索尔
83 蒂[2]—斯特雷莱"组合定下在凡尔赛制作莫扎特的《费加罗的婚礼》。这听上去势必会是个超级棒的音乐季，而实际情况却大相径庭。问题全出在导演身上。利伯曼起初邀请

---

① 罗尔夫·利伯曼（Rolf Liebermann，1910—1999），瑞士作曲家、歌剧经理人。

② 乔治·索尔蒂（Georg Solti，1912—1997），英籍匈牙利裔指挥家，20 世纪下半叶指挥界最杰出的代表之一。

了传奇人物卢基诺·维斯孔蒂[1]，可那时维斯孔蒂偏偏得了重病。于是，商量也没商量，另一个导演就被强塞给了我，此人带来了一套全新的表演计划，对此我一点也不欣赏；他还决定要把 *Le Trouvère* 和 *Il Trovatore* 合并起来——就是说，要把法语版和意大利语版混在一起。我发现，那彻底让人无法接受，更别提一个导演做出对音乐有如此重大影响的决定是多么荒唐了，它把我排挤到了纯粹管管戏剧配乐的地步。这样的事现在屡见不鲜，它全要归咎于导演们对某些细节反复无常的轻率处理。从一开始，导演们就应该依靠音乐来打下歌剧的戏剧表演基础；我甚至敢说，执导音乐和执导戏剧完全是两回事。似乎是犹嫌不足，这位与众不同的导演还想使用法语版的尾声，并且为了和其余的部分保持一致，他要把这个尾声再翻回意大利语。这一想法让我彻底崩溃了，于是我坚决地提出反对。那时，魅力非凡的利伯曼在欧洲戏剧界享有不可动摇的权威和至高无上的地位。当我跑去他的办公室诉说自己的惊愕时，满头银发的他端坐在那张几乎是拿破仑时代的桌子后，答复我说： 84

① 卢基诺·维斯孔蒂（Luchino Visconti，1906—1976），意大利杰出的戏剧、歌剧及电影导演，代表作有《豹》（*Il Gattopardo*）、《魂断威尼斯》（*Morte a Venezia*）等。

“你太年轻了，穆蒂，走吧走吧，离开歌剧院！”我转身出屋，直奔火车站，搭火车回了意大利。

*

指挥与导演的关系注定是微妙的。有几次，我真的感觉处理起来挺棘手。其中一个众所周知的例子就发生在1992年的萨尔茨堡音乐节，那是热拉尔·莫尔捷[①]首次负责该音乐节，我要指挥《狄托的仁慈》（*La Clemenza di Tito*），担任导演的是一对伉俪，卡尔-恩斯特·赫尔曼与乌泽尔·赫尔曼[②]。对于他们的布景设计和总体构思我完全认同，可一说到音乐，我就觉得他们的舞台调度有所失察，不够仔细，以至于使表演与音乐之间的关系完全陷入了某种危险状态。有一个地方，次女高音饰演的“塞斯托”（Sesto）不得不在背景幕后面唱她的咏叹调，而此时，扮演“维特丽娅”（Vitellia）的女高音则在台前表演着哑剧，一举

---

① 热拉尔·莫尔捷（Gérard Mortier，1943—　），比利时歌剧经理人。

② 卡尔-恩斯特·赫尔曼（Karl-Ernst Herrmann，1936—　），德国舞台美术与戏剧服装设计师、戏剧导演。他同妻子乌泽尔·赫尔曼（Ursel Herrmann）组成了一个导演团队，服务于萨尔茨堡音乐节、巴登-巴登复活节、维也纳国家歌剧院、巴黎歌剧院等处。夫妻俩都曾执教于慕尼黑造型艺术学院，他们导演的数部莫扎特歌剧都被拍摄成了电影。

一动都和塞斯托所唱的内容毫不沾边；这种安排把塞斯托同乐队、指挥，还有观众，完全隔离开了。

这类决定暴露出导演对音乐的力量缺乏基本的信赖，仿佛觉得要是离开了舞台表演，要是不发生点什么，音乐就太微不足道了，根本撑不起一台戏。它正在变成一个普遍存在的偏见：歌唱家们如今一上台就手舞足蹈，使得整个表演看起来更像哑剧而非歌剧，似乎大家打心眼里不怎么相信演员可以单凭音乐就有效地打动观众。其实，在 85
《狄托的仁慈》这样的歌剧里，这种偏见似乎尤为站不住脚。正如最明智的音乐史家在数十年前就已经认识到的那样，这部歌剧的咏叹调非但丝毫不缺乏表演性，而且还将所有的表演都浓缩、提升到了一定的境界，最终从一种看似的反戏剧力量，走向了能唤起情感共鸣的超戏剧力量。单单将“戏剧”与肢体表演挂钩，实在蠢透蠢透：那些人稀里糊涂地就做了这个词词源的牺牲品（希腊语 *dràо*，“我做”、“我扮”、“我干”指表演）。赫尔曼夫妇也就这一点专横：演员必须时时都有事情做。我们无法达成妥协，我不得不走人。

有些人批评我的决定，但时至今日，我仍然坚信自己做了一件正确的事——我可没有那么缺乏理智，不会相信只要站上指挥台我就该对导演所做的一切点头称是。甚至有几次，对于我自己选定的导演，我也没有完全赞同他们的想法。比方说，我迷恋格雷厄姆·维克[1]，2001年我把他邀到萨尔茨堡担任莫扎特《魔笛》(*Die Zauberflöte*)的导演，可结果我压根不喜欢那个制作。2006年，音乐节的经理人抛弃了他的版本，另请皮埃尔·奥迪[2]来执导此剧；奥迪的版本成功了，它完全没有维克版里那种不堪入目的挑逗与胡搞——这些在一部本身已经够叫人费解的歌剧里显得格外
86 成问题。尽管这样的事若是让沃托碰上，他肯定不会就范，但我们还是都会做出些让步。因为重要的是，那些人还不至于出卖艺术。

此外，还有许多导演是我一直渴望与他们合作却从未如愿的。在斯德哥尔摩，同斯卡拉爱乐乐团(Filarmonica della Scala)的音乐会散场后，我见到了伟大的英格玛·伯格曼。他的音乐知识极其渊博，对音乐的感觉又是如此敏锐。他刚刚听完一首曲子，就能对它做出切实的评价，就像

---

① 格雷厄姆·维克(Graham Vick，1953—)，英国歌剧导演，是当代最杰出也是最多产的歌剧导演之一。

② 皮埃尔·奥迪(Pierre Audi，1957—)，法籍黎巴嫩裔戏剧导演、艺术总监。

在进行地道的音乐分析一般。我问他,我们是否可以共同制作一部歌剧,他坦言——一旦完成了他的电影封山作——他就要搬到岛上去了。他从未执导过一部歌剧,这是多么大的憾事啊![1]

同样的情况也发生在费代里科·费里尼身上。我自然是通过尼诺·罗塔,这位费里尼最欣赏的电影音乐作曲家,联系上费里尼的。"不行啊,亲爱的大师,"他对我说,"我对唱出来的语言一点感觉也没有,它们不像说出来的话,完全超越了我的能力掌控范围。"贝尔纳多·贝尔托卢奇[2]也是一样,对此我深感遗憾,因为在我的想象中,就配乐戏剧而言,他会是个完美的导演,毕竟他在艾米利亚长大,又执导过电影《月亮》(*La Luna*),其中,他还用了一段我指挥的《假面舞会》的音乐录音呢。

---

① 英格玛·伯格曼(Ingmar Bergman, 1918—2007),瑞典导演、制片人,在电影方面造诣极高,堪称史上最伟大的导演之一,也执导过戏剧和电视作品,晚年一直生活在法罗岛。1975 年,伯格曼导演的《魔笛》(*Trollflöjten*)问世,先是作为电影电视在电视台播放,不久发行了电影版。这是伯格曼执导过的唯一一部歌剧,但它不是舞台演出,而且和莫扎特的原作比,伯格曼对剧情、人物关系等都做了小小的改动,还把唱词从原先的德语改成了瑞典语。作者说伯格曼从未导演过歌剧,应指舞台演出而言。

② 贝尔纳多·贝尔托卢奇(Bernardo Bertolucci, 1940—),意大利享誉世界的电影导演之一,获奖无数。

当我向心目中的天才卡尔梅洛·贝内[1]发出邀请时——而且我知道他是个真正的歌剧迷——我们计划做一部《游吟诗人》，或者做一部《麦克白》，但他要求的排练次数太多，我们根本无法把它们塞进歌剧院的日程安排。这让我大失所望，因为我还清楚地记得自己有一次观摩他的表
87 演时产生的感受。他一开口，不出两分钟，那声音就把我吸进去了，叫我整个儿地沉醉其间。真是迷人哪，你情不自禁地就被它带动了，而后忘我地一头扎进对那个声音纯粹的体味中。

所有这些艺术家都可能对意大利歌剧做出非凡的贡献，假如那样的话，我与大导演们（就像罗伯特·卡森[2]、维克、杨索这样的杰出导演）激动人心的合作故事就会更多了。

---

① 卡尔梅洛·贝内（Carmelo Bene，1937—2002），意大利演员、导演、电影编剧、作家，被认为是当代戏剧史上最多才多艺的艺术家之一。

② 罗伯特·卡森（Robert Carsen，1954— ），加拿大歌剧导演。

第五章　真命乐团 89

作为指挥家，卡拉扬总是乐于提携后辈。他慧眼识珠，扶植了大量人才。有的人相信，他这么做并不总是出于严肃的审美眼光，但不管大家对他的为人和动机如何说三道四，如今所有 50 岁以上的指挥家都要对他的赏识表示感激。他的艺术地位不可撼动。他创立了一种全新的交响之声，一种音乐的起承转合与优美雅致，这在当时听来可谓前无古人。然而那个时候，占据统治地位的似乎是另一股与之相对的潮流；在学校里，“客观性”赢得胜利，继而逐步膨胀为一种先发制人的自鸣得意。一边是卡拉扬，一边是学校——情况就是如此。对我来说，这便是铁打的现实，而且我不介意斗胆进行粗略的判断：其他人都做好了比我更充分的准备，正跃跃欲试。

卡拉扬听说了我的表现和演出效果，于是，1971 年他邀请我去萨尔茨堡指挥《唐·帕斯夸莱》。从那时起，我几乎四十年不间断地参加了萨尔茨堡音乐节（只有一年例外），
90 在 2010 年的 8 月 24 日我还收获了一枚特殊的奖章，以纪念我第 200 次登上那儿的指挥台。我在那里指挥过《唐·乔瓦尼》、《女人心》、《茶花女》、《魔笛》、《狄托的仁慈》、《奥赛罗》、《摩西》(*Moïse*)和《奥尔菲斯与欧律狄克》。

我初识维也纳爱乐是在 1971 年的 5 月，我们要排练《唐·帕斯夸莱》，以便为 7 月的合作演出打下基础。排练地就在维也纳的索菲厅（Sophiensaal），那个大厅也常被他们用来录制专辑。

我有点慌乱，而且因为过度紧张还迟到了，我的心都跳到了嗓子眼（这可是从未有过的情况）。几名乐师正在门口抽烟，我开始担心自己与这支乐队的关系即将胎死腹中。排练开始了，我四下环顾了一圈。围在我身边的是一群上了年纪的演奏员，他们至今都还记得那些活跃于战后初期的大师，如威廉·富特文格勒、布鲁诺·瓦尔特、汉斯·克纳佩茨布施、约瑟夫·克里普斯、费伦茨·弗里乔伊。[①] 其

---

① 威廉·富特文格勒(Wilhelm Furtwängler，1886—1954)、汉斯·克（转下页）

中一些人甚至和托斯卡尼尼一起在萨尔茨堡演出过《魔笛》。那些从哈布斯堡王朝的歌剧院里走出来的指挥大家都执棒过这支乐团——而现在与这些名宿在一起的，居然是我！

他们的着装一如在旧时的维也纳，说起整个气氛来，让人想起是在“铁幕”的另一边。我的意思是，在 1971 年，如果你看一下当地人的穿戴就会发现，维也纳和布达佩斯的差别并不怎么大。基本上，它就是一座单调、沉闷的城市。
同样，此地的音乐氛围之肃穆，也足以令我这个来自意大利 91
的年轻人留下深刻的印象。你几乎要担心自己会在马路上撞见贝多芬和海顿，或者在金色大厅的大楼梯上发现勃拉姆斯、布鲁克纳和勋伯格。所有的一切多多少少都有点古板，有点厚重。庆幸的是，我可以向多尼采蒂求救，因为我俩说的是同一种语言。

就这样，我们开始了。弦乐唱出的那份轻松安然叫我耳目一新，我明明白白地感觉到，它与那种多年以来从歌剧

（接上页）纳佩茨布施（Hans Knappertsbusch，1888—1965）是德国老一辈的指挥巨匠，另两位指挥大师约瑟夫·克里普斯（Josef Krips，1902—1974）、费伦茨·弗里乔伊（Ferenc Fricsay，1914—1963）则分别来自奥地利和匈牙利。

甚至是多尼采蒂的全套曲目中发展起来的意大利模式截然不同;尽管它有些深邃,有些阴暗,不带意大利式的璀璨光泽,却反而叫人觉得更深入音符的深处。我不是说他们比意大利人更懂音乐,但我必须承认,从他们的演奏中,我确实感受到他们的根扎得更深一些,这一点已经得到了验证。这是《唐·帕斯夸莱》,不是贝多芬的《第七交响曲》,然而,从他们演奏多尼采蒂的方式中,你听到的是一丝交响乐传统。正如我先前说过的:自从意大利人自作主张地要赋予音乐一种更轻快的“调子”起,他们对交响乐就不太摸得着门道了。虽说我们可能更贴近多尼采蒂的风格和世界,可
92 是那天早上在索菲厅,我却突然发现了这样一支乐团,它与海顿、贝多芬、舒曼、勃拉姆斯关系紧密,但仍然可以在不割断这种关联的前提下,抓住一部创作于 1843 年的喜歌剧的要旨。一个遥远的世界呈现在了我的眼前,我发觉它既恼人又迷人。这是奇迹:就像在一座神秘的纪念碑落成当天揭开其帷幕的一刻。

诚然,我听过他们的唱片,在那天以前,也只有唱片可以多少让我领略一下那个声音。只是,听唱片的经历完全是隔着一层。而在这儿,只要我手一挥,一个声音就起来了,尽管音乐效果中只有部分是对我的要求的回应,但乐师

们馈赠给我的却是他们无比丰厚的全部历史。我瞧了瞧他们清一色的黑外套，这是某一个世界最显著的标识，对于这个世界，我除了用“古老”来形容外，再也找不出更好的字眼。在意大利的歌剧院上演同类歌剧时，人们使用的乐队编制与这支乐队一模一样，可在这儿，声音却要丰满得多。

就说起奏吧，最开始的那几个小节。简直全串味了，我不得不详细解释说多尼采蒂和写《奥赛罗》时期的威尔第不太一样。为了确保他们能领会我的意思，我建议他们想象一种更近似莫扎特的声音。不同的作曲家——尤其是不同时代的作曲家，他们彼此之间的“音色”差别是指挥应该倍加关注的。就算在罗西尼写得最用心的作品里，实际上，我也屡屡从他们的演奏中听到一些与威尔第区别不大的声音，弦乐、铜管乐都有，然而即使你并不精通音乐也应该知道这是不对的。

我通过演唱不同的乐段来更好地与乐手们进行沟通
(我很享受这种方式，并且总是这么做)。根据我的唱法，他 93
们通常立即就能明白乐句处理上的细小差别与微妙之处，无须言语的解释，同时，音色也会照着我唱出来的感觉走。这就是他们的全部需要，因为他们对这部歌剧显然已经了如指掌。别忘了，他们演起戏来可常常是一连几个晚上的，他们可以从《沃采克》演到《塞维利亚的理发师》(*Il barbiere di Siviglia*),再从《帕西法尔》(*Parsifal*)演到《唐·卡洛》(*Don Carlos*)和《命运之力》。

*

多年以来,我和维也纳爱乐的关系历久弥坚,尤其是在莫扎特的作品上,我们格外心有灵犀——我的第一场"朱庇特"就是与他们合作演出的,此外还有他的《g小调第四十交响曲》(K. 550);想象一下吧,我一想到自己要面对它那独此一家、别无分店的开头,心里就慌得不行!——后来,这种默契又延续到了勃拉姆斯和舒伯特那里。他们要我指挥的曲目有德奥的,也有意大利的,可见,他们在某种程度上把我看成了连接这两种音乐文化的桥梁。从罗西尼开始的意大利音乐对舒伯特产生过巨大影响。对此,差不多人人都同意,但绝大多数人似乎羞于启齿,因为大家普遍认定意大利人土得掉渣,所以,对许多人而言,要承认舒伯特这位奥地利伟人曾向"佩萨罗的天鹅"①取过经,可不是件容易的

① 罗西尼出生在意大利中北部的港口城市佩萨罗(Pesaro),由于他对19世纪意大利歌剧的发展和改革起到了至关重要的作用,因此被誉为"佩萨罗的天鹅"。

事。但我们的合作却创造性地将这两种自成一体的音乐传
统糅合在了一起，而且维也纳爱乐还迷上了这种创作方式。
我本人也从这一风格化的音乐源泉中汲取了数十年的养
分，因为，这声音比别的声音更接近于我的理想：从某些方 94
面看，他们甚至可以是粗暴的（如果让他们演奏斯特拉文斯
基的《春之祭》的话），而从另一些方面看，他们又从未丢失
自己典范性的丝质音响。这一特色可以上溯到他们交响事
业的起步伊始，并在日后漫长的历史道路上绵延发展。

*

1982 年，我指挥了莫扎特的《女人心》。此事说来话长：那是在我率领伦敦的爱乐乐团进行美国巡演期间，我们走访了波士顿、纽约、芝加哥，最后来到北卡罗来纳州的罗利市（Raleigh）。我住在一家汽车旅馆里，这种酷似蜂巢的旅店在美国随处可见，它们都带有阳台和露天楼梯。一天清晨，七点，电话铃响了，一个稳健的声音开门见山地说："我是卡拉扬。"

"电话那头有个疯子在搞怪。"我对克里斯蒂娜说。

那个声音问道："你指挥过《女人心》吗？"

我开始寻思，这说不定还真是卡拉扬的电话，于是决定

和他开个玩笑："没有，大师。不过此时卡尔·伯姆正在萨尔茨堡指挥它呢，还获得了巨大的成功。① 我可不想自己毁了自己。能容我考虑考虑吗？"

"我没时间等你，就说'行'还是'不行'。"

"如果真是您的要求，我接受。"

"别对任何人提这事。咨询委员会的意见还不统一，我会见机推举你的。"

大概是命运的安排吧，事情竟然成了。评论家们被这个想法惹毛了，他们像"哭丧婆"一样跳起来嗤笑道："太棒
95 了，穆蒂，指挥《女人心》不啻为自掘墓地。"②然而在德语媒体那里，我的演出却得到了热烈的赞美。在某种程度上，秘诀可能就藏在如下事实中：我的指挥方式正好与他们的传统相反。他们的传统全神贯注于音乐，用音符来包裹歌词。我呢，反其道而行之，以洛伦佐·达蓬特（Lorenzo Da

---

① 出生于1894年的卡尔·伯姆(Karl Böhm)是奥地利最伟大的德奥乐派指挥家之一，尤其被认为是指挥莫扎特的专家，他执掌维也纳国家歌剧院多年，并担任过萨尔茨堡音乐节的艺术指导。1981年8月伯姆在萨尔茨堡辞世，当时正值萨尔茨堡音乐节举办期间。作者以已故的伯姆指挥的《女人心》难以超越为托辞，明显是句玩笑话。

② 原文为"Bravo Muti, che fa il *Così fan tutte* e *Così* va al massacre."这里是借意大利语里 così 这个词的意思"如此"玩了个文字游戏。《女人心》标题的原意为"女人皆如此"。中译文无法尽现原文的意味。

Ponte)的脚本为出发点，从他的文字走向莫扎特的音乐。结果与他们一直以来奉为圭臬的信条大异其趣。甚至连乐手们自己，都从谨小慎微的好奇走向了毫不掩饰的激动。这部由米夏埃尔·汉普执导、毛罗·帕加诺担任舞美设计的歌剧，①其舞台呈现就像它的服装设计一样，绝对称得上梦幻。每天晚上，当小舟在第二幕里驶入时，你几乎都能听见人们的惊叹之声。

后来，有一天，完全是出于巧合，我搞清楚了为什么这部歌剧的故事发生地会被设定在那不勒斯，尽管剧本里只有一次提及这座城市。对此，我已经好奇了很久，直到一天上午，我无意中在维也纳的圣斯特凡大教堂(Stephansdom)前遇见了一位年迈苍苍的音乐学家。他先是向我表示了祝贺，然后话锋一转，凑近我的耳朵，带着种颠覆性的革命口吻对我说：那个故事实际上发生在维也纳新城，即 Wiener Neustadt(*neue Stadt*，德语“新城”)，为了慎重起见，才被移译为那不勒斯，Naples(*Nea-polis*，希腊语“新城”)。

那一版的《女人心》从 1982 年一直演到 1988 年，连演

① 米夏埃尔·汉普(Michael Hampe，1935—　)，德国导演、编剧、演员。毛罗·帕加诺(Mauro Pagano)，意大利舞台美术与戏剧服装设计师。

了好几年，而卡拉扬——他在看过我指挥的《唐·乔瓦尼》后就坚定不移地支持我——又邀请我在第二年重返音乐节
96 的舞台。想想看：有一次，早上刚刚完成《女人心》的彩排，当天竟然就要指挥演出这部歌剧了！

*

与维也纳爱乐的合作或许是我此生最重要的合作之一。它始于1971年，而今天，当我写到这一合作关系时，它仍然密切至极。它贯穿于我在萨尔茨堡工作的每一年，即便有一年我没有参加那里的音乐节，我还是和他们一起在别的地方进行了演出。

我与他们一道录制了舒伯特的全套交响曲，那以后，他们便邀请我去指挥1993年的新年音乐会。由于我并不认为自己对*Unterhaltungsmusik*①，这一维也纳神圣的传统有十足的把握，所以犹豫再三。他们回复说，他们觉得我指挥

---

① 德语“Unterhaltungsmusik”的字面意思是“娱兴音乐”，被粗疏地翻译成了“休闲音乐”或“轻音乐”。当然，德奥音乐传统的高贵地位提升了这个词的档次，而且，和其他文化相比，这一音乐传统也让商业音乐制作变得更受人尊敬——比如德国作曲家库尔特·魏尔（Kurt Julian Weill，1900—1950）和诺贝特·舒尔策（Norbert Arnold Wilhelm Richard Schultze，1911—2002）就是两个例子。——原注

的舒伯特非常精彩，而舒伯特正是通向施特劳斯的入口。于是，我没有借口了。我不止一次地执棒过维也纳新年音乐会，但过了一阵还是停了，因为在这类音乐会上，重复——包括过于隆重的形式感，现场表演的场面感，以及所有的一切——最终会浇灭一个人的创作热情。

我们最重要的一场演出是海顿的《创世纪》，那也是我第一次指挥这部作品。另外，1995 年为了庆祝爱乐者协会大厦(即金色大厅)落成 125 周年，我指挥了一场音乐会，节 97
目单完全照搬了维也纳爱乐乐团首次公演时的曲目(那份节目单长得不可思议，正如多数有着百年历史的音乐盛会都有这么长的一份节目单一样)。他们经常请我去参加这样的标志性演出。在 1995 年的 125 周年纪念活动结束后，1996 年又逢奥地利庆祝他们国家的千年庆，所以，我们在当地最古老的音乐场所，即 1498 年由马克西米利安一世(Maximilian I)建造的宫廷乐室(Hofmusikkapelle)里举行了演出；而 1997 年，我们则在圣斯特凡大教堂的 850 周年纪念活动上进行了表演。所有这些演出中最荣耀的一场是在 1992 年，那次，就在庆祝乐队成立 150 周年的音乐会上，我被授予了“爱乐金指环”，这意味着我和这一令人尊敬的机构有了奇妙的结合。后来，在 2001 年，我又获得了“尼古拉奖章”，该奖章正是以乐队创建者、也是乐队的首任指挥奥托·尼古拉[1]的名字命名的。

*

奥地利就这样成了我的第二故乡，不仅仅是因为音乐，更多的还是个人情感，毕竟在维也纳国家歌剧院（Wiener Staatsoper）和维也纳河畔剧院（Staatsoper-Theater an der Wien）制作的那些歌剧里，也有我的一份贡献。我们的首度合作是1973年的《阿依达》——我的同胞保罗·格拉西和马西莫·博詹基诺[2]也在那里！两年后，由于卡尔·伯姆的退休，我第一次率领他们举行巡回演出，指挥了好几场音乐会。

我和维也纳爱乐乐团在意大利也演过很多场，在那不

---

① 奥托·尼古拉（Carl Otto Ehrenfried Nicolai，1810—1849），德国作曲家、指挥家，最著名的作品有歌剧《温莎的风流娘们》（*Die lustigen Weiber von Windsor*）。

② 保罗·格拉西（Paolo Grassi，1919—1981），意大利戏剧制作人。他是乔治·斯特雷莱的伙伴与合作者，建立了意大利的第一家平民戏院米兰皮科洛剧院（Piccolo Teatro di Milano），并担任过斯卡拉歌剧院的院长和RAI的主席。马西莫·博詹基诺（Massimo Bogianckino，1922—2009），意大利钢琴家、艺术总监，曾在罗马歌剧院、佛罗伦萨市立歌剧院、巴黎国家歌剧院任职，并常年在佩鲁贾大学教授音乐史。

勒斯就演了不止一次。

即使在我的音乐事业突逢变故之际，这支乐队也始终
站在我的身后，比方说我离开斯卡拉那回。我在斯卡拉与 98
他们一道献上了一场许久之前就已定下的音乐会，时间是
2005 年 5 月 2 日，距离我辞职刚好一个月。人人都知道，也
都体会到，那是一个动情的夜晚。全体乐队成员真的都聚
拢到了一块儿——围着我，追随我，支持我。那是我最后一
次在斯卡拉指挥。我觉得自己对他们最正确的称呼莫过于
我的“真命乐团”——“l’orchestra del destino”[1]。

---

① 正如读者会注意到的，这是在向威尔第的歌剧《命运之力》致敬。——英译本注

99

第六章　致新世界的音乐

我还在伦敦的时候，就已经开启了与费城管弦乐团的合作。它源于一次纯粹的巧合，因为我从未在美国演出过，而且，我既没有一个强势的经纪人或大唱片公司做靠山，也没有被EMI相中要为我的“前程”（好可怕的字眼）做一些积极的投资。

1971年，我身为佛罗伦萨五月音乐节管弦乐团的指挥，正在排练贝多芬的清唱剧《基督在橄榄山》（*Christus am ölberge*）。我的排练一点钟结束。我知道费城管弦乐团当时也在城里，还有尤金·奥曼迪①。和所有作风严谨的指挥

---

① 尤金·奥曼迪（Eugene Ormandy，1899—1985），出生于匈牙利的指挥大师，在其一生中，最为人称道的就是他与费城管弦乐团自1936年起长达四十多年的合作，在他的棒下，“费城之声”享誉世界。

家一样，奥曼迪在自己的排练时间还没到的时候就早早来到
了剧院。他问别人我是谁，有人就和他介绍了一下我的情
况。他坐在观众席的尽头，身子半掩在红色天鹅绒帘子的下
面，听我指挥了半个小时。而在美国人的音乐会上，我则坐
在维托里奥·古伊的身旁，一起听奥曼迪指挥贝多芬的“第
七”。我那位可敬的同伴是个少言寡语、高深莫测的人，他可 100
以把一切想法都用眉毛来传达。那天晚上，我注意到空气中
漂浮着一丝嘲讽的味道，便问他是什么原因。他干巴巴地回
答说：“演奏‘第七’要用四把小号，这样的事，谁听说过？”当
时有一股风气，为了平衡弦乐的声音，人们会成倍地扩大管
乐的规模，但是调整铜管乐（瓦格纳为“第九”曾开此先河）却
是风险最大的事，而那天晚上，他们确实用了四把小号。

演出结束后，在美国领事馆气派非凡的前台——领馆就位于市政厅附近——不仅古伊看上去双眉紧蹙，就连法鲁利也板着张面孔，一副举棋不定的样子。我不明白他们这种尖锐的批评态度是打哪来的，因为我已经被乐队的精确、音准、投入和守纪给震住了。他们的进入完美无缺，之前我从未有过类似的感受。以弦乐为例，齐刷刷的快速跳弓（*spiccato*）和跳弓（*balzato*），就像是一个人在演奏；当需要他们用上弓时，你可以放一百个心：没有人会搞错位置。一句话，他们完全

展示了数学般精确的整齐划一。作为一名指挥,我本人被这种技术能力迷得神魂颠倒,对如此闻所未闻的高超技巧赞叹不已,乃至根本无法对“演绎”提出任何质疑。

第二天,我和奥曼迪共进午餐,地点就在贝洛斯瓜尔多[①],帕特丽夏·沃尔泰拉(Patricia Volterra)的豪宅里。
101 (帕特丽夏是一位重要的钢琴家的妻子,这位钢琴家的事业因种族法而受挫,并最终于第二次世界大战期间中断;虽然他从来就是一位艺术大师,可直到战后他重返意大利才得以正名。[②] 帕特丽夏同我们走得很近,她是我长子弗朗切斯科的教母,就像古伊夫人埃尔达做了我幼子多梅尼科的教母一样,而与我们对门而居、家住吉诺里宫的圭迪伯爵夫妇则做了我次女基娅拉的教父母。)奥曼迪说,他所听到的那三十分钟排练给他留下了极其深刻的印象,为此,他邀请我于 1972 年赴美国首演。这场在 10 月 27 日举行的音乐会,

---

① 贝洛斯瓜尔多(Bellosguardo)是一片优美而古老的区域,地处佛罗伦萨市西南,从这里的小山丘可以俯瞰佛罗伦萨的美景,许多名人都曾在这里居住。

② 这里指出生于佛罗伦萨的意大利犹太钢琴家瓜尔蒂耶罗·沃尔泰拉(Gualtiero Volterra,1901—1967)。1938 年推出的所谓《种族法》使一大批像他这样的犹太音乐家受到冲击,许多有海外关系的艺术家选择了移民,当时沃尔泰拉就去了澳大利亚,而他两个没有走的兄弟最后都被杀死于奥地利的毛特豪森(Mauthausen)集中营。

曲目包括莫扎特的交响曲K. 338、一部独奏协奏曲和普罗科菲耶夫的《第三交响曲》。这令乐队大吃一惊，魅力非凡的第一小提琴诺曼·卡罗尔（Norman Carol）甚至跑到我的休息间来询问：一个如我这般文雅的指挥，何以会在莫扎特之后，又去指挥像普罗科菲耶夫那样狂野猛烈的音乐呢？

我在纽约的卡内基音乐厅上演了一场曲目完全相同的音乐会，传奇人物哈罗德·C. 勋伯格[①]在《纽约时报》（*New York Times*）上撰文介绍我，标题就叫《里卡尔多·穆蒂：玩转指挥棒的人》（*Riccardo Muti: Master of Baton*）。接下去几年，我又应邀重返美国，逗留的时间也更长了。《问询报》（*Enquirer*）的音乐评论人丹尼尔·韦伯斯特（Daniel Webster）为我写了好些热情洋溢的评论文章。就这样，等到1976年，即奥曼迪执掌这支美国乐团四十年之际，他破天荒地决定提名一位“首席客座指挥”，并选中了我。我心花怒放地接受了这一殊荣，它也成为四年后我接掌费城管弦乐团音乐总监之职的先兆。

---

① 哈罗德·C. 勋伯格（Harold Charles Schonberg，1915—2003，）美国音乐评论家、记者，是第一位获得普利策文艺批评奖的乐评人，出版了一系列音乐方面的著作，如《伟大的钢琴家》（*The Great Pianists*）、《伟大的指挥家》（*The Great Conductors*）等。

102　事实上，我在 1979 年就得到了这一职位，那也是我个人生活里非常重要的一段时间，因为我的第三个孩子，多梅尼科，就快降生了。和他的哥哥姐姐一样，他也出生在佛罗伦萨的多纳泰洛（Donatello）医院，为他接生的是该院的产科主任蒙塔内利（Montanelli）医生。顺便插一句，弗朗切斯科出生于 1971 年 5 月 6 日的早晨，我刚好演完第四场《非洲女郎》；基娅拉出生于 1973 年 2 月 26 日，正值我在巴黎排练《茶花女》。他们告诉我，多梅尼科生下来啦，我却左右为难：是撇下一切赶回佛罗伦萨去呢（这是父亲该做的）；还是继续推进已经开始的排练，让他们有时间找到接替者呢（这是好指挥该做的）？最后，我决定留下来，并聊以自慰地想：假如我是一个正在环球远航的船长，那么我就不可能享有随时随地跳上一架喷气式飞机的奢侈。不过这样一来，克里斯蒂娜就落单了，对此我颇感揪心。为了闯荡世界而抛下孩子们总是很痛苦的，哪怕我知道克里斯蒂娜应付得来，哪怕我知道他们全都明白我心里时刻牵挂着他们。我没有忘记，自己在长时间离家之后，回到家里的第一件事就是把行李一丢直奔学校去接他们放学，他们脸上那种喜出望外的表情呀，至今都在我眼前晃。偶尔，当他们中某一个画的图画突然从我的乐谱里跳出来，我都会感到一阵惊喜，他们把画藏在那儿就是想让我看呀！

我一来到医院，便要求见见小多梅尼科，可是，隔着玻
璃观察那些新生儿，我根本认不出哪个是他。我把二十个 103
婴儿仔仔细细地端详了两遍，但天性的吸引却未能让我把他认出来。最后，我的直觉总算没错：多梅尼科被抱去做检查了，就是说，我对玻璃后面那二十个呼呼大睡的宝宝毫无心灵感应，是再好不过的事了。多梅尼科这个名字是照着我父亲和曾祖父的名字取的，我曾祖父单身了大半辈子（我一直听说，他一生严以律己，克勤克俭，简直就是大众楷模），直到六十有七，他才决定结婚，娶的是一个年方三十，名唤贝亚特丽切（Beatrice）的女子，如此，我们这一脉香火才得以延续。穆蒂一族从 16 世纪初起就在莫尔费塔出现了，据地方志记载，该家族中的一部分人从事过公证员①的工作。多梅尼科·穆蒂是一个干农活的体力劳动者，这在某种程度上势必练就了他一副结实的身板，也决定了他能够做出那样的选择，比方说活到一大把年纪了才想起结婚。

---

① 在意大利，“公证员”（notaio）某种程度上介于公证人和律师之间，是一种很受尊敬的职业。——英译本注

*

1980年，我既是费城管弦乐团的音乐总监，同时还担任着佛罗伦萨和伦敦的指挥工作。事情多得千头万绪，现在回首看看，我自己都好奇自己是怎么做到的。不可避免地，我一定得放弃其中至少一个职务，而我挥别的第一座城市就是佛罗伦萨。该决定与我同这座城市的感情深浅无关，事实上，我对它情深似海，它是我孩子们的出生地，也是我朋友们的生活地。要说原因的话，或许是和艺术有关吧——在经过了所有那些（往往是鼓舞人心的）排练、实验和新的尝试后，我感觉到自己的可能性已经被耗尽了。

我不得不作别的第二座城市是伦敦，既然我接受了去美
104 国出任音乐总监的工作，就注定要做出这样的决定。音乐总监是金字塔的尖儿，随同这个地位一并来到的除了你可以做出一系列的决定（在与管理层协商的前提下），还有巨大的责任，它们关系到乐团的日常运转和演出安排，关系到它与整座城市的关系，关系到巡回演出、唱片录制——总之就是关系到所有的事。而那支特殊的乐队，它是一台真正的“打仗机器”（当然，现在仍然是），其保留曲库之庞大让人难以置信，至少就作品对演奏技巧的要求而言，它可以拿起一部作

品就立马演奏，几乎不需要排练。这就意味着我的指挥必须与之旗鼓相当。显然，对于他们的全套曲目我还不能稳操胜券，所以，我不得不快马加鞭，让自己赶上他们的速度。

更有甚者，我的职责之一是：但凡有可能，就要把当代
音乐编入节目单，尤其是美国作曲家的作品。那些乐曲往
往是委托之作，十有八九都复杂得要命，相形之下，斯特拉
文斯基的《春之祭》倒像是小菜一碟了。唉，没错，它们在风
格上共有的一个标志就是：节奏都繁复到了极点（这还不包
括它们对色彩的偏好），为此，你必须确保乐队不会溜号，哪
怕一秒钟也不行，否则作品就会有支离破碎的危险。单表
我和当代音乐的关系就可以说上三天三夜，而在意大利，几
乎没人了解这一点。有的乐评或许认为我对当代音乐不怎 105
么感兴趣，在他们的影响下公众也产生了类似的想法，但我
却可以证明他们错了，因为我在斯卡拉工作的时候就定期
上演萨尔瓦托雷·夏里诺、卢卡·弗兰切斯科尼、贾科莫·
曼佐尼、伊万·费代莱的作品，[1]余者我就不赘述了。

① 萨尔瓦托雷·夏里诺（Salvatore Sciarrino，1947—　）、卢卡·弗兰切斯科尼（Luca Francesconi，1956—　）、贾科莫·曼佐尼（Giacomo Manzoni，1932—　）、伊万·费代莱（Ivan Fedele，1953—　）都是意大利当代较有影响的作曲家。

*

在费城管弦乐团工作，也意味着我必须在自己的交响乐保留曲目上进一步深入。我们演出过马勒的“第一”、斯克里亚宾的几部交响曲，还有其他许多作品，几乎所有这些作品都灌录了唱片。拓展曲目是对的，有益的，而且归根到底是无法避免的。有一天，我比以往任何时候都更清醒地认识到了这一点。那次，一位第一小提琴乘我不备，冷不防地问我：“大师，为什么你身为意大利人，却从不指挥雷斯皮吉呢?”我顿时想到两点：第一，我发现了自己视野的局限性(除却他最著名的两三首曲子，我对他的创作几乎一无所知)；第二，对于意大利人来说最好不碰他的作品是多么正常的事啊！[①] 那我的罪过又是什么呢？大概是我身为意大利文化人就有可能默认法西斯政权吧——但就算从这个意义上讲，我的处境也是像极了马斯卡尼、皮兰德娄[②]以及别的许多人。人们不假思索地就预设了这样一种立场，而我

---

① 雷斯皮吉晚年与意大利纳粹党交往频繁，并且公开发表过一些支持纳粹的言论。所以，意大利人觉得演出他的作品是一件耻辱的事。

② 路易吉·皮兰德娄(Luigi Pirandello, 1867—1936)，意大利剧作家、小说家，诺贝尔文学奖获得者。他和作曲家马斯卡尼都曾接受过意大利法西斯政权的恩惠。

们这些从意大利音乐学院里走出来的学生便都是有罪的，同时还都对此无知无觉。世界上那些伟大的乐团没有我们的偏见，他们不认为演奏这些作品丢人现眼——他们不但演奏“罗马三部曲”，还演奏他的《波提切利的三幅画》（*Trittico botticelliano*），以及他的小提琴协奏曲等等。像托斯卡尼尼和卡拉扬，就经常指挥雷斯皮吉的作品。

面对那个提问，我不得不夹紧尾巴，承认自己并不是很 106
了解他的作品。我开始研究它们，而且我要再次着意强调一下，尽管雷斯皮吉没有给我们留下大量曲目，但他的作品却都是趣味横生，值得关注的：他的曲谱即是对真正高妙的配器技法的展示。那以后，我还重新审视了乔瓦尼·斯甘巴蒂、朱塞佩·马尔图奇、费鲁乔·布索尼[1]这样的作曲家，他们都冒险不走配乐戏剧这条阳关道，并为此付出了沉重的代价。要知道，当时此类戏剧可是一枝独秀的，而且不多久就全线风靡了。然而，托斯卡尼尼却坚持在他的节目单里加入了像马尔图奇这样的音乐家的作品。今天，马尔图奇几乎已经为人所遗忘，但他与他那一辈人都曾致力于保

---

① 费鲁乔·布索尼(Ferruccio Busoni，1866—1924)，意大利作曲家、钢琴家，杰出的音乐教育家。

护18世纪以来一直延续到20世纪的意大利器乐传承。我应该重申一下古伊的睿智，在1914年纪念马尔图奇时，他把马尔图奇形容成“一个独一无二的声音，就在这个国家，他绝世而独立，如同异域奇葩般生长起来……那时，这个国家的音乐除了为戏剧服务，再无别的表现形式，而戏剧并非一定总是等同于艺术——正如它今天的情况一样”①。

我录制了雷斯皮吉的“罗马三部曲”专辑；当我在斯卡拉提议推出这套好几十年都未曾上演的作品时，几位有点
107 教条化的评论家对我提出了批评——与发生在佛罗伦萨针对《乡村骑士》和《丑角》的事件一般无二。当然，今天的世道已经有所不同，雷斯皮吉激情昂扬的全部作品也再次进入了大众的视线。我希望，有朝一日同样的推力也会作用于乔治·费代里科·盖迪尼、伊尔代布兰多·皮泽蒂、吉安·弗朗切斯科·马利皮耶罗和佛朗哥·阿尔法诺，②他们

---

① 维托里奥·古伊著，《休止符：一位音乐斗士的沉思》，第129及以后数页。——原注

② 吉安·弗朗切斯科·马利皮耶罗（Gian Francesco Malipiero，1882—1973），意大利作曲家、音乐学家、音乐教师和编辑，是近现代意大利新巴洛克乐派的代表人物。佛朗哥·阿尔法诺（Franco Alfano，1875—1954），意大利作曲家、钢琴家，和其他几位一样，也是19世纪末至20世纪初优秀的意大利音乐人。

不仅是让人印象深刻的作曲家，还都有着令人钦佩的文化理念。（我很有幸与其中的前两位见过面，因此可以担保他们的见识非同一般。）

不幸的是，那一整个时代已经消失不见了，而且很难复兴，因为，在那些策划每一季交响乐演出的人的心里——除了必不可少、占压倒性优势的古典音乐作品——用这类作品去和当代意大利音乐竞争，无异于以卵击石。努力推介后者自然是好事，但我期望明珠蒙尘的局面迟早也会过去，我们 20 世纪和 19 世纪晚期的交响乐作品会被带回音乐厅，就像过去几年人们对所有的巴洛克音乐重又燃起了兴趣，使得这些作品再次被搬上舞台一样。

*

我与费城管弦乐团一起录制了贝多芬的全套交响曲，在美国，这些作品是首次被录制成 CD。同样，我们还录制了亚历山大·斯克里亚宾的交响曲全集，这是又一件令我骄傲的事——这支乐团特别适合表现斯克里亚宾辉煌而奇幻的配器效果。

但在所有的音乐会中，特别值得一提的是这么两场。 108
其一是在里根总统任内，乐师们想要举办一场抗议重整核武器军备的音乐会，对此我举双手赞成。可是鉴于我来自意大利，这个决定对我而言就不是一件小事了。公众意见中的另外一派——他们在美国可是相当有分量的——基本上都在告诉我：应该滚回老家去。剧场外，甚至有两个男人在身前身后都挂上了抗议牌，以示对这场音乐会的抵制。

另一场重大演出是 1991 年为纪念马丁·路德·金而举办的音乐会，这场音乐会还进行了电视转播。在我的整个职业生涯中，那是最感人肺腑的夜晚之一。在说这场音乐会前，我需要先交代几句：在美国的主流音乐场所，通常，非白人观众的数量是极少的；你所看到的绝大多数面孔或多或少都带着点欧洲血统，可见，绝大部分观众都来自于，或者说至少他们的先辈都来自于西方文化传统。在费城这样的城市，当你登上指挥台，自己告诉自己是在为老百姓、为"全社会"演奏音乐时，你应该扪心自问，这个"全社会"确切地是指哪些人。①

一种势不可挡的感觉会让你得出如下结论：你是在为精英阶层演奏音乐。对于这个苦涩的反讽，只有借用《马太福音》中那句著名的话才能贴切地描述，那就是"被召的人

① 费城是美国黑人最多的城市之一。

多，选上的人少”[1]。美国社会由多种族构成，严重的社会文
化冲突至今仍是生活在那里的人民所面临的挑战，这些问
题很可能导致美国所谓的民族共同体只是徒有虚名。我在 109
欧洲或日本都没碰到过类似的事，因为那些地方的情况与
美国不太一样。

在纪念马丁·路德·金的音乐会上，合唱队是由各种肤色的人组成的。美国篮球巨星朱利叶斯·欧文（即传奇的“J 博士”）[2]，参演了阿伦·科普兰的《林肯的肖像》（*Lincoln Portrait*）[3]。表演结束后，有人为我和欧文拍了张合影，摄影师抓到了我哈哈大笑的一瞬：欧文和我看起来一样高，而这只是因为他彬彬有礼地屈膝下跪了！在演出过程中，我有一次回身望了一眼，发现百分之九十的观众都是有色人种。我已经接到指示要在演奏美国国歌前先演奏被

---

① 见《马太福音》第 20 章，“在葡萄园做工的比喻”。

② 朱利叶斯·欧文（Julius Winfield Erving，1950—　），美国黑人篮球明星，以惊人的弹跳力和灵活的身手闻名，五次入选 NBA 最佳阵容，1983 年率领费城 76 人队获得 NBA 总冠军。

③ 阿伦·科普兰（Aaron Copland，1900—1990），美国作曲家、指挥家、钢琴家、音乐学家。1942 年，他应邀为亚伯拉罕·林肯（Abraham Lincoln）谱曲，以纪念这位伟大的总统，于是便有了《林肯的肖像》。这部作品融合了部分美国民谣和南北战争时期流行的音乐风格，并加入了一些林肯在演讲和书信中提到的话。该乐曲在美国上演的频率很高，许多名人都参与过此作的表演。

称为“黑人国歌”的《人人放声高歌》(*Lift Every Voice and Sing*)[①]——对此我是知情的，但对于在座的白人观众则完全是个意外——不过，每一位观众，包括白人观众都站了起来。那是个十分感人的夜晚，正如我说过的，对我而言，它是我这一生中最震撼人心的经历之一——尤其是因为音乐会一开始我就知道，演出过后观众群又会回到全是白人的老样子。这番经历是无价之宝，而当晚最高的明星，在美国所有体育场都备受爱戴的“巨人”欧文，我在他身上也发现了一种与意大利舞台明星蒂诺·卡拉罗[②]一样的奉献精神。

*

他们越来越认可我，就像他们在佛罗伦萨时那样。如果你恰巧去造访音乐协会，并且穿过马路去参观那座老剧

---

① 《人人放声高歌》原是美国政治家、作家詹姆斯·威尔顿·约翰逊(James Weldon Johnson)创作于 1899 年的一首诗，旨在向伟大的黑人政治家、教育家布克·托利弗罗·华盛顿(Booker Taliaferro Washington)致敬，并在 1900 年纪念林肯诞辰 91 周年的庆祝活动上首演。1905 年，詹姆斯的弟弟约翰·罗萨蒙德·约翰逊(John Rosamond Johnson)为这首诗谱曲，使之成为歌曲而广为传唱。

② 蒂诺·卡拉罗(Tino Carraro，1910—1995)，意大利戏剧及影视剧演员，曾是米兰皮科洛剧院的首席男演员，与乔治·斯特雷莱导演有过密切合作。

场，你就会在那里看到我的名字——这座剧场之所以伟大
还缘于众人的贡献，而这些人的名字全都被铭刻在那里，他
们中有利奥波德·斯托科夫斯基[1]、尤金·奥曼迪、马里 110
奥·兰扎[2]和别的许多人——我的名字在最右边。这座音乐厅还曾迎来托斯卡尼尼登台指挥，而它变得家喻户晓，则是在利奥波德·斯托科夫斯基率领费城管弦乐团为迪士尼的《幻想曲》(*Fantasia*)担任配乐之际。当时，这部动画电影造成了万人空巷、争相观摩的盛况。要是你想知道这里常来常往的都是些什么人，我记得在奥曼迪的办公室里有这样一张照片：指挥家站在中间，三位小提琴家围绕在他的身旁——这三位不是别人，正是内森·米尔斯坦、大卫·奥伊斯特拉赫和艾萨克·斯特恩。[3] 就冲这一点，当我们在意大

---

① 利奥波德·斯托科夫斯基(Leopold Stokowski，1882—1977)，美国波兰裔指挥家，出生于英国，最主要的成就便是自1912年起与费城管弦乐团长达数十年的合作，他通过多项改革措施和不懈的努力将乐团从一支普通乐队打造成了世界一流的交响乐团。

② 马里奥·兰扎(Mario Lanza，1921—1959)，美籍意大利裔男高音歌唱家，也是20世纪四五十年代好莱坞的电影明星，曾在电影《伟大的卡鲁索》(*The Great Caruso*)中成功地塑造了"一代歌王"的形象。

③ 内森·米罗诺维奇·米尔斯坦(Nathan Mironovič Milstein，1904—1992)、大卫·费多罗维奇·奥伊斯特拉赫(David Fedorovyč Ojstrach，1908—1974)、艾萨克·斯特恩(Isaac Stern，1920—2001年)都是20世纪最杰出的小提琴演奏大师。

利或别的任何地方自命不凡地谈论“区区”美国时，最好回想一下那些音乐巨匠。

这座音乐厅唯一的缺点是它的声学效果，毛病的根子就出在它最初是作为歌剧院以“传统”布局来设计的。此类问题在意大利也屡见不鲜。当你将乐队从乐池移到舞台上时，特别是在没有任何音效操控室的情况下（那个时候也想不到这一点），平衡就消失了。这样的条件明显不能和柏林爱乐大厅、阿姆斯特丹音乐厅、维也纳金色大厅或者莫斯科柴科夫斯基音乐厅相比。

一个历史如此悠久的大城市，竟然没有一座像样的音乐厅，这叫我心急如焚。假如有了这样的音乐厅，那么，传统的老戏院不就可以腾出来用于芭蕾和歌剧演出了吗？于是，我开始了某种意义上的筹款运动。这在一开始还遭遇了不少阻碍：那些恋旧的人不舍得撤出这座音乐厅，他们对它怀着炽烈的爱，谈起它就像谈起圣母大教堂。我不断地
111 解释说，自己并不图扬名立万，也不想单单为了自己去兴建一个什么空间，因为早晚我都要回意大利去的。我做这些恰恰是为了他们；说到底，当交响乐的排练日程与歌剧的排练日程相冲突，而芭蕾又要憋屈地见缝插针找空隙时间排练时，受损的还是他们自己。

经理赛尔一下子就肯定了这份计划，[1]董事会的部分成员也对此深信不疑，于是我们齐心协力地募集了足够的资金，建造起了精美绝伦的金默表演艺术中心（Kimmel Center）。沿着音乐协会所在的大街一直走下去，便是这座新音乐厅，除了音响效果上还有几处小瑕疵有待改进，它可以说是尽善尽美。中心里的不同区域各以一位指挥家的名字来命名，他们将图书馆献给了我，这样，我就骄傲地成了艺术中心里最最核心的一个部分。

*

我在费城一直待到 1992 年，从我第一次执棒这支乐队算起，足足二十年。我决定以音乐总监的身份最后指挥一场在耶路撒冷的音乐会，因为两千多年来，这座城市一直以神圣崇高和宗教大融合为特色。这是我与乐队的告别，由于我选择用马尔图奇的《夜曲》来返场，他们便给了我一件衬衫，背面印着马尔图奇的名字；我只做了个“起”的手势，他们就靠自己奏完了余下的部分。

---

① 史蒂芬·赛尔（Stephen Sell，1942—1989），美国音乐经理人，1982 年起担任费城管弦乐团常务董事，他在新音乐厅的建设中起到了关键作用，此外他还在乐团管理模式的现代化改革中做出了不小的贡献。

113

第七章　在斯卡拉

这一次的离开又是情非得已，因为我在 1986 年的时候就已经踏上了斯卡拉的领导岗位。除了辞去费城管弦乐团的工作，我别无选择。我在美国的职务肩负重任，而歌剧院的工作同样需要我投入无穷的精力，想要两头兼顾已没有可能，更别说我还与维也纳、巴黎的数家单位，以及慕尼黑的巴伐利亚广播交响乐团（Symphonieorchester des Bayerischen Rundfunks）保持着合作关系。此外，斯卡拉的管弦乐团看起来也正处于百废待兴的当口，基于此，乐手们才亲自登门来拜会我。复兴要花很长一段时间，而且要求全身心地扑在这项事业上，我不免踌躇，同时也担心自己会对费城念念不忘。不过，1985 年，当我在伦敦排练一出歌剧时，我还是签了约。是年年底，我就已经成为新乐手招聘委员会的一员了。

一段长长的时期就这么开启了，打头阵的戏便是《纳布
科》，导演为罗伯托·德西蒙内[1]。那是1986年的12月7
日，是我在斯卡拉首个音乐季的初次亮相，合唱的返场就引
起了轰动。一直以来，我始终认为这件事反映了在意大利
人们对歌剧世界的浓厚兴趣，这种兴趣不仅来自于歌剧的 114
铁杆“粉丝”，也来自于广大的群众。有人甚至就这个返场
采访了克拉克西[2]。在斯卡拉，以返场来结束表演的习俗几
十年前就已告终，那夜，托斯卡尼尼禁止首席男高音在演完
《假面舞会》后再放歌一曲，这让观众失望至极。对于这一
不成文的禁令，或许只在贾南德雷亚·加瓦泽尼的手里有
过一次破例，那就是在指挥威尔第的《第一次十字军远征中
的伦巴第人》(*I Lombardi alla prima corciata*)时，他对《啊，
天主，你从祖国上空》(*O Signor che dal tetto natio*)网开一
面；[3]但这仅仅是个特例，事实上返场已被废止。

---

① 罗伯托·德西蒙内(Roberto De Simone，1933—)，意大利戏剧导演、作曲家、音乐学家。

② 贝蒂诺·克拉克西(Bettino Craxi，1934—2000)，意大利政治家，1983年当选意大利总理，1986年《纳布科》上演时，正值他任总理期间。

③ 贾南德雷亚·加瓦泽尼(Gianandrea Gavazzeni，1909—1996)，意大利钢琴家、作曲家、音乐学家、指挥家，尤其擅长歌剧指挥。1966年至1968年他在斯卡拉歌剧院任音乐及艺术总监。这里说的《啊，天主，你从祖国上空》，选自歌剧的第四幕第二场，为十字军战士与朝圣者的合唱。

当天晚上的演出阵容可谓梦幻。除了有盖娜·迪米特罗娃出演“阿比盖莱”外，①其他一切也都进行得非常顺利，尽管自阿巴多②离任后，总有某种亢奋的气氛在迎接一位新指挥。当乐队的前奏引出那首合唱，我感觉身后凝聚起了一股越绷越紧的情感，它直透我的背脊。言语无法解释它，因为它并不住在理智的大脑里，而是植在神秘的基因里，每个意大利人身上都有这种东西。它交织着紧张与期待。经朱利奥·贝尔托拉③的点拨，合唱队的每一次吐字都带着独特的意大利腔，证明他们不仅理解了每一个字眼，而且——运用世代相传的技巧——可以字正腔圆地唱出它们。我让最后的尾音持续了很长一段时间，并特许它比谱上写的还要长许多，因为我想表现一种夹在悲哀与希望之间的“情愫”(affetto)，一种真正发自每个囚徒内心的对光明的渴望——他们明知约旦河两岸已成幻影，却依然拒绝放弃理
115 想。乐音止了，片刻，四下一团寂静，随即就爆发出雷鸣般

---

① 盖娜·迪米特罗娃(Ghena Dimitrova，1941—2005)，保加利亚女高音歌唱家，声音充满力量，尤其擅长饰演“阿比盖莱”(Abigaille)这类重量级角色，是20世纪最伟大的女高音之一。

② 克劳迪奥·阿巴多(Claudio Abbado，1933—2014)，意大利著名指挥家，1968年至1986年任斯卡拉歌剧院音乐总监。

③ 朱利奥·贝尔托拉(Giulio Bertola，1921—2008)，意大利管弦乐及合唱指挥。

的掌声。精彩的表演肯定是博得掌声的一个原因(我可以向你保证我不是在自吹自擂,毕竟它之于我相对不是那么重要),但这掌声更多的是一种感谢的表示,因为这部特殊的作品又被带回到了米兰人的身边,唯有在这座歌剧院,这座属于他们的歌剧院里,他们才能完完整整地欣赏它。1842 年,正是在斯卡拉,该作品首度公演,所以那感觉就像是米兰人终于找回了他们一度失落的珍宝,而脚本与合唱《飞吧,思想,乘着金色的翅膀》中的那句"哦,我如此美丽的祖国已不复存在"又加深了这种感觉。

当我举起指挥棒,示意开始"扎卡里亚"(Zaccaria)的表演时,观众叫嚷起来:"再唱一遍!"三次一来,我心里本就有的意识便在那一刻变得异常清晰起来:这不是给我的礼赞,而是给威尔第和他那精彩无比的乐曲的。我很明白,理论上,自己不应该允许返场。这是斯卡拉的一条不成文的禁令,指挥们个个谨守,此禁令也让剧院在 20 世纪 20 年代赢得了它应有的地位,使它成为全世界歌剧院的楷模。甚至还有它分秒不差的时间观,确保了八点的演出一定是在八点整开始,这些都是托斯卡尼尼留下的遗产:精准。每件事,每个人,从指挥大师到技术工人,都必须如时钟般运转。随着他们第三次提出请求,我开始思索该怎么做。"如果你

不返场，”我对自己说，“就会扫了上千人的兴；如果返场，就
会破坏神圣的传统。”我抬起头，看了看被德西蒙内安排在
台口的合唱队，他们是那样庄严，那样沉着；从他们的眼睛
里，我看到了一种微妙而又明确的示意：其中许多人都在鼓
116 励我返场。于是，我又回到前奏部分，在充满感激的掌声
中，我们把这首歌再唱了一遍。结果，这一遍或许比第一遍
唱得还好，尽管我减少了指挥动作，也就是说，其实我根本
就没怎么指挥。那不是我，而是威尔第，是《纳布科》，是《飞
吧，思想，乘着金色的翅膀》，是斯卡拉，是米兰的骄傲，是意
大利。那是一个魔法时刻，胸中激荡的爱国情怀势不可挡，
尤其是那种不可动摇的认同感，好像大家都在说：“这就是
我们。”从那一刻起，这个夜晚就是胜利。

次日一大早，所有的报纸都在谈论此事。要是我没记错的话，克拉克西是反对返场的。这种热闹会让你了解意大利可以是个怎样的国家。不过今天说起这些又叫人心寒，因为，近来眼前全是关于立法的争论，而这法令已经让意大利音乐界陷入了被动的局面。[①] 起码，在 1986 年，我们

① 意大利议会在 2010 年下半年通过了财政紧缩法案，公共文化开支的削减导致多家戏院、歌剧院关门，同时，演奏员、歌唱家和其他一些相关人员纷纷抗议政府将他们的津贴减少了将近 40%。——英译本注

的血管里还流淌着对配乐戏剧的热爱，这份情感之强烈有时候甚至会满溢而出，一泻千里。它清楚地表明音乐实际上对我们产生了多么巨大的影响，以及它是如何——正如腓特烈二世会说的——*nostris affixa medullis*，深入我们的骨髓。

*

当然，我在斯卡拉指挥了许多歌剧，不仅有莫扎特、瓦
格纳，还有过去难得一演的格鲁克，我推出了他的五部歌
剧。1993 年的某个晚上，我安排将斯特拉文斯基的《仙吻》
（*Baiser de la fée*）和《丑角》放在一起演出。① 虽然一般情
况下《仙吻》既不会由音乐总监来指挥，也不会出现在“歌剧
之夜”，但是我想证明一个人尽皆知的道理：芭蕾音乐并非 117
不入流的器乐作品，相反，它们往往是极好的交响音乐，和
别的所有常演曲目一样，芭蕾音乐需要得到大家的关注（而
许多人似乎忽略了这一点）。您一定还会想到，编舞通常必
须从音乐出发，而不能像时有发生的那样，本末倒置，荒唐

① 这是一个打破惯例的做法，多数情况下，都是把《丑角》与《乡村骑士》放在一起演，而不会和《仙吻》这样的芭蕾舞剧放在一起。

地先设计舞蹈动作（倘若血肉之躯的舞蹈家们选择用录音来代替现场伴奏，那么他们就更要随着音乐起舞了）。

我们在1991年制作了一部较为罕见的歌剧，凯鲁比尼的《洛多伊丝卡》（*Lodoïska*），导演是龙科尼；接着又推出了斯蓬蒂尼、佩尔戈莱西、普朗克以及更多的威尔第歌剧。1987年至1988年这个音乐季，在总经理卡洛·马里亚·巴迪尼[①]的理解与支持下，我决定在一个月内连推三部歌剧，全都是莫扎特的意大利语歌剧。这对一座此前纯粹被视为"威尔第剧院"的场子来说，可谓是里程碑似的目标。

《唐·乔瓦尼》是由斯特雷莱执导的，这已是我们的二度合作了，第一次是1981年的《费加罗的婚礼》。当时，初一见面，我们对彼此都存了几分戒心，仔细观察着对方。我们各自都很清楚自己的脾气，因此你可以说我们是在互相探底，两厢里都好奇地想要看看究竟谁会第一个跳出来对另一个指手画脚。我们知道，我们的性格要么让我们合作得非常愉快，要么就是让我们陷入一场大战。本书中有两

---

① 卡洛·马里亚·巴迪尼（Carlo Maria Badini，1925—2007），意大利著名艺术经理人，从1977年起任斯卡拉歌剧院总经理长达十三年。在他上任前，斯卡拉的财政出现巨额赤字，而他用非传统的经营手段重振了斯卡拉的经济，例如吸引电视台对演出进行录像，允许在节目单上登广告等。离开斯卡拉后，他还担任过国家戏剧协会的主席。

张照片胜过千言万语，它们原原本本地再现了当年的情形。
在舞台排练之初(我的排练他偶尔出席，他的排练我则全程 118
参与，就像对所有你所敬重的导演一样)，他靠着上场门坐，我挨着下场门坐，彼此之间空开老大一片位子。我们中的一个在凝神观看时，另一个也在凝神观看。谁也没有注意到，慢慢地，慢慢地，我们的座位开始往中间挪，最后发现两个人居然肩并肩地坐到了一块儿(图 21 下，当时我们正对着可怜的歌手一通发号施令呢)。这版由塞缪尔·雷米担纲“费加罗”(Figaro)，由埃齐奥·弗里杰里奥设计舞美的《费加罗的婚礼》取得了非凡的成功。①

两年后的 1983 年，当时我在斯卡拉还没有固定职位，我们排演了《埃尔纳尼》(*Ernani*)，导演为龙科尼。我经常听这一版的录音，音乐方面我至今认为奏得不错，可舞台呈现方面就有问题了，几处细节明显让人很难堪。举例说，这本是一部合唱很多的配乐戏剧，其中尤其不乏激昂的合唱，如第三幕里的《愿狮王卡斯蒂利亚奋起》(*Si ridesti il leon di Castiglia*)，可是合唱队却被设在了舞台上的几个坑洞

---

① 塞缪尔·雷米(Samuel Ramey，1942—)，美国著名男低音歌唱家。埃齐奥·弗里杰里奥(Ezio Frigerio，1930—)，意大利舞台美术与戏剧服装设计师，是斯特雷莱多年的合作伙伴。

内，这种安排令歌者与观众的沟通大打折扣，中断了歌剧的发展势头，制约了潜在的丰富表现力。一些合唱队员甚至开玩笑说："我们是《矮儿纳尼》中的矮子合唱团！"还有的说："嘿，我在这儿呢，他们已经把我变成小矮个儿啦！"[①]他们没有夸大其词，因为你确实只能看到他们腰围以上的部分。不过，一旦像这样的言论在公众中传播开来，这版制作就会受人诟病，以致永世不得翻身。事实显然也是如此，哪
119 怕就这部戏的总体而论，就它所有的装备而论，都堪称布景设计与舞台呈现在技术方面的胜利。评论家们最后对一切都进行了狠批，包括几个蛮有想法的点，而对这几个点，我迄今都无法否认它们的美。

*

然后就是 1986 年，我当上了音乐总监，漫长的冒险就此开始。我自然指挥过好多场威尔第，尤其是在 2001 年[②]。《金融时报》（*Financial Times*）认为，纵观全球所有歌剧院

---

① 这两句原文为"Tutti nani nell'Ernani！"和"Eccomi qua，m'hanno ridotto 'er nano'！"其中都包含了一个文字游戏"nani"，即"矮子"的意思，而"er"在罗马方言里可作冠词用。中译文稍作了变通。

② 2001 年距离威尔第逝世刚好一百周年。——英译本注

的演出季，唯有斯卡拉的演出季是对重读威尔第——这位伟大的意大利歌剧作曲家——做出真正贡献的。至于我，我的目标始终就是：让威尔第回到他的乐谱里。1973年，当我在维也纳指挥《阿依达》时，汉斯·施瓦洛夫斯基[①]写信给我，首先就对我的"尽忠职守"予以了肯定；这不仅仅是指照着谱上写的做，更是指努力捕捉那些悄悄潜伏在乐谱中的无限的可能性。你必须不断前行，正如圣保罗所说：*non atramento, sed spiritu*[②]。正是在那个"灵"的指引下，我推出了"小人物"(popolare)三部曲：《弄臣》(*Rigoletto*)、《游吟诗人》和《茶花女》。

这最后一部，1990年的《茶花女》，掀起了好一番波澜。它的演出日程排定时，我正在世界各地周游，我告诉人家，

---

① 汉斯·施瓦洛夫斯基(Hans Swarowsky, 1899—1975)，奥地利指挥家，出生于匈牙利，是理查·施特劳斯、阿诺尔德·勋伯格等名家的学生，后执教于维也纳音乐学院指挥系，许多当代指挥大师都曾追随他学艺。

② "不是用墨写的，乃是用永生 神的灵写的"，选自圣保罗(Santo Paolo)著名的语录，他激励读者不要在形式上一味地拘泥于书本中的"文字"："你们明显是基督的信，藉着我们修成的。不是用墨写的，乃是用永生神的灵写的。不是写在石版上，乃是写在心版上。"(摘自《哥林多后书》，3：3)有价值的不是墨，而是灵，甚至是一个人凭借常识对它做出的解释。——原注

120 自1964年以来——那次是由卡拉扬指挥，米雷拉·弗蕾妮①任女主角——这出戏已经有二十六年未在斯卡拉上演了，可是谁也不相信我的话。人人都以为它在米兰一定是天天演的戏码，因为在大家的想象中，伦巴第的首府就是威尔第全套曲目的表演中心，总体上说，它也是意大利歌剧的中心。平心而论，这样的预期是对的：它有助于一家歌剧院拓展自己的节目单，也有助于它对更加包罗万象的音乐历史表示尊重；但与此同时我们还须谨记，如果说我们是某种典范，那指的就是19世纪的意大利配乐戏剧，确切地说，我们在国际上的形象就是它的守护者——守护着那个时代和那个地方真正的表演传统。

这可不是一项简单的任务。缱绻的怀旧情绪总是驱之不散，人们对那些举世无双的天才演员念念不忘，传奇的光芒一定不能被掩盖，许多人宁可守着旧的传奇不放，也不愿张开双臂拥抱新的演出。在文化的国度，这样的态度无疑是不合理的。你不能一味地叫停表演史，新人演老戏也是个自然的过程——“过去的”歌剧并不是博物馆里

① 米雷拉·弗蕾妮（Mirella Freni，1935—　），意大利著名女高音歌唱家，威尔第的作品是她最擅长的保留剧目。

的藏品。你必须接受这样一个事实：卡拉斯、泰巴尔迪、巴斯蒂亚尼尼、科雷利的世界已经过去了，①而我们不能撂下培养年轻歌唱家的担子，不能不给他们接触古董级歌剧的机会。

虽然说了那么多，但我还是知道，无论谁挂头牌，都会
被拿来同那些高不可攀的巨星进行比较，我们必须另辟蹊
径。于是，我开始寻找一批演员，他们要能够演出一部“青
春版《茶花女》”——正如人们后来对这一版的称呼。经过
多次面试后，我选中了女高音蒂齐亚娜·法布里奇尼。一 121
方面，她有必需的技巧，另一方面，她有很强的可塑性，能用
充满戏剧张力的精湛表演来处理“薇奥莱塔”大起大落的情
感，而不是仅仅用十六分音符来空洞地包装这个角色（以恋
旧的眼光看，我注意到自己的这些形容都是在延续当年对
卡拉斯的赞美！）。她拥有一切必要的声乐技巧：在第一幕
里展现高超的歌技，在第二幕里刻画复杂的心绪，在第三幕
里演绎灵魂的升华。你可能喜欢她的声音，也可能不喜

① 希腊女高音玛丽亚·卡拉斯（Maria Callas，1923—1977）、意大利女高音蕾娜塔·泰巴尔迪（Renata Tebaldi，1922—2004）、意大利男高音佛朗哥·科雷利（Franco Corelli，1921—2003）以及男低音巴斯蒂亚尼尼，这些最伟大的歌唱家他们的鼎盛时代都在 20 世纪中期。

欢——确实，有人崇拜，有人诋毁——但我深信，尽管她年纪尚轻，却有能力揭开薇奥莱塔丰富多彩的性格特征。这些特征早在第一幕里就暗示了死亡的结局，其中，敬酒并非全是为了庆祝，而是包含了悲剧的预警（虽然通常处理得有些轻佻）：一个意识到自己身患重病的女子，面对即将把她吞没的爱情，却还要假装看不见它。

男高音罗伯托·阿拉尼亚除了个性十足以外，还拥有一条曼妙的好嗓子。甚至连男中音保罗·科尼都非常年轻。所以，最终，它成了名副其实的青春版《茶花女》。[①] 乐队满怀期盼。当我开始排练序曲时，没有谁会对这样一个事实无动于衷：经过四分之一个世纪，这些音符终于再次响彻了皮耶尔马里尼剧院[②]。这些音乐，在这座歌剧院里，听上去有一种崭新的感觉，它们似乎比在其他任何地方听起来都“对味儿”，而这座歌剧院也再次吸纳了它们，就像它们

---

① 当年出演此版《茶花女》时，扮演“薇奥莱塔”（Violetta）的意大利女高音蒂齐亚娜·法布里奇尼（Tiziana Fabbricini）31 岁，扮演“阿尔弗雷多”（Alfredo）的法国男高音罗伯托·阿拉尼亚（Roberto Alagna）27 岁，扮演“老亚芒”（Germont）的意大利男中音保罗·科尼（Paolo Coni）33 岁。

② 1778 年斯卡拉歌剧院正式落成，其建筑设计师为朱塞佩·皮耶尔马里尼（Giuseppe Piermarini，1734—1808），为了纪念这位设计师，人们有时也用“皮耶尔马里尼剧院”来亲切地称呼斯卡拉歌剧院。

生来便是属于它的。与此同时，那些最好我们不要去玷污大师杰作的人，开始在剧院的墙外悲号（上一次卡拉扬指挥这部歌剧时也遭遇过连声叫骂）。我惊讶极了，不明白自己 122
造了什么孽。狂热的“恋旧”情绪——和所有真情实感一样——似乎除了令人尊敬的一面，也有文化上危险的一面。利利亚娜·卡瓦尼担任了本剧的导演，丹特·费雷蒂出任舞美设计，戏服设计则交给了加布丽埃拉·佩斯库奇（后两位都是奥斯卡奖得主），排练时，我们一起做了很多事情。[1]舞台呈现如诗如画，达到了我们的工作目标。或许，它并不是世界上最现代的《茶花女》，但这也不是我们当时想要的效果——我们只需要《茶花女》本身！

如果说我罪孽深重，那就是我一度放下过自己常遭人批评的执拗。记得在蕾娜塔·斯科托饰演“薇奥莱塔”的唱

---

① 利利亚娜·卡瓦尼（Liliana Cavani，1933—　），意大利女导演、编剧，20世纪70年代开始崭露头角，以导演电影为主，同时也执导歌剧。丹特·费雷蒂（Dante Ferretti，1943—　），意大利电影制片设计人、艺术指导、服装设计，曾因《飞行者》（*The Aviator*）、《理发师陶德》（*Sweeney Todd: The Demon Barber of Fleet Street*）、《雨果》（*Hugo*）三度摘得奥斯卡最佳艺术指导奖。加布丽埃拉·佩斯库奇（Gabriella Pescucci，1941—　），意大利电影戏剧服装设计师，曾因《纯真年代》（*The Age of Innocence*）获得奥斯卡最佳服装设计奖。

片版里，[①]第一幕最后，我防止了 puntatura[②] 的出现（托斯卡尼尼在他的录音里让歌手唱到降 B，而按照轻巧抒情女高音的传统，众所周知这里要唱降 E）。这次，在排练期间，我还乖乖地听从自己的本能和习惯，可后来我开始考虑，要是分毫不差地根据威尔第所写的音乐来结束这一幕，会不会太钻牛角尖了？毕竟这一版《茶花女》旨在击碎那座包围着它的“恐惧墙”，所以，若是我不想让这部歌剧到头来再被搁置二十六年，那就只许成功不许失败。我让法布里奇尼唱一个降 E 试试，她唱得圆润而优美，没有高音区那种“很
123 扎的”刺响。排练结束后，就在登台的前一刻，我要求她就这么唱。我是不是应该为自己违背了自己的信条而脸红呢？也许吧，不过我需要某种摄人心魄的东西，我这么做真的是势在必行，还望威尔第宽恕我。台上，第一幕在一片冰冷而罕见的静默中推进；我真真切切地感受到身后的那片死寂，就像我提到过自己第一次在斯卡拉指挥《纳布科》时的感觉（所有电流都直透背脊）。这静默来自那些沉醉于歌

① 蕾娜塔·斯科托（Renata Scotto，1934— ），意大利女高音歌唱家，后也从事歌剧导演工作。1982 年，EMI 录制了她与穆蒂及爱乐乐团合作的《茶花女》。

② 指歌唱家为了更好地炫技，用别的音来代替既定的音。

剧的人，但也来自那些——我不知道有多少——骑墙观望的人，他们想要掂掂我们到底几斤几两。我精疲力竭地推着大家往下演，两个娃娃在台上过家家，咏叹调、卡巴莱塔[①]从空中飘过，得不到半点响应。这就好似在一座足球场，任凭球员们做出各种高难度的动作，听到的却只是人群中死一般的寂静。女高音已经开始唱最后几句了，乐队、合唱，还有舞蹈演员们都盼着她能成功，大伙积极地替她鼓劲，就像在说："我们一定要拿下它！"用这首咏叹调来对抗音乐狂们的质疑：那个 i，那个 a，那个 o，听上去不是太假，就是太轻，不是憋在喉咙里，就是根本没唱出来。我站在那儿，先向圣安波罗修祷告，再向圣真纳罗祷告，[②]最后，蒂齐亚娜掷地有声地抛出了那个降 E，那个难以逾越的降 E，正如他们所言，把整栋楼都掀了。如果没有那个音也能成功，我会更觉欣慰。同样地，观众们也应该关注那些不太耀眼的闪光点，例如既能尊重乐段的内在结构力量又能正确"断句"的

① 卡巴莱塔（cabaletta）也称"跑马歌"，起初指一种节奏分明且不断重复的简单的咏叹调；到 19 世纪，意大利歌剧中也以卡巴莱塔指称咏叹调里炫技的结束部分。

② 圣安波罗修（Sant'Ambrogio，约 340—397），米兰大主教，天主教教会圣师之一。圣真纳罗（San Gennaro，272—305），那不勒斯大主教、殉道者，被天主教会封为圣人。

乐句划分，以及恰到好处的缓急重音等。不过话说回来，我的心情还是很愉快的。

124 第二天，连媒体都用“一个亲爱的朋友重返故里”这样的话来报道此事。走运的是，接下来的几年，他们对几场重大演出都表现出了同样的善意；每当我们攻入在这场演出中就已打开的“庇亚门上的缺口”(Breccia di Porta Pia)[1]，事情总会变得一帆风顺。

*

2000 年，当我着手准备《游吟诗人》的时候，遇到了一个实际表演中的问题，即表演常常会让戏剧彻底走样。就以第二幕的终曲为例，这是当代导演能够梦想得到的最峰回路转的场景之一。就在一瞬间，情节陡变，曼里科出现了。[2]

---

① 庇亚门位于罗马，是奥勒良城墙上的一座城门，由米开朗基罗设计，1565 年建成。1870 年 9 月 20 日，意大利王国军队在庇亚门旁打开了一道长达十几米的缺口，并从这里攻入罗马城，最终完成了意大利统一大业。作者将这一重大历史事件与这场重要演出相类比，旨在说明《茶花女》的上演打破了斯卡拉历史上长期存在的文化壁垒，使歌剧传统拥有了更加广阔的天地。

② “曼里科”(Manrico)是《游吟诗人》(1853 年首演于罗马)里的男主角，他出身贵族，却在幼时被父亲的仇人吉普赛女人阿苏切娜(Azucena)抢走并收为养子，长大后他与自己的亲哥哥卢纳伯爵(Conte di Luna)同时爱上了女伯爵莱奥诺拉(Leonora)，两人成为情敌并为此决(转下页)

威尔第把特写镜头给了女高音莱奥诺拉，她见到自己的爱人惊诧不已，脱口而出地问道："是你从天而降，还是我已升天同你相会？"（Sei tu dal ciel disceso o in ciel son io con te?）她不敢相信地望着眼前这个她以为早就命丧九泉的男人。虽然视线的焦点业已转到莱奥诺拉身上，但此时厮杀却一浪高过一浪——威尔第真是个天才！——武士们并没有罢战，进攻还在继续。现在，按照老规矩，男高音要在最后加入女高音的表演，荒唐地对剧本"稍事修改"以便和她一起唱"正是我，自天国来……"（Son io dal ciel...）。这是一个极大的错误，犯错的原因只有一个，就是随着这一幕临近尾声，男高音（即歌唱家本人，一个抽离于戏外的、嗜唱如命的非角色——简言之：完全背离了戏剧初衷的家伙！）也想唱点什么，特别是一想到这里有个精彩的降B，他就舍不得白白放过它。可这种画蛇添足的表演无异于在威尔第的脸上掴了一巴掌，把他那非凡的理念都搧落了。那个瞬间，男高音本没有台词；结尾处是女高音最后 125

（接上页）斗，曼里科负伤逃跑。后来，卢纳抓了阿苏切娜并要对她施以火刑，曼里科救母失败，也被下狱，最终不明真相的卢纳杀死了自己的亲弟弟，阿苏切娜终于大仇得报。这里表现的是以为曼里科已死于决斗的莱奥诺拉决心出家，而曼里科突然率众赶到，与伺机强掳莱奥诺拉的伯爵一行厮杀在一处。

一次对自己和别人重复她的问题。这种修改所造成的伤害可能远比一次 puntatura 还要厉害；这场戏的现代性遭到影响，并最终毁于一旦——所谓的“老规矩”要对此全权负责。

类似的案例并不少见。例如著名的《仇人倒地，我饶了他一命》(*Mal reggendo all'aspro assalto*)，这首咏叹调原是总谱里很轻的一段，因为，曼里科在此描述的只是一种预兆，一种“moto arcano”或者说“异样的触动”，那是“来自上苍的”(vien dal cielo)声音。然而普遍发生的情况却刚好相反。伴奏呼啸而起，男高音（又是男高音！）端出一副配乐戏剧男一号的架势，用精确不足而细碎有余的感觉唱起了那些歌词，好像它们是在说：“嘿，老妈！听我说——猜我梦见啥了？我梦见自己真的把那家伙要得团团转！他就剩死路一条啦！我正灭了他！”[①]当然，可想而知，他说这一切时还伴着过多的手势。“很弱”(*pianissimo*)必须一以贯之；那个“来自上苍的”声音必须意识到此时乐队的演奏力度是“弱”(*p*)，并在“说着：不要进攻”(che mi dice: Non ferir)这儿转

① 这段话原文为方言“Oi ma'! Siente... sa' che m'aggio sunnato? D'aveie fatto nu straviso a chillo llà! Puozz'ess'acciso! O steve pa' accirere a chillo llà!”

为“很弱”（*pp*）。它与《茶花女》第二幕的开场是一样的：所有的男高音都会在唱到“沸腾的激——动——心灵，青春的火——热——感情”[1]时使上吃奶的劲，以至于你会认为他们的胸膛里准有一座真正的、喷射着熔浆和硫磺的维苏威火山。其实，他真正想说的是：“她让我的青春烈焰变得柔和而宁静”（Il giovanile ardore ella *temprò*）。“激动”与“火热”并非整段唱里唯一的关键词，短语“变得柔和而宁静”才是这里的情感提示！

我并不是说任何人在演唱这段时都要故意压低声音，而是说歌唱家有责任和义务通过自己的音调让听众明白薇奥莱塔已经驯服了他，并且让他的心充满了脉脉温情。我 126
非常清楚，男高音就得有男高音的范儿，我们也受不了一个娘娘腔的阿尔弗雷多，不会剥夺他性格中几乎最有特点的“冲动”和“勇敢”；只是，在第二幕开场时他所表达的是一种别样的情愫，如果一个人想也不想他到底在说些什么，拿起来就唱，那么一定会大大偏离原歌的旨趣。这听起来像是在堆砌文字，实则巧妙地道出了一个道理：歌手们一旦丧失了判断力，就可能陷入吃力不讨好的境地。

① 原文故作夸张地写作“De'mmiei bbbollenti sprrriti，il ggiovvanil'arrdore”。

不幸的是，由于人声的重要——对此重要性我一点也不怀疑——每当威尔第的大作被搬上舞台时，这类错误便随处可见。我们一定不能忘记，威尔第是一个多么伟大的导演、一个多么了不起的戏剧人：他拿出总谱，建议指挥们都照着上面写的做。如果说在《游吟诗人》的总谱手稿里有一个地方他写道：*pppppppppppp*（十二倍的弱）；那么，这当然只是因为他担心指挥家们在演出中连“很弱”（*pp*）都不能确保，所以才会如此夸张；抑或是他受够了求爷爷告奶奶的生活，这才在排练期间匆匆地加上了后面的十个 *p*！我们必须关注他留下的那些极其重要的指示，正如我们在指挥贝多芬时必须留意作曲家的指示一样——真是不幸啊，太多时候人们把“强”（*f*）与“很强”（*ff*）演奏得一模一样，作曲家想要的突然爆发的强力都被抹杀了，而这种出乎意料的狂暴恰恰是贝多芬音乐中独特的标志。

至于《麦克白》，威尔第在这部歌剧里实现了一种神秘莫测的寂静之声！指挥家一方面必须保留那声音中瘆人的“威尔第式”的颤抖，另一方面还必须创造出一些新的东西；在我的艺术生涯中，我已尽力而为。或许，我也有过做
127 错的时候，对此，我会感到很痛苦。倘若有一天，在遥远的彼岸世界，瓦格纳、贝多芬或者斯蓬蒂尼过来对我说：“里

卡尔多，你错了！”我想我还能接受，但要是威尔第跟我讲同样的话，那就太可怕了。因为对于威尔第，我向他献上了自己虔诚的爱；为了他，我时刻准备隐身在一座完美的乐池里消失不见。我一直在努力地让观众对歌剧留下深刻的印象，或者更确切地说，让他们对威尔第留下深刻的印象，不只是直觉性的印象，而是全方位的理解与把握。

在《游吟诗人》里，同样的问题还出现在火刑一场的末尾。此处，我没有允许男高音唱那个满宫满调的C，因为威尔第没有这样写。我第一次尝试这一举措是在佛罗伦萨，当时面对的是那批卓尔不群的观众，他们总是竭力地支持我，至少会尽力地去理解我的意图。我有自己的理由：曼里科在剧中绝对是个核心人物（除了一个降B以及几首与女高音合唱的二重唱，其中，随着第一幕三重唱的开始，高音最终成为一个陪衬声部）。他是一个诗人而非武士，哪怕他偶尔也会陷入战斗。但意大利人从未真正地去推敲过这件事，而且，有时候在“传统”的恫吓与重压下，我们还会犯一些无心之过。如果有人问我们今晚去看什么戏，我们本来只须简单地说声“《游吟诗人》”，可偏偏要挺直腰杆、豪情万丈地宣布：“《游吟诗——人》！”仿佛是在热血沸腾地回答

"埃托雷·菲耶拉莫斯卡！"[1]一样；而到了下一个晚上，当我们应该多表现出几分理智、镇定地回答"《茶花女》"时，我们却可能轻声轻气地咕哝："《茶……蛙……女》。"[2]（千真万
128 确！）其实，薇奥莱塔虽说具有美好的人格，但归根到底还是个交际花，要是你把这点忘了，你也就无法理解整部歌剧了。说"茶花女"这三个字时爱意绵绵，说"游吟诗人"时又气势汹汹，只能表明曲解从标题就开始了。

演唱那个大名鼎鼎的C也需要经过一系列的"调整"。在第三幕跑马歌《柴堆上烈火熊熊》（*Di quella pira l'orrendo foco*）的结尾，曼里科唱响的是属音G，与此同时，合唱唱道"出兵"（All'armi）。这个G是Tenor tenet（由男高音专享）的标志，在这一过程中，最后十五个小节，乐队与合唱交替奏出或唱出属和弦与主和弦（那个音不偏不倚，两边都占：先是G-B-D，再是C-E-G）。然而，如果你想亮亮那个C，就只能借助主和弦C-E-G，但这样一来，你随后就会与属

---

① 埃托雷·菲耶拉莫斯卡（Ettore Fieramosca，1476—1515），贵族、雇佣军首领，曾帮助意大利好几个公国的国王抵御过法国和西班牙军队的入侵，被意大利人视为民族英雄。

② 原文为"*La Tra... ia... ta*"，而正确的名称是*La Traviata*。在意大利语中，traviata的意思是"失足的女人"，作者这里这样写，是表示有些人不情愿说出"失足的女人"这个词。

和弦 G-B-D 形成冲撞，因为它可不需要这个 C。一些时候，真的有男高音礼貌地等待合唱最后唱出主和弦——他在唱到“付出血的代价”(col sangue vostro)时就已经把 G 改成 C 了；但也有男高音，甚至是几位名角，就着合唱的属和弦就过早地炫耀起了那个高音。照此看来，根据传统，男高音应该等到合唱结束后再唱那个高音，可这依然有悖威尔第的总谱。还有一种常用法门能帮助男高音保持气息，以便一举拿下最后的 C，就是在威尔第安排他与合唱进行“对话”的整个段落里都让他静音——对此，我是万万不能接受的。

接着就落幕了，男高音会攀住那个 C 不放，某些时候，
如果他还有力气，大幕甚至会再次开启，然后又落下；与此 129
同时，只要小号还能吹，只要余下的每个人都还有口气在，那么，乐队能奏多久就得奏多久！为了做到这点，正如我所说，你必须改写总谱，并且让合唱一直杵在原地——而火已经烧到阿苏切娜的膝盖了！有人会说：从前，他们唱到这里也是要飚高音的。但据我所知，从前，威尔第没有力量去阻止它，想必他本人也清楚这一点。难道你不认为，要是他真的想把这个音从 G 改成 C，那么，在 1857 年为巴黎的演出修订总谱时，他就应该已经把它改过来了吗？并且在这个过程中，他还会大大小小地做一串修改，不是吗？对于高音

是不是取悦人耳或者激动人心，我是完全没有疑问的，我只是向大家指明一点：为了取乐，你不得不在这儿大动干戈地改变原作的音乐内容。还有更糟的事，我指的是不诚实：许多男高音都想唱这个C，但其中一些人为了避免异议，为了保持气息平和，强逼着指挥把所有的音乐都降下半个调，甚至是降下一个调。观众回家时都以为听到了他们挚爱的“C”，却不曾想它只是降B，而且在这种情况下，所有场景间环环相扣的和声计划也被整个地摧毁了。我记得《游吟诗人》在斯卡拉的首场演出结束后，次日，一档电台节目里就集中播放了“柴堆”这场戏的众多不同版本的录音，播音员滔滔不绝地轻松谈论着那个C，而事实证明，他们所放的集锦包含了五花八门的B和降B！事情就是这样：很多时候，
130 我们这些内行不得不被迫去听那些“专家们”谈经论道，而我可以向你保证，这需要极大的耐心。

*

在《弄臣》里，男中音大量激越的表演都是主观臆断，并不见于原始手稿。不过我不得不说，相对《游吟诗人》招来的一些小抗议，1994年的《弄臣》并没有遇到类似的情况。威尔第在一封著名的书信中说道，这部戏几乎“没有咏叹

调”;你可以把它一口气从头演到尾——就是说,不会因为有观众在每一首这样的“歌曲”后拍手叫好而中断表演。然而,即使是这部威尔第最纤巧的作品之一,长期以来也遭受着演员过分炫技的困扰。

就让我们以《女人善变》(*La donna è mobile*)为例吧,这次讲的还是结尾。男高音通常都要秀一秀那个高音,就像英雄男高音(Heldentenor)都要拔剑出鞘一样。这回,威尔第还真的写下了一个自然音 B,不过是在稍后一点的地方,仅仅是让昏昏欲睡的公爵拿到后台去低吟浅唱的(相比之下,这段应该唱得很轻,而且要越唱越弱,因为它象征的是一个逐渐滑入梦乡的人)。较之“柴堆”那场戏,该案例中的情况更为分明,而我在斯卡拉解释这一点时所拿出的证据——将它与法语版进行了比较——似乎也不容反驳。既然威尔第在两页后的同一段旋律中的同一个地方要求男高音唱一个自然音 B,那么,如果他真的希望这个音在前面也出现的话,就一定会把它写在乐谱里。而另一件要考虑的事情是:随着男低音问“要活的还是死的”(Viver dee o morire?)[1],大 131

① 这是《弄臣》第三幕开始不久,杀手与弄臣的对话。《弄臣》这部歌剧讲述风流的曼托瓦公爵(Duca di Mantova)对宫廷弄臣利哥莱托(转下页)

管又回到《女人善变》这首歌，极弱地（*ppp*）吹奏起它的主题，并拽出一个长长的自然音B。由此可见，作曲家的本意是希望在这段结束前音乐都不被掌声打断——而能触发掌声的唯有高音，因为某些歌剧观众就是遵循——请允许我借用一句广告语——“不闻高音不鼓掌”（No acuto, no applausi!）的法则。进一步说，从和声角度来看，这段旋律的尾音B也是一个要紧的音，因为接下来的那首著名的四重唱《自从那天遇到你》（*Un dì, se ben rammentomi*）采用的是E大调，而B正是这个调中的属音。一旦男高音所唱的高音阻碍了乐队的演奏和大管魔力四射的延留，那么，所有的一切就都支离破碎了。难道你不认为这是犯罪吗？我宁可多等一会儿，等几分钟后再听这个音从后台飘出来，让表演就照着音乐家威尔第的伟大构想进行吧。

过不多久，只听利哥莱托唱道：“这麻袋就是他的寿衣。

（接上页）（Rigoletto）的女儿吉尔达（Gilda）始乱终弃，利哥莱托怀恨在心，雇杀手斯帕拉夫奇烈（Sparafucile）谋杀公爵，善良的吉尔达获悉后反替情人受死的故事。第三幕是歌剧的最后一幕，此时利哥莱托来到斯帕拉夫奇烈开的小客栈，斯帕拉夫奇烈对他说：“你要的人就在里面。要活的还是死的？”利哥莱托回答：“晚些时候我还会回来，那时再与你交易。”

快扔进河里！快扔进河里！”（un sacco il suo lenzuolo. All’onda! All’onda!）依照传统演法，第二遍反复时要有一个 puntatura——这完全是预料之中的事——可这个 puntatura 却让利哥莱托突然之间忘了自己是个驼子。真是蹩脚的处理！您想，那一刻，他满心念着的应该只有抛掉公爵的尸首，而不是让整个曼托瓦城的人都听到他响遏行云的歌声。说真的，我不想扼杀观众对漂亮高音的热情，但那样的本能只会驱使我们把威尔第当成工具以达到别的目的。

最后再举一个例子——“我将会面临灾殃？哦，不会， 132
真是愚蠢的想法”（Mi coglierà sventura? Ah no: è follia）。男中音普遍会在“愚蠢的想法”这个词上展现一个自然音G，还喜欢像某些古罗马演说家那样把手举得老高。其实，他要是聪明的话，最好谨守伟大男中音马蒂亚·巴蒂斯蒂尼[1]的格言，“永远不要用手去担保你无法用声音传达出来的东西”；而他首先要做的就是最好避开那个高音。这段一上来就唱道：“为什么这念头一直令我惴惴不安?”（tal

[1] 马蒂亚·巴蒂斯蒂尼（Mattia Battistini, 1856—1928），意大利男中音歌唱家，因音色之美、技巧之精、舞台表演之富个性而赢得“男中音王”的美誉。

pensiero perché conturba ognor la mente mia?)威尔第在这里标了一个“极弱”(*ppp*),显然因为这句话是利哥莱托在陈述自己的思想活动,而接下来的一连串内心独白都是他良心的挣扎,所以,“我将会面临灾殃?哦,不会,真是愚蠢的想法”也应该唱得和前面一样弱。利哥莱托一路默想,虽然他步履匆匆,但还是完全沉浸在了自己的世界里,从戏剧角度来看,要是让这样的焦虑最后结束于嚣叫,那实在是滑稽透顶。

除了这点不妥,还有一个缺陷:自然音 G 会导致那段 C 大调过渡音乐被观众的吼叫声淹没(理由就是上面提过的等式:一个高音 = 一千个人拍手叫好),而这段器乐前奏的爆发恰恰是为了引出吉尔达与利哥莱托的二重唱。这里,幕帘一启,在某种程度上就是为了凸显女高音出人意料的登场,这是女儿的到来,也是欢乐和光明的到来,它是又一个令人印象深刻的戏剧转折。而(高音可能引发的喝彩会造成)“差劲的效果”,它不仅把(吉尔达出场的)圣洁效果都抵消了,还将乐队基本已经听不清的前奏变成了毫无意义、含含糊糊的嗫嚅。

事实上,利哥莱托确实是个戏份很足的角色,男中音们
133 用来收束复仇场景的降 A 远不能诠释他的丰富与宏大。这

部戏里还有一些小细节也被传统毁掉了，有的甚至把手伸向了剧本。例如曼托瓦公爵，这个寻花问柳、恶习难改的薄情郎有点像当地的唐璜，可他放浪至极的表现——按照几十年来各大剧院上演的版本——不过是吩咐斯帕拉夫奇烈备下“一间客房，外加一瓶好酒”（Una stanza e del vino），对此，利哥莱托和吉尔达却评价道“这就是那人的德性”（Son questi i suoi costumi!），同时，斯帕拉夫奇烈惊呼道“噢，好个淫棍”（Oh, il bel zerbino!）[①]。如果他点的真的就是这两样东西，那我便不得不问一句：这有什么不对呢？它就好比在夜里十点走进一家宾馆，然后说：“不好意思，请问您可以给我一间房间吗？还有，您可以再送瓶酒上来吗？”却听到前台嘀嘀咕咕地说：“这么深更半夜出来，准不干什么好勾当。”其实，事情没有那么简单：在最初的剧本里，曼托瓦公爵实际点了“两样东西，快上：你的妹妹，外加一瓶好酒”（Due cose e tosto: tua sorella e del vino），可想而知，这个要

---

① 这句歌词一直有争议：zerbino 在字面上是“出气筒”的意思，与它有关的另一个词 zerbinotto 意为“花花公子”或“纨绔子弟”。大多数人在翻译时都取后一种解释，不过，这句话最初可能是斯帕拉夫奇烈的自嘲：“噢，好不窝囊！”这一方面是因为公爵无恶不作的行为，另一方面是因为斯帕拉夫奇烈自己身份卑贱，且拿人的手软，不得不服侍这位花花公子。——英译本注

求在审查官眼里多少有点伤风败俗，于是他们“纠正了”皮亚韦的文本[1]。别忘了，涉及实际表演问题，威尔第可不是什么能仰仗的靠山，他自己也是受害者。

一天晚上，在斯卡拉所藏的档案里，我碰巧看到了一张夜场演出的海报，这场演出的时间距离 1853 年《弄臣》第一次登陆斯卡拉不远。在这场演出中，音乐家们首先表演了《游吟诗人》的第一幕，接着是舞蹈集锦与号角花彩，而后是第二幕加几段新编的舞蹈，跳过第三幕（“柴堆”那场戏就在这一幕！），最后直接上第四幕。现在有谁可能想得到，哪怕只想到一点点，威尔第眼看着别人如此随心所欲地处置他
134 的歌剧并没有不高兴。当然任谁也想不到。所以，我们一方面要清除不肯变通的偏见（比如在他的一些早期歌剧里，咏叹调中 *Da capo*[2] 的用法就千变万化），另一方面，我们还得继续求索，以理解他和他的作品。

我肯定，说到支持恪守总谱，我的做法是正确的——再

---

① 弗朗切斯科·马里亚·皮亚韦（Francesco Maria Piave，1810—1876），意大利歌剧编剧，威尔第的好几部歌剧如《埃尔纳尼》、《阿蒂拉》、《麦克白》、《茶花女》、《命运之力》等都出自他手。1851 年首演于威尼斯的三幕歌剧《弄臣》的脚本也是皮亚维所作，根据雨果的讽刺戏剧《国王寻欢》（*Le Roi s'amuse*）改编。

② 音乐术语“返始”，即回到乐曲的开始处。

说一遍，这绝不是为了革新而革新，它纯粹是为了严密。只是，它无法不让观众震惊，1983 年在维也纳，它还引发了争论。《弄臣》在维也纳与在意大利一样流行，1983 年是这部戏首次以原汁原味的面貌在那儿演出。和常见的版本比，它看上去似乎有点“干”。一开始，埃迪塔·格鲁贝罗娃[①]好像还为了我要她在演唱咏叹调《亲爱的名字》(*Caro nome*)时所做的事而忐忑不安，幸亏达米科又一次站在了我这边，他态度明确且不容置疑地表达了自己的判断：“有人告诉我她气坏了，这可冤枉了她的才智。那个中音区的颤音持续两拍，是威尔第有意把它设在那个音区的，这两拍可能是当晚最甜蜜的折磨，也会是整个晚上的最高潮。”[②]最终，外国的观众理解了它，并且像意大利的观众一样与我心意相通。在慕尼黑，恩里克斯导演的《阿依达》及德西蒙内导演的《麦克白》也双双获得成功。这版《麦克白》演完后，我甚至一直保留着曼祖设计的“那不勒斯风情”的布景。

---

① 埃迪塔·格鲁贝罗娃(Edita Gruberová，1946—　)，斯洛伐克花腔女高音歌唱家，擅长演唱莫扎特歌剧，少演威尔第，但“吉尔达”却是她演绎得最成功的角色之一。

② 费代莱·达米科撰，《按照威尔第所写下的》(*Come Verdi l'ha fatto*)，收入《音乐新闻全编》，第 2001 页。——原注

*

威尔第曾于1884年写信给军事音乐委员会的主席切
135 莱斯蒂诺·泰尔齐(Celestino Terzi),向他提出了一些要求。一个432赫兹的音叉,这位指挥家写道,“丝毫不会折损洪亮的音色与活泼热烈的演奏效果,反倒会赋予音乐更多的贵气、丰盈和庄重,尤胜以音高过高的音叉定出来的尖利之音。”[①]为了实现这样的效果,2001年我在指挥《奥赛罗》时降低了音乐会音高。此外,为了达到436赫兹的振动频率[②],我们还使用了特别打造的管乐器。我刚提过,今天对于我们来说可行的事,当初对于威尔第常常是行不通的,不过他谱写《奥赛罗》的那几年(此剧完成于1887年,就在他写信给泰尔齐的三年之后)是个例外,因为成名让他对自己

---

① 《威尔第与里科尔迪通信集》(*Carteggio Verdi-Ricordi*,都灵:EDT出版社,1994年),卷2,第423页(原注)。现在的“绝对音高”频率为440赫兹,而过去,音高的标准一度不统一。于是,1859年法国音乐家建议将a^1定为标准音。a^1根据室温不同其振动频率分别等于435赫兹或439赫兹,其中,439赫兹是在华氏68度的室温下测定的,由于这个温度被认为是当时音乐厅的平均温度,所以$a^1=439$赫兹也被称为“音乐会音高”,并在1889年被定为国际音高,直至1939年又对此做出修改,规定440赫兹为“绝对音高”(即不因温度变化而变化的音高)。威尔第说要用一个频率为432赫兹的音叉来定音,这在当时是偏低的。

② 穆蒂考虑到现代乐器的声音和音乐厅的效果,决定采用436赫兹的音高。

的配乐戏剧该怎么演有了一定的话语权，这在他的人生中其实也是破天荒的头一遭。

音高上的这点差别是微乎其微的，我们不可能指望观众觉察到，然而，它却改变了音色，将整个管弦乐一番渲染。它创造出一种更阴暗的声音，少了些许辉煌的光泽，这浓厚的音色当然就是作曲家的心之所想。如今，人们为了避免这样的声音把音高提高了；有很长一段时间，甚至维也纳爱乐也使用一个相当高的标准音高，直到最近，他们才开始掉转方向。再说演出那阵子，走出歌剧院，城里的每个人似乎都成了标准音高的专家，他们毫无顾忌地大胆发表着自己的观点；如果猝不及防地要我谈谈对眼科的认识，我可没有他们的那份泰然自若。他们说，我们这么做是为了降低演唱难度，让歌手们唱得更轻松。可是他们错了，因为如此细微的差别根本不足以让一位男高音或者女高音有所感觉。 136

为了寻找到合适的“奥赛罗”，我真是四处碰壁。我忽然想起了普拉西多·多明戈[1]，1973 年我在维也纳指挥《阿依达》时就和他见过面，后来我们又合作了许多年。我运气

① 普拉西多·多明戈（Plácido Domingo，1941— ），西班牙著名男高音歌唱家、指挥家。

很好，他答应了。格雷厄姆·维克是导演，他在舞台中央使用了一个巨大的圆柱形弧面装置，大幕拉开的一刹那，种种迹象都表明这是真正的艺术家的手笔。太多时候——鉴于语言或别的什么障碍，这点大家都理解——观众并不十分明白舞台上究竟在演些什么，而维克的手法则能让观众通过布景就对故事情节一目了然，这也是他的标志。维克把一个参照点直接放在人们面前，它极为有效地吸引了观众的眼球，我瞬间就迷上了这种手法。观众不必一下子就看懂所有的内容——随着戏剧一幕幕地展开，重要情节一个个呈现，他们终归会明白故事讲了些什么。不过，这样的舞美设计却给了他们某种类似罗盘的指示，说得再准确些，就是有了如此规模宏大的布景，好比让观众把一座灯塔很好地擎在了掌心。早在四年前的 1997 年，他就已经在斯卡拉与我联手制作了《麦克白》。那次，舞台的中心区域设置了一个发光的立方体，它营造出一种奇异的精神氛围，展现着人物内心的风景。它让我联想起普鲁斯特说过的话，伟大的艺术家都是在一遍遍地重复同样的事；甚至在司汤达的不同小说里也都有一座关键性的主塔楼——一座一眼就能看见的高塔，读者可以把它作为参照点，它也起到了这样的作用。一次，我看了一盘罗西尼的《艾尔米温内》(*Ermione*)的录像，也是维克导演的，又一次，占据舞台核心位置的是一座巨大的铁塔。
最终，尽管多明戈在第二场演出进行到第二幕时病倒了，并 137
且无奈地退出了表演，但他还是取得了巨大的成功。

*

《奥赛罗》之后，理所当然就是《法斯塔夫》了，我们在2004年推出了这部戏。当我还是个在佛罗伦萨工作的小指挥时，碰巧和古伊讨论过这部作品。“小心，”他说，“当你指挥它时，你一定要时刻谨记它是一部室内歌剧。”他建议我从第一拍起就始终保持几分轻巧，因为一旦出现一个很猛的管弦乐强音，几乎不可避免地就会有过于沉重的危险。我除了在斯卡拉指挥过它（导演是斯特雷莱），还在布塞托[1]指挥过它（导演是鲁杰罗·卡普乔[2]，不过布景沿用了1913年和1921年托斯卡尼尼在当地指挥这部歌剧时所设计的布景），在这两次演出中，我都恪守了上述原则。我特别喜欢我们在布塞托小镇演的那版《法斯塔夫》。虽然管乐的人

---

① 布塞托（Busseto）位于意大利的艾米利亚—罗马涅区，是一个小镇，威尔第就出生在该小镇下属的龙科莱村（Le Roncole，如今已更名为龙科莱·威尔第村），后来又从龙科莱搬到了布塞托镇上。

② 鲁杰罗·卡普乔（Ruggero Cappuccio，1964—　），意大利剧作家、戏剧导演。

数保持不变，但弦乐却被我减少到了五把第一小提琴、五把第二小提琴、四把中提琴、三把大提琴和两把低音提琴，这种新创的乐队编制明显令整部歌剧听上去更优美了：通过精简，你差不多获得了一个20世纪的声音，它听起来有某种提前的（*ante litteram*）斯特拉文斯基的味道。

在寻找领衔主演的过程中，我发现了让人难忘的安布罗焦・马埃斯特里[①]，他有一条标准的、极为通透的意式男中音嗓，有那么点詹贾科莫・圭尔菲的意思。他非常聪明地诠释了“法斯塔夫”这一角色，将这个大吨位的胖子演得颇为轻盈。时至今日，他绝对还是扮演“法斯塔夫”的最佳人选，是任何一个指挥都梦寐以求的演员。他的第一次试音就给我留下了深刻的印象，当时他演唱了选自《假面舞会》的《是你玷污了我的灵魂》（Eri tu che macchiavi）。首演
138 那天，在中场休息时，我跑过去问他感受如何。他转过身来看着我，用他那帕维亚人特有的态度和口音略带讥嘲地说：“大师，要是你照此演下去，我们就是冒险在做一部精致的

① 安布罗焦・马埃斯特里（Ambrogio Maestri，1970— ），意大利男中音，出生在伦巴第区的帕维亚市（Pavia）。“法斯塔夫”（Falstaff）这个角色为他的歌剧生涯打开了一扇大门，如今他已成为当代男中音中的佼佼者。

小戏了。”[①]

*

我打造《唐·卡洛》的那段时间，报纸上铺天盖地都在议论它，特别是因为帕瓦罗蒂[②]的到场。只要一说到这位了不起的男高音，人们往往会联想起他那光彩夺目、非同凡响的高音，可我看到的却是另一个帕瓦罗蒂，他少了几分炫耀，多了几分雅致，拥有令人瞩目的乐句划分能力。无论是1990年的世界杯，还是2007年9月他的葬礼，都将著名的《今夜无人入眠》(*Vincerò*)作为他的标志，这未免失之片面。如果换成我，就会选些别的歌曲，至少，我更愿意听到用他的声音演唱的《但我们会在天上相会》(*Ma lassù ci vedremo*)[③]。任何一个1992年身在斯卡拉歌剧院的人，都会记得他那丰富多彩的嗓音——即便是唱到最轻处，也有种让人难以抗拒的优雅和表现力，同时，大家都会情不自禁地对他那许多不为人知的优点表示欣赏，这些优点之所以

---

① 原文为“Maestro, se va avanti così rischiamo di fare un bel spettacolino.”

② 卢恰诺·帕瓦罗蒂(Luciano Pavarotti, 1935—2007)，意大利著名男高音歌唱家。

③ 这是《唐·卡洛》最后一幕中男女主角的二重唱。

不为人知，或许应该说是由于他大胆冒进、一味火热的表演将它们大大掩盖了。

他接下“唐·卡洛”这个角色时还有点勉强，但我最终说服了他，而他也为我钻研起这部歌剧来。他全身心地投入排练，不管是单独排练还是和乐队一起排练，他都严守纪律，一心想要表现得好。他专心致志，每当他的记忆出了什么小偏差，他都会翻开总谱，那份谱子已经变成了他胳膊底下片刻不离的固定装置了。这种率真的行为惹得外界谣言
139 四起，他以为自己周围只有充满善意和友谊的人，可其实大家都在传他根本不懂这部歌剧，随着排练的深入越来越磕磕绊绊。那些不喜欢他的人——我们谁都有朋友和敌人，有崇拜者也有诋毁者——用这种方式表达对他的不屑，其结果只是加深了他们自己的偏见。一个人要有多大的勇气，才能在一群可能个个心怀鬼胎的人面前去查看总谱啊！今天回想起这些，真的，我还是感到很难过。（再说了，晚年的里赫特就没读过谱吗？难道他就不是一个一流的钢琴家了？）开演那晚，当他碰到一个原本该唱自然音 B 的高音时，差了一点点，没唱到位。有些观众就大声抗议起来，而一旦剧场大乱，那么其他歌唱家也要因为这个小失误而遭殃。我至今回想起来，依然觉得用这种行为来回报一位曾经对

歌剧界做出过那么多贡献的独一无二的男高音，多少有失公允。不论是好是坏，只有历史才能对他的表演做出裁判。然而，任何一个听过该剧唱片的人，都会清清楚楚地听到帕瓦罗蒂的才华。显然，世界上没有什么是完美的，但从艺术的角度看，鉴于他的敬业和对人物塑造的全力以赴，我们还是必须说那场演出绝对值得肯定。

此外，卢恰诺也是一个很有爱心的人。一次，弗利省[①]要举办一场宣传戒毒的公益活动，该活动的牵头人是一位神父，他有些困难请克里斯蒂娜帮忙解决。克里斯蒂娜就 140
打电话给卢恰诺，并且设想我可以做他的钢琴伴奏。他来了，一个字也没提钱的事，我们在弗利体育场举行了一场音乐会，还有专人录了像(那些录像从未公开发行过，因为我们都不想对这件事大肆炒作，这样做太不妥当了)。第一个节目是格鲁克的咏叹调《这世上没有欧律狄克我可怎么活》(*Che farò senza Euridice*)，我一想到那根本不是卢恰诺的风格和保留曲目心里就没底。接着，我们表演了托斯蒂[②]、

---

① 弗利省(Forlì)位于意大利的艾米利亚—罗马涅区。

② 弗朗切斯科·保罗·托斯蒂(Francesco Paolo Tosti, 1846—1916)，意大利作曲家，后定居伦敦，在皇室任歌唱教师。他的作品多为歌曲，旋律朗朗上口，情感表达丰富，其中最为著名的有《再见》(*Addio*)、《小夜曲》(*Serenata*)等。

奇莱亚和普契尼，他把这些歌曲演绎得出神入化。由此可见，若论人品，或许该说帕瓦罗蒂是相当高尚的。

《唐·卡洛》所受到的不公正对待还体现在整体制作方面，对此我同样感到郁闷；要知道，从导演人选——泽菲雷利[1]，到全体演员阵容，它无疑都算得上是“重量级的”舞台演出。正因如此，我与帕瓦罗蒂这位举世闻名的男高音也处得格外和谐，二十年前我们在斯卡拉排演《清教徒》时发生的摩擦——我在倒数第二次排练时把这版制作给“枪毙”了——已经彻底化为云烟。

*

我还想聊聊 1995 年 6 月 2 日的那个夜晚，因为一场罢工，我在琴凳上“指挥”了全本“交响版”《茶花女》。全球的媒体都在报道这件事，甚至连美国得克萨斯州圣安东尼奥市(San Antonio，Texas)的地方报纸也刊载了这一新闻。事情的经过是这样的：那天是星期五，剧院里挤满了人，其中很多是外国人。当时工会正在进行激烈的谈判，空气里弥

① 佛朗哥·泽菲雷利(Franco Zeffirelli，1923—)，意大利导演、影视剧制作人，也是最著名的歌剧导演之一。

漫着紧张的味道，可是谈判没有达成任何结果。乐队在当
天上午已经召开过一场会议，会上，我试图劝说他们看在观
众的面上别再闹了，可当天下午他们就去见了市长加布里
埃莱·阿尔贝蒂尼（Gabriele Albertini）。他们没有达成共 141
识，于是，就在观众已经纷纷入座、距离开演只剩半个小时
的当口，斯卡拉的总经理卡洛·丰塔纳[①]告诉我：由于罢工，
演出无法进行了。没有一个人把这个消息及时通报给我。
其他一切都已就绪；单单不见乐队踪影。我们这些指挥家
一旦离开了乐队就“蓦地”无声了，所以，你完全可以想象，
我——指挥大师“穆蒂”——是如何加倍地受到这种“蓦地
无声”的煎熬，一方面因为我的姓，一方面因为我的处境！
丰塔纳走上舞台，面对乐池站定。乐池里空空如也，可怕得
就像一片沙漠。丰塔纳还没讲几句话，就被打断了。如果
这本身也算是一出戏，那剧本准是这样写的：“很不幸，我必
须宣布一个坏消息……【咆哮声从怒不可遏的观众席里响
起】。”

我当时还在自己的休息间，全身上下都已穿戴整齐，而

① 卡洛·丰塔纳（Carlo Fontana，1947— ），意大利戏剧制作人，1990年至2005年任斯卡拉歌剧院总经理。

观众则在演出大厅里坚持着他们的主张，丝毫不给商量的余地，仿佛准备一把火将剧院烧了。对此，我不能怪他们。我向各方面征求建议，从总经理到艺术总监，再到别的许多人；有几位提议说不妨这么办：在乐池里安排一名钢琴师以替代乐队，我呢，就站在指挥台上指挥他！他们的建议实在太不牢靠，我一个也不想采纳。我把自己关在休息间里，伤心着，痛苦着：为什么在其他部门都准备好登台演出的情况下，偏偏是乐队要闹罢工呢。站在公众的立场来看，我觉得自己虽然没有丁点过错，但还是应该对此负责。只是我不知道该做些什么。每隔一段时间，我都会扫一眼闭路电视，从那里可以看到大厅里的情况：包厢和楼座看上去就像疯
142 人院，像地狱；而乐池则像失魂落魄者漫无目的游荡其间的山谷。一切都叫人沮丧，叫人绝望，可就在这沮丧与绝望中，我听到了一个声音，它远远地飘来，像是克里斯蒂娜在说话，但实际上她当晚不在米兰。只听那声音告诉我：“里卡尔多，你来弹。”

我一下子蹦起来，打开门，宣布由我亲自来弹钢琴以顶替乐队。我要求，在我确信自己的计划可行前，先别让观众知道这件事。我快速地跑去询问后台是否有钢琴，他们告诉我就在当天早些时候，那架平日里用于音乐会的钢琴已

经被搬到别处去了——真要命！此时，全面负责乐队组织管理工作的乐队总监吉诺·萨尔维（Gino Salvi）救了我的急。他说，在歌手化妆间的外面有一架小三脚钢琴。我冲过去，检查它能否在如此重要的演出中凑合着上阵：它不够理想，但还可以用用。于是，我命人把它搬到舞台中央，此刻大幕依然闭得严严实实。他们把它放在了我指定的位置，但随即我们就遭遇到一个始料不及的问题：由于舞台是有坡度的，钢琴开始朝着乐池方向滑下去。舞台工作人员奔上来，麻利地用木楔子把几个轮子都抵住，终于，它被固定在原地一动不动了，而我的心也随着这一切的发生越跳越快。我不知情的是，就在这段时间里，领座员们已经被放
出去寻找那些因为演出可能被取消而到附近用餐的观众 143
了——就是说，他们违背了我不想马上让观众知道的愿望。而就在领座员跑出去请观众回来的同时，歌唱家们全都穿好了戏服，舞蹈演员和所有合唱队员也都收拾停当。

然而，意外并没有结束。合唱委员会找上了我，他们不同意我的决定。“我无论如何都会让歌剧上演的，”我对他们说，“只要观众认可这个想法，即使没有合唱我也照演不误。”虽然合唱队员都不是官方批准的罢工者，但他们还是离开了剧院。现在，我不得不面对观众了。站在幕布后面，

我就已经可以听到他们切切错错的议论声，它听上去就像“La bufera infernal，che mai non resta”[①]，催逼得人越来越紧。当我出现时，叫声似乎一下子渐强起来，而后又突然化入长长的、鸦雀无声的寂静之中。显然，每个人都很好奇我会说些什么。我指着乐池，那里空空荡荡，只剩下六位决定不参加罢工的演奏员。我向观众们说道，没有乐队，也就不可能进行正常的歌剧表演，对此，我深感抱歉。场内更加静了。此时，捱一刻就像捱一世，我终于壮着胆子说出了自己的想法：我打算亲自弹琴，与几位主唱一起完成这部歌剧的演出。尽管我与歌手排练时习惯于自己弹琴，一弹便是好几个小时，因此可谓训练有素，但我还是和观众打了个招呼，如果自己弹错一两个音，还望他们能够谅解。观众们异口同声地叫着表示支持。芭蕾群舞演员一个也没有走，这是天大的优势，因为他们全都坐在作为舞台布景的道具椅
144 子和沙发上，就这么簇拥着钢琴；在他们的衬托下，舞台看上去倒更像是薇奥莱塔·瓦莱利家的客厅了。

我自然是从序曲弹起。虽然合唱的缺席意味着我们不得不跳过一些段落，例如歌曲《天边已露曙光》(*Si ridesta in*

① 但丁著，《神曲·地狱篇》，第五歌，第31行：“地狱的暴风雨，无时休止”。

ciel l'aurora)，但整晚的演出还是进行得十分顺利，主演们似乎也受到这种特殊情况的激励，唱得比平时更加动情。第二幕结束时，我宣布中场休息，这在任何演出中都是有的。它给了我时间，让我可以回到自己的休息间，把总谱里较为艰涩的几段再浏览一遍。我要为我的授业恩师温琴佐·维塔莱大师祈福，因为，在那不勒斯的那些年里，正是他极具远见的 Do-Mi-Re-Fa 训练，让钢琴成了我此生相伴的密友。就在我们演出的同时，斯卡拉的宣传科已经给 RAI 打去了电话，通知他们这儿正在上演一场千载难逢的音乐会。电视台的工作人员像消防队一样，嗖地一下就赶到了现场。表演结束时，掌声经久不息，好像永远也不会停的样子。

我对自己的决定坚信不疑，而观众，明显也理解我的良苦用心。可是到了那天的后半夜，当一切都过去后，我却怎么也高兴不起来。冥冥之中，我总觉得有些事不对劲，于
是，第二天一早我就召开了一场新闻发布会。我把发布会 145
的地点安排在贾拉厅(Sala Gialla)，即所谓的“黄厅”。这间屋子具有历史性的意义，它是托斯卡尼尼使用过的，从卡拉斯算起，所有伟大的歌唱家都在这里演过戏；可就是这样一间屋子，却在几年前歌剧院大修的时候被拆除了，这

是对历史的背叛，也是对文化的背叛，是一种无知的犯罪。我记得，虽然人们想把我涂抹成旗开得胜的英雄，我却在发布会上说，前一晚没有赢家，哪怕演出受到众人的喜爱，也只能说这是悲伤的一天，在这天里，歌剧院、乐队、我本人、威尔第，还有只看了“半台戏”的观众，统统都没赢。我还解释说，自己采用如此极端的（*in extremis*）调停手段并不是要和乐队过不去，而只是为了不让乘兴而来的观众败兴而归，同时我提醒每一个人注意，绝对不能把音乐当儿戏。

这次风波过后，尽管我和斯卡拉的乐队还是度过了许多年的快乐时光，并且像早些年一样推出了大量作品，但我相信，我对乐队的某种信任感还是在那晚被击碎了，或者说，至少一部分的信任破灭了。

*

说到贾拉厅，说到在那儿表演过的伟大艺术家，以及2002年它被草率拆毁后给人留下的苦涩，我一定要和你们讲讲自己与那个地方的依依惜别。当时，我们为了大修关闭了歌剧院，全院人都搬去了阿钦博尔第剧院（Teatro degli Arcimboldi），我的办公室是老剧院里坚守到最后的部门之

一。所有的座椅都被拆掉扔了出去，等到“铁幕”[1]一卸，整 146
个主剧场便呈现出一种鬼气森森的感觉，唯独当中的那颗“心脏”还闪耀着光亮。

一天早晨，瓦伦蒂娜·科尔泰塞[2]敲响了我的门。她是斯卡拉的常客，深爱着这座剧院，她看着这里的演出长大，最崇拜的人是指挥家维克托·德萨巴塔[3]。她告诉我，眼看着老剧院就要一去不返，她是多么痛苦。我陪她走了一会儿，走到边梯处时她停了下来，因为感到心里一阵难受。当我从很远的地方折返回来看她时，她已走到微弱的灯光下站定，然后，悄无声息地、慢慢地像是跳起了舞。那天，她穿了一袭轻盈的白裙，而她的动作在我看来似乎带着某种献祭的律动，那正是献给这座正一步步走近终点的歌剧院的。

---

① 在戏剧界的行话里，“铁幕”指设在观众席和舞台之间的金属防火隔离设施。——原注

② 瓦伦蒂娜·科尔泰塞(Valentina Cortese，1923—　)，意大利电影女星，1975 年曾因《日以作夜》(*La nuit américaine*)一片获得第 47 届奥斯卡最佳女配角提名。

③ 维克托·德萨巴塔(Victor de Sabata，1892—1967)，意大利指挥家、作曲家，常被认为是与托斯卡尼尼一样伟大的意大利指挥大师，1930 年他继托斯卡尼尼之后接掌斯卡拉歌剧院，一待就是二十余年，深受乐队和观众的敬重。

它让我联想起《春之祭》中的“献祭的舞蹈”[1]。我无法很好地描述那种舞姿，但它宛如一场梦境。我们一起走回我的休息间，她问我是否可以拿走一些东西作为纪念。最后，在靠近上场门这边（她总是坐在这边）的台口，我们发现了一个小小的壁炉架，那上面的红色丝绒已经全部磨损了。虽然它一文不值，而且很快就会被扔进垃圾箱，我们还是征得许可把它保留了下来，而后她就带着它回家了。几天以后，我收到一封信，信的开头洋溢着热烈奔放的情感：“我最亲
147 爱的朋友，来自炎热南方潇洒倜傥的好人儿，魅力非凡叫人难以抗拒的大师”[2]。这正是她的来信，她在信中诗意地表达了自己的感谢，并告诉我她“对那些美丽之极、摄人心魄、叫人发狂的和声的记忆”。随后她又写道，“有时候，从乐队中流淌出来的旋律是那么轻灵通透，仿佛他们是在用空气和光进行演奏；而另一些时候，在不见缓和的猛烈节奏下，情感炽热的音符一个接一个地阵阵袭来，又使得和弦听上去仿佛是永不停歇的嚣叫。你看，现在那个壁炉架承载了

---

① 斯特拉文斯基《春之祭》的最后一段，在这段里，被选中的献祭少女要一直跳舞直至死亡，把她自己献给众神。——原注

② 原文为“Splendido ragazzaccio dell'infuocato Sud，amico mio scanzonato e carissimo，fascinoso e irresistibile maestro”。

我全部的青春、梦想、期盼、渴望和泪水。”

在现代音乐的演出方面，我记得自己特别喜欢萨尔瓦托雷·夏里诺的《博罗米尼之死》(*La morte di Borromini*)，由蒂诺·卡拉罗担任旁白；此外，还有许多我们受委托演出的作品，担任作曲的当代作曲家包括贾科莫·曼佐尼、卢卡·弗兰切斯科尼、伊万·费代莱、法比奥·瓦基、埃利奥多罗·索利马[1]。古典音乐方面，我最重要的策划可能就是在1997—1998年度将贝多芬的全套九部交响曲搬上了舞台。像这样的作品已经有很长一段时间不见于斯卡拉的节目单了，我尽力把它们排在相对集中的时间段内演出，如此，观众便可以在不同的作品间进行回味与比较了。

*

我和斯卡拉歌剧院及其爱乐乐团的演出足迹遍布全球，范围之广达到了一家歌剧院所能梦想的极限。我记得我们在巴黎表演过威尔第的《安魂曲》(*Requiem*)，演出地点是巴黎圣母院，当时一块硕大的显示屏就悬在圣器室的上

① 与前面几位一样，法比奥·瓦基(Fabio Vacchi, 1949—)、埃利奥多罗·索利马(Eliodoro Sollima, 1926—2000)也是意大利当代著名的作曲家。

148 方;在东柏林和西柏林我们均举办过演出,那时它们之间还隔着一道"柏林墙"。在我们首次赴日本巡演期间,卡洛斯·克莱伯[①]与我一路同行并指挥了《波西米亚人》(*La Bohème*)。我们成了挚友,彼此亲密无间,直至他撒手人寰。书里有一张我俩摄于萨尔茨堡的合影,当时我正与维也纳爱乐乐团排练一首布鲁克纳的交响曲,照片是趁着休息间隙拍的;我们坐在音乐厅里,当别人要我们在照片上签名时,我们玩了把偷天换日的游戏,分别在对方的头像下签上了自己的大名。

此外,我和斯卡拉爱乐乐团还灌录了大量唱片,基本上都是在不同的音乐会或演出现场录制的。我更喜欢现场录音,尤其是对于配乐戏剧,因为我始终认为,当制作人在"预备"(Stand by)之后喊"各就各位!"(Ready!),同时红灯亮起,此刻你要说出"真奇怪……真奇怪……"[②],在这样的情形下,要想捕捉艺术灵感,简直比登天还难。而且,真正"奇怪"的是,我们必须在那一刻说出来,因为制作人他们吩咐我们开始说,更过分的是,他们还是用英语吩咐的!我们录

---

① 卡洛斯·克莱伯(Carlos Kleiber,1930—2004),出生于德国的奥地利指挥家,20 世纪最杰出的指挥大师之一。

② 原文为"è strano... è strano...",这是《茶花女》第一幕里薇奥莱塔的台词。

制过的交响乐作品数量极其可观，在这里我就不一一罗列了。还有一件事我觉得很重要，那就是4频道曾经把我们的音乐季演出录下来并在电视上进行转播，不过我遗憾地听说，在我离开后，这项传统也宣告终结了。

*

我在斯卡拉的那些年里，与英国女王伊丽莎白二世(Elizabeth II)有过一次绝妙的会面。那是2000年，当时我正指挥一场音乐会，节目中既有英国的乐曲，也有意大利的乐曲，其中还特意安排了埃尔加的《在南方(阿拉西奥)》[①]。
当掌声过后，按照白金汉宫严格的外交礼仪，我必须满怀敬 149
意地去觐见女王，可结果却是她驾临了我的休息间；要知道，前往那里的通道非但长得不可思议，而且七绕八拐，对于任何一个超过20岁的人来说都算得上是崎岖险径。我焦急地向温斯托克爵士打听自己该如何表现。他建议我不要称呼她“陛下”，而是称她“Ma’am”。这个单词在我听来

① 《在南方(阿拉西奥)》，*In the South (Alassio)*，是英国作曲家爱德华·埃尔加写于1903年至1904年冬的一部音乐会序曲，当时作曲家及其家人正在意大利北部利古里亚海沿岸的小镇阿拉西奥度假，那里的一山一水、一草一木激发了作曲家的灵感，促使他写下此曲。

有点像“Mèemma mia”[1]——也就是普利亚人说“Mamma mia!”（我的妈呀!）时的口音——我暗想，自己大概要费老了劲才能叫得出口了！我正在为此尴尬，却听到她的随从们窸窸窣窣走下大厅的声音。我站在门廊里，忽地记起自己的门口就有一个危险的台阶，于是便冲着女王直挥手，嘴里嘟嘟囔囔地说出了饱含敬意的话，那既不是“Ma'am”也不是“陛下”，而是——可能会吓她一跳——勉强标准的“Attenzione！当心啊!”女王一定意识到了我的失仪，那一刻拍下的照片刚好捕捉到我俩都抑制不住、放声大笑的画面。会面原定持续七分钟，起初米兰市长阿尔贝蒂尼也在，后来就只剩三个人了：女王、亲王[2]，还有我（我相信，这是对我在伦敦工作过一段时间的奖赏）。不过，温斯托克和他的
150 太太也进来了，我们闭门会谈了二十三分钟。她给我留下了深刻的印象：她是一个落落大方的女人，气质高贵，但与

---

① 当一个人和英国女王对话时，实际上，礼节要求他在一上来表达问候之际用“陛下”，然后，在整个交谈过程中再转为“Ma'am”（对女王的敬称“女士”）。我觉得这个词很滑稽，因为它听起来很像莫尔费塔人的口音，它说起来不像“ham”，倒像“chum”或“farm”。见《现代礼节 A—Z》（*A—Z of Modern Manners*，伦敦：Debrett's 出版公司，2008 年），第 157 页。——原注

② 即女王的丈夫菲利普亲王（Prince Philip）。

人对话时又很友善。在她起驾前，她封我为“高级英帝国勋爵士”（Knight Commander of the Order of the British Empire）。（正式的任命书被送往了罗马的外交部，在那儿搁了几个月，然后才转到米兰，由传达室的门房亲手交给我，没有半点仪式。）

*

我和斯卡拉歌剧院的关系终结于一场由多种原因引发的暴风骤雨般的事件。它毫不关涉我与乐队、合唱队共有的艺术理念，在这方面，我们从来都是极其默契的。它就像任何一场风暴一样，迅速地席卷而来。我不想去想它，我更愿意把目光放在那些美好的事情上，更愿意去聚焦这个剧院活力四射的那段时期（正如当初许多人对它的评价），因为，我的生命也已融入其中。

151

第八章　那不勒斯精神

有这么一座歌剧院，我对它始终怀着特殊的情感——这里既有艺术的原因，也不排除人性中固有的好奇心——你可能一猜就能猜到，它便是那不勒斯的圣卡洛歌剧院。我在那里认识的第一个人，是该院战后的首位院长帕斯夸莱·迪科斯坦佐(Pasquale Di Costanzo)。他是由美国人任命的，此前一直经营床垫生意。他长得又高又帅，具有典型的地中海气质，分外迷人。他带领剧院取得了长足的进步，1950年《沃采克》的首演便是证明——这部作品还是第一次以原汁原味的德语形式在意大利的舞台上演出，指挥是卡尔·伯姆。歌剧院就是迪科斯坦佐的家，不是因为他在那里可以像暴君一样施行专制，而是因为他全心全意地爱着这座剧院，对它关怀备至。

当我赢得坎泰利指挥大赛的一等奖时，他邀请我去那儿演出，我带去的节目里包括贝利尼、柴科夫斯基和理查·施特劳斯。施特劳斯的作品我选的是《意大利交响诗》，一支写得精妙绝伦，演奏起来却难度极大的曲子。之所以选它，主要是看中了它末尾两个乐章——“在索伦托的海滩上”（*Am strande von Sorrent*）和“那不勒斯民众生活”
（*Neapolitanisches Volksleben*），其中引用了《富尼库利—富 152
尼库拉》，一首在施特劳斯抵达意大利前不久就已问世的流行歌曲。① 在这部交响诗里，纵使当乐队演奏到这首歌曲时速度快得惊人，它还是会展现出一种只在朴素的德式音乐中才有的紧凑与沉稳。我们见面时，迪科斯坦佐只打算给我安排五次排练，对此我抱怨道：这些音乐并非乐队的保留曲目，只练这么几次，根本不可能。“大师，”他语气和蔼却不容二话地对我说，“让我们来分析一下：贝利尼的交响曲是小菜一碟，我们一下子就能搞定它；柴科夫斯基的协奏曲是我们的保留曲目之一，所以我们只须排一次就能把它打

---

①《富尼库利—富尼库拉》（*Funiculì-Funiculà*），又名《登山缆车》，是意大利作曲家路易吉·登扎（Luigi Denza，1846—1922）为了庆祝维苏威火山上的第一条缆索铁路通车，谱写于 1880 年的歌曲，却被理查·施特劳斯误以为是那不勒斯的民谣而直接用于自己的作品，为此登扎还曾状告理查·施特劳斯侵权。

造得有模有样。这以后，就是施特劳斯了：通过一次排练，你便可以带着乐队连贯地把《意大利交响诗》演奏下来。等到第三次排练，你兴许已经在音乐里建立起你的个性了，如此看来，总共也就需要排三次。大师，你还富余一场排练呢。"①是啊，剩下的就只有彩排了：我匆匆地谢过他，因为害怕他再给我砍掉一场排练，逃也似的离开了剧院。

我们就进行了这么几次排练：第一乐章"在坎帕尼亚"（*Auf der Campagna*）里有一段精彩的旋律，带着无与伦比的地域感；第二乐章"在罗马的废墟中"（*In Roms Ruinen*），音乐变得有点复杂，不过我们还能继续推进。第三乐章题为"*Am strande von Sorrent*"，我问乐队的演奏员们："对这几段的内容都清楚吗？"一个乐手回应说："在座的有谁懂法语？"②他在说笑，我微微一乐，翻译道："在索伦托的海滩上。"场内静了十五秒钟，静得有点让人心绪不宁，在这段时

---

① 原文为方言"Verimm' nu poco: 'a sinfonia 'e Bellini è na cusarella, e chella 'lla ce 'a bevimme in nu mumento; 'o '*Concerto*' 'e Ciaikoski è in repertorio, e pecciò co na prova mett'a posto 'sta robba. Doppo a chesto, Strass: na prova, e vuie liggit' '*All'Italia*' coll'orchestra. Dint'a terzaa prova affermate 'a vuosta personalità, in tutto so' tre: maestro, avite na prova in cchiù"。

② 原文为方言"E cchi save 'o francese? "因为乐章标题为德语，所以此人是故意在开玩笑。

间里，显然人人都在思考同一件事。一名中提琴手起身问： 153
“索伦托从什么时候开始有海滩了？”[1]我顿时语塞，没错，我还是头一回意识到那个小镇完全坐落在悬崖峭壁之上，根本就没有什么真正的海滩。可见，我们优秀的那不勒斯音乐家向施特劳斯叫起了板：他的音乐基本上就是他的主观想象，其中所描绘的东西在他所特指的那个地方甚至都不存在。在他们眼里，他一定像个“假行家”或者“撒谎精”。音乐会大获成功，观众一如既往地给予了我们最热情的支持——归根到底，他们都很清楚我就出生在那不勒斯的基亚亚小区，卡瓦莱里扎街（Via Cavallerizza）14 号，母亲是个再正宗不过的那不勒斯人。

*

另一次，我指挥《伊凡雷帝》，我告诉他们自己录过《伊凡雷帝》，里面使用了采自克里姆林宫的真实的钟声。为此，我这次也要求听到真实的钟声。可在联排中，当这一刻到来时，我听见的却是管钟的声音。绝对错不了：铛！铛！铛！铛！

---

① 原文为方言“Ma quande mai a Surriento c'è stata 'a spiaggia? ”

我停下来，大声反问道：“难道这些就可以充当克里姆林宫的钟声吗？”

这下可捅了马蜂窝了。“指挥先生想要钟声！”①

“不是我想要，乐谱上就是这么写的！”

“那好，这些声音就是。”

“不对，我要真正的钟声，之前我说得已经够清楚了。”

这时，院长向一位舞台工作人员挥了挥手，说：“听着，那上头有一块金属片，去把它拿下来。”②

154 于是，事情就这么解决了。事实证明，有了那块金属片，他们最终制造出了雷鸣般的声响，都赶上瓦格纳要求用雷鸣器(Donnermaschine)制造出来的效果了——这一切像极了托托的电影，哪怕真的再奇迹般地出现几座钟，效果也不过如此。这些事情构成了我对这座歌剧院最深情的回忆，它在我眼里就是世界上最美的歌剧院，罗西尼在这儿也担任过好几年的音乐总监呢！

乐队的演奏员们都是些性情中人。我记得，有一次我们演奏的音乐中包含一段很长的拨奏。拨弦艺术并非人们

---

① 原文为方言“'O maestro vo' 'e ccampane！”

② 原文为方言“Sient' a me，ce sta na rammera llà ncoppa；vutt' abbascio 'a rammera”。

想的那么容易。如果你只是用手指拨出“卜零卜零卜零”的声音，结果会显得很呆板；在一次排练《英雄交响曲》(*Eroica*)的主题变奏时，我本人也对此做过一个比喻，我说这就像是在听一个心不在焉的人朝池塘里扔四枚小石子，“扑通，扑通，扑通，扑通”。就在我们要演奏那段拨奏时，坐在最后一排的一位老乐师操着当地口音向他的年轻同事们高声建议道：“Guagio', 'a carnet! ”那意思就是说：“孩子们，别忘了用指尖肉头最厚的那段！”

我曾在圣卡洛歌剧院见识过的那个精彩无限的世界正在一点点消失，对我而言，有关它的任何记忆都是那么令人回味。我甚至还有点觉得它是“我的”歌剧院——我认同它的风格、它的反应，欣赏它的幽默(当然，那儿多多少少也有些我不怎么喜欢的东西)。1984 年，我在那里指挥了《麦克白》，导演是马里奥・塞奎、舞美设计是曼祖。曼祖选用白色作为主基调，通过反衬，表现出一种庄严哀伤的味道。我与乐队的配合天衣无缝，因此，从技术层面讲，最后出来的作品在准确性上无可挑剔。

我曾带领费城管弦乐团、维也纳爱乐乐团以及斯卡拉
爱乐乐团去过那里，前不久，我还带着柏林爱乐乐团一起回 155
去了一次。每个人都对我说，他是如何被这座大厅的金碧

辉煌和出类拔萃的音响效果所震撼，这些话说得我心中无比自豪。我变得愈加相信它是世界上最美的音乐殿堂，相信就场地和传统而论，意大利的歌剧史就反映了整个歌剧的历史。确实，在意大利，我们没有什么独一无二的标志性剧场，比如像伦敦的“科文特花园”（Covent Garden），或者巴黎的加尼叶歌剧院（Opéra Garnier）[①]；相反，我们的歌剧院不计其数，这就是为什么贝利尼及其同时代的作曲家在谱写歌剧时，心中都会想到所谓的“绝对首演地”（prima esecuzione assoluta）。在意大利，不可能只想着守住两三座歌剧院：所有那些历史悠久的大剧院都必须得到同等的关照——都灵、热那亚、威尼斯、博洛尼亚、佛罗伦萨、帕勒莫、卡塔尼亚的歌剧院，等等！要是我们只留下一两座歌剧院，那就相当于走上了一条背弃历史的道路；对于我们这些布鲁诺·巴里利[②]口中的“歌剧之国”的公民（而我则会称作“抒情歌剧院之乡”的公民）来说，这样做无异于将那些我们日后还能引以为傲的东西砸得粉碎。

---

① “科文特花园”这里指科文特花园皇家歌剧院（Royal Opera House）；加尼叶歌剧院即巴黎歌剧院（Opéra de Paris）的别称，因建筑师而得名。

② 布鲁诺·巴里利（Bruno Barilli，1880—1952），意大利作家、音乐评论家。

第九章　所遇 157

尽管我在世界各地旅行时，遇见过许许多多的人，但若要我描述一下“音乐家”是一份怎样的职业，那么，首先跃入我脑际的便是孤独地求索。它像是一种使命，一种奉献。音乐家是孤独的：他独自探寻着演绎之路，面对着总谱，靠一己之力把总谱上所写的内容交代给乐队，再由乐队演奏给观众听。我记得，无论在音乐会开始前还是结束后，我都会避开众人自己待在休息间里，把演出内容从头至尾默想一遍，一个人对完美孜孜以求。一段时间以来，我但凡哪天得空，就会独自踏上通往普利亚的路，抚一抚那里百年的橄榄树，踩一踩那里红红的乡间土，登一登那些由腓特烈二世下令建造的城堡。只有在那儿，我才能重新看见自己过去的面孔，听见自己过去的声音，才能暂时停下脚步，聆听寂静，并从这一源头中激发出音乐的灵感。

孤独，在我周游世界时它总是相伴我左右，它就像是我的一个朋友，在它面前我可以展现多面的自我。

一天，我写信给我的女儿基娅拉，当时她已下定决心要从事戏剧表演工作。我在信中写道："假如道路崎岖，这种生活就意味着孤独与失落；假如道路平坦，这种生活就意味着孤独与辛劳。"

*

158 然而，话虽如此，却不能抵消这样一个事实：在我的职业生涯里，我还是遇到了不少非同凡响的人物，我很乐意在这里讲讲其中几位的故事。

我第一次见到若望·保禄二世(Giovanni Paolo II)是在他驾临斯卡拉歌剧院之际，后来，我们又见过几回。不过，当我在西斯廷礼拜堂指挥波尔波拉[1]的《圣母经》(*Salve Regina*)时，我们却没能见面，因为他病了，只能通过寓所的闭路电视收看音乐会。与不苟言笑的教皇保禄六世不同，

---

① 尼古拉·安东尼奥·波尔波拉(Nicola Antonio Porpora，1686—1767)，意大利作曲家，同时也是最著名的歌唱教师之一。

若望·保禄二世更擅于交际——这种性格让他看上去既直率又热情,而与此同时,他还是一个极其伟大的人。我至今都未见过本笃十六世,因为我从没为他指挥过音乐会(尽管我知道他也是一位音乐家,所以,他可能在慕尼黑和萨尔茨堡看过我的几场音乐会[①]),不过,我最近给他的书《以艺术赞美主》(*Lodate Dio con Arte*)写了一篇序。

我很荣幸能出这份力,因为在这本书里,很多地方都流露出一种真诚的渴望,要竭力扭转圣乐日渐式微的现状。如今的宗教音乐,唱词空洞无物不说,连配曲都充斥着大量平庸肤浅的旋律。从帕莱斯特里纳到洛伦佐·佩罗西,[②]意大利伟大的圣乐传统曾绵延数个世纪,可现在却都失落了。我们这个国家本身就没有类似黑人基督徒灵歌这样大众化的、充满宗教虔敬感的、鲜活的音乐遗产,在这一前提下,又丢失掉圣乐传统,实在太可惜了。我们需要回归过去的圣乐传统,不应该对吟诵拉丁语歌词有任何顾虑。只可叹,在

---

① 德国籍教皇本笃十六世(Benedetto XVI),本名"若瑟·埃罗伊斯·拉青格",在当教皇前曾经担任巴伐利亚教区主教,慕尼黑和萨尔茨堡都在他的辖区内,故作者有此一说。

② 帕莱斯特里纳(Giovanni Pierluigi da Palestrina,约1525—1594)16世纪意大利圣乐作曲家;洛伦佐·佩罗西(Lorenzo Perosi, 1872—1956)近现代意大利作曲家、教堂音乐家。

当代许多牧职的心里，还没有深切地意识到这种需要，这也令我倍觉警醒。

159 拉丁语捍卫着洋溢在教堂中的神秘气氛，我就是在这样的教堂里长大的，作为一个孩子，我从没想过要去弄懂它的意思。对我来说这几乎就无所谓，过去，当地的老人们背诵起《震怒之日，即在于今》(*Dies irae*，*dies illa*)时，多多少少还要带些家乡方音呢，你压根就搞不明白他们说的是什么意思；当然，他们的一举一动真叫“虔诚”，既带着恭敬又满含畏惧(在拉丁语里，*sacer er religiosus*，即“神圣的和仪式的”包括禁忌)。经文中情感与精神方面的内容，基本上都被完好无损地保存了下来。我从来没有想过(为了让人们听懂歌词的意思)把古老的或经典的圣乐歌词翻译成意大利语(或别的语言)。我支持继续使用拉丁语来举行弥撒，这当然不是因为我是个逆潮流而动的保守主义者，如果非要说原因，那么纯粹只是出于我个人的怀旧情结。任何译文，哪怕是很好的译文，都会破坏那在我看来如此迷人的神秘感，信徒的注意力会转移到没完没了的复杂概念上，那些概念(即便是最常见的概念 *Pater noster*[1])足以把每个人

[1] 拉丁语，《天主经》(即新教的《主祷文》)开头的两个词，意为“我等之父”。

都彻底搞晕。教堂里的人常常不会细想自己在念叨些什么——他们祈祷,仅此而已。如果有必要,可以做些双语对照本,在一个和合页上一面印拉丁文、一面印译文,就像现在戏院里配合演出打字幕一样。人们定期去教堂只是为了直面自己的灵魂深处,对他们来说,在具体的仪式过程中清楚地知道"*Ave verum corpus natum de Maria virgine*"①这句话的意思,真有那么重要吗?这就是为什么我会同意在教皇拉青格的书稿中再添上四页的原因。

*

在所有的歌唱家中,我特别深情怀念蕾娜塔·泰巴尔
迪。她经常来看我的排练;她是那样美。她会独自坐在剧院 160
后排,我总在休息的时候跑过去找她说话。她告诉我,要是她也能一起加入工作那该有多好,对此我简直求之不得。她是一位非凡的艺术家,拥有一条或许永远也无法复制的金嗓子。某天,她送给我一件礼物,那是一封很有年头的信——信是威尔第写的,多年来,她一直把这封信放在自己的钢琴上。

在许多人眼里,能与泰巴尔迪相抗衡的只有一位女士,

---

① 拉丁语,《圣体颂》中的经文,大意是:真实的圣体,由童贞女玛丽亚所生。

虽然我一直无福见到她，但还是与她有过交集。1974年，我正为即将于次年在佛罗伦萨推出的《麦克白》做准备，就在那个时候，我心头响起了卡拉斯的声音。我听过不少她与德萨巴塔合作录制的唱片，她的演唱深深地打动了我，尽管我知道她在数年前就已退出歌坛，但还是觉得“麦克白夫人”一角非她莫属。这只是个心愿，没别的：我很清楚，要一个八年多没唱过歌的人再次回到舞台上演出一部完整的歌剧，纯粹就是幻想。也许，我是希望她能够以一位伟大女演员的形象重新崛起吧，因为在威尔第的构想里，这部戏剧要求念白时感情充沛，而演唱时的情感起伏倒不如念白那么大。

于是，某天夜里，当我在费城之际，电话铃响了。我接起电话，听到一个非常温暖，非常神秘，极其深沉，又极富磁性的声音：“你不认识我，大师，可我却知道你在找我。”

对方好像是故意停了一小会儿，而我甚至都没有勇气像通常那样回问一句“您是哪位”。

“我是玛丽亚·卡拉斯。”

161 几天前，我刚和一个在EMI制作“小天使系列”唱片的人说起《麦克白》选角的事，并请他帮忙物色一位女主演，我同时强调说，要是卡拉斯能接下这个角色，那就太棒了。他是卡拉斯的好友，肯定是他和她提了这话，所以后者才决定跟我开这么个无伤大雅的玩笑。“我很高兴你想到了我，”她继续说，接着又补充道，口气就像《茶花女》最后一幕里的薇奥莱塔，“可惜，太晚了。”

我从没见过她，却依然能清晰地记起她那充满女性魅力的声音；对我来说，这就是某种发生在我俩之间的私事，我一直把这个瞬间当作珍贵的记忆保留在心底。想想看，她仅仅是通过一条电话线连上了我：我们的接触就一个字，“言”（*Ordet*）①。

另一位我无缘合作的传奇人物是阿图尔·鲁宾斯坦②。光阴荏苒——*quae labitur hora*③——但它却从未赐给我机会与鲁宾斯坦同台演出，不过，据说在我与法国国家交响乐团（Orchestre National de France）合作的首场音乐会结束后，鲁宾斯坦是第一个起立喝彩的。

我还要说到切萨雷·谢皮④，我认识他时，他的歌唱生

---

① 《言》（*Ordet*）原是 1955 年由卡尔·特奥多尔·德赖尔（Carl Theodor Dreyer）执导的丹麦经典电影，曾荣获威尼斯电影节金狮奖。（原注）“言”，也有译作“道”，这个概念出自《约翰福音》：“太初有道，道与神同在，道就是神”。这里，作者借这个“言”来指“声音”。

② 阿图尔·鲁宾斯坦（Arthur Rubinstein，1887—1982），出生于波兰，后入美国籍，20 世纪最伟大的钢琴家之一。

③ 拉丁语，出自作者在第一章里提到过的主教修院大钟上的铭文。

④ 切萨雷·谢皮（Cesare Siepi，1923—2010），意大利男低音歌唱家。

涯已步入后期。有的艺术家从不会为了迎合观众一时的喜好而妥协让步,这些人给我留下了深刻的印象,谢皮正是其中之一。他的表演赋予作品高贵的气质,任何于此有损的事他都不会做。我在尼古拉·吉奥洛夫身上发现了同样的优点,他在佛罗伦萨演过我的“阿蒂拉”(Attila)。作为演员,他的魅力让人无法抗拒,只要他的脚一踏上舞台,你就会情不自禁地被他吸引;写到这儿,我眼前还能生动地浮现出合唱队员们对他满脸的敬意,简直奉他为天神。不幸的是,在
162 歌剧院,“比较”似乎是业内代代相传的习惯,我记得每个人都沉迷于争论到底谁更胜一筹,是吉奥洛夫呢还是鲍里斯·克里斯托夫[①]——事实上,后者在佛罗伦萨演出已是很久以前的事了,也就是说,部分辩论者从来就没有听过他的现场演唱。所有这些头脑发热、愚蠢到家的行为都叫人联想起当年围绕着福斯托·科皮和吉诺·巴尔塔利所爆发的争论。[②]

---

① 尼古拉·吉奥洛夫(Nicolai Ghiaurov,1929—2004)和鲍里斯·克里斯托夫(Boris Christoff,1914—1993)都是保加利亚著名的男低音歌唱家。

② 福斯托·科皮(Fausto Coppi)和吉诺·巴尔塔利(Gino Bartali)都是20世纪意大利最杰出的自行车运动员,两人的激烈竞争横跨整个四五十年代,科皮的锐意创新使其成为北方的偶像,虔诚保守的巴尔塔利则被视为南方的英雄,他们的崇拜者几乎将意大利一分为二。

我每每忆起克丽斯塔·路德维希[①]和她那别出心裁的举动,就会觉得分外开心。在维也纳观众的眼里,她是名副其实的女王,就在我们表演完马勒的《吕克特之歌》(*Rückert-Lieder*)后,他们向她献上了一束红玫瑰。她先是一个人走出去简单地谢了个幕,然后,当我们双双走出去谢幕时,我注意到自己的乐谱上多了一支红玫瑰,显然,是她摆在那里的。

朱塞佩·迪斯特凡诺,这位气度不凡的歌唱家总能唤起观众难以抑制的激动[②]——他的歌迷包括卡尔梅洛·贝内,后者在文章中称他"皮波"(Pippo),甚至还在自己的书里用一整章的篇幅来描写他[③]。迪斯特凡诺从未在我指挥的哪场演出中演唱过,然而,他与我还是有过一次合作,只

---

① 克丽斯塔·路德维希(Christa Ludwig,1928—),德国次女高音歌唱家,在声乐舞台驰骋四十余年,以演唱歌剧、艺术歌曲、清唱剧和大量宗教作品而闻名。

② 朱塞佩·迪斯特凡诺(Giuseppe Di Stefano, 1921—2008),意大利著名男高音歌唱家。

③ 即"话剧舞台(朱塞佩·迪斯特凡诺)"(*Palco di prosa [Giuseppe Di Stefano]*),《圣母看见了我》(*Sono apparso alla Madonna*)中的一章。见卡尔梅洛·贝内著,《作品集》(*Opere*,米兰:Bompiani 出版社,1995年),第 1111—1114 页。(原注)《圣母看见了我》是贝内的自传,在"话剧舞台(朱塞佩·迪斯特凡诺)"这一章中,贝内表达了他喜爱歌剧胜过话剧,他认为迪斯特凡诺的声音是他听过的最美的声音。

是那次我也没见着他的人影。这个故事值得一讲。当时我们在伦敦，我是第一次灌录《茶花女》的唱片，两位主唱分别是蕾娜塔·斯科托和阿尔弗雷多·克劳塞[①]。我不喜
163 欢后期合成这种工作方式，就是说，我讨厌让技术人员先录好器乐部分的“伴奏”，再配上歌手的演唱，因为我有十足的把握，所有的音乐和歌曲都可以在此时此地（*hic et nunc*）同步完成。不过，对于EMI派来演唱第二幕里“晚宴已备”（La cena è pronta）这句话的七名演员，我一个也不满意。这句话正卡在该剧戏剧冲突最激烈的当口，那一刻，乐队还在延续着“打牌”一场的旋律，虽然唱词只有四个字，却必须反映出不是你死就是我亡的基调。于是他们问我，既然我谁都看不上，是不是打算自己匿名来唱这一句呢？可这并非我的本职，而且我心里清楚，一旦我真这么做了，那么隔天他们就会跑出去对全世界宣扬此事。考虑到只有两拍，我同意在这个地方使用后期合成，同时在离开伦敦前，我拜托自己的好友、EMI的音乐制作人约翰·莫德勒（John Mordler），务必找到一个合适的声音来唱这

① 阿尔弗雷多·克劳塞（Alfredo Kraus，1927—1999），杰出的西班牙男高音歌唱家。

句话。几个月后，他打电话给我，说问题愉快地解决了。朱塞佩·迪斯特凡诺碰巧前往伦敦，他演唱了那句话，而且为了向我致意，仅要了一瓶香槟酒作为酬劳！所以说，要是你们中有谁拥有那套唱片，就该意识到，“在弗洛拉家”那场戏里一闪而过的“献声”，实际上是多么了不起的表演！

我在录制《乡村骑士》的终曲时也遇到了类似的问题，对于“他们杀了图里杜老乡”（Hanno ammazzato compare Turiddu）这句话，可能只有意大利南方的女人才能吟诵到位，而我们的录音地点却在伦敦——越过阿尔卑斯山，与西西里遥隔一千多英里！我试了几次都没成功，直到某天我和莫德勒带着预先录好的音频走进位于那不勒斯斯卡拉蒂 164
厅的录音棚。我们请来了广受欢迎的那不勒斯女演员伊萨·达尼埃利[1]，当我们进入那个小节时，她爆发出一声号啕，叫玻璃另一端的录音师们——全都是英国人——悉数跳了起来，仿佛遭遇了一场大雪崩。和《茶花女》一样，我提

① 伊萨·达尼埃利（Isa Danieli，1937— ），生于那不勒斯的意大利女影星，出演过《天堂电影院》（*Nuovo cinema Paradiso*）等片，曾凭《街道、女人与犯罪的故事》（*Un complicato intrigo di donne, vicoli e delitti*）获得意大利电影新闻记者协会银丝带奖最佳女配角奖。

此事可不是为了自我表功；这是一个关乎如何把握马斯卡尼歌剧结尾的问题，一旦抓住了它，显然就可以让听众浑身上下为之一颤。

我还请到过尼古拉·耶达来参演《清教徒》与《威廉·退尔》。可惜的是，他仅仅演了两场《威廉·退尔》。但在贝利尼的歌剧里，他的演唱却使得那首出场咏叹调（sortita）《献给你，我亲爱的》（*A te o cara*）变成了一首高贵至极的艺术歌曲（Lied），并令我首次从那些唱词中悟到了新的意义：爱会让剑拔弩张的双方停止厮杀。他把这样一种平和倾注于旋律之间，这平和之气似乎充满了整座剧院；他在唱到高音"se rammento"（假如我记得）时保持着极佳的连贯性——这符合贝利尼的要求，因为贝利尼是紧接在最高音的后面（而不是中间）标了一个渐慢（*stentando*），这样就使得男高音在唱升 C 前无法做任何多余的拖延，以免他心痒难耐在此炫技。

在我遇见过的所有独奏家中，斯维亚托斯拉夫·里赫特成了我最特别的朋友。他迷恋许多鲜为人知的器乐作品，无论在公开场合还是私人场合，他都对制造惊讶充满了兴趣。他讲话非常谨慎，一开口就要达到语不惊人死不休的效果。比方说，如果有人——不出所料地——赞美了马

萨乔或拉斐尔，他就会提萨塞塔。[1] 当聊起不同的城市时， 165
如果大家说了佛罗伦萨、锡耶纳、罗马或威尼斯，他就会带着几分高人一等的样子，得意地报出在座者全都不知道的城镇的名字，有一次他就回应道："诺尔恰[2]！"在音乐上也是如此：他喜欢玩"惊喜"，总能搜出一个叫人始料不及的终止式或一个出其不意的转调，并且把注意力全都放在了这些"惊喜"上。他还把这种哲学运用到了日常生活里。一次，他决定带些鲜花给我的妻子克里斯蒂娜，可就在抵达我家的前一秒，他撕掉了包装纸，把花藏在背后，这样一来，他就可以在最后一刻以一个出人意料而又优雅无比的姿势将花献给她了。

我曾经被里赫特的某些行为深深感动过，那是在热那亚火车站，我们的一场音乐会刚结束不久。在这场音乐会上，我们表演的是拉威尔的《左手钢琴协奏曲》(*Concerto per la mano sinistra*)。里赫特弹着弹着，突然忘记旋律了，幸好我控制住了乐队，而他也在观众注意到这个失误前找回了

---

① 马萨乔(Masaccio，1401—1428)和拉斐尔(Raffaello，1483—1520)都是意大利文艺复兴时期声名远播的大画家，和他们相比，萨塞塔(Sassetta，约1392—1450或1451)这位锡耶纳画派的代表人物名气就小得多了。

② 诺尔恰(Norcia)位于意大利翁布里亚区的佩鲁贾省。

MAURICE RAVEL

CONCERTO

pour la main gauche

pour

PIANO et ORCHESTRE

Piano principal (avec deuxième piano pour réduction de l'orchestre) . . . .
Deux pianos . . . .
Partition d'orchestre . . . .
Partition in-16 . . . .
Parties d'orchestre . . . .
Chaque supplément . . . .

DURAND & Cie, Éditeurs - PARIS
4, Place de la Madeleine, 4
United Music Publishers Ltd. Londres
Elkan-Vogel Co., Philadelphia, Pa (U.S.A.)

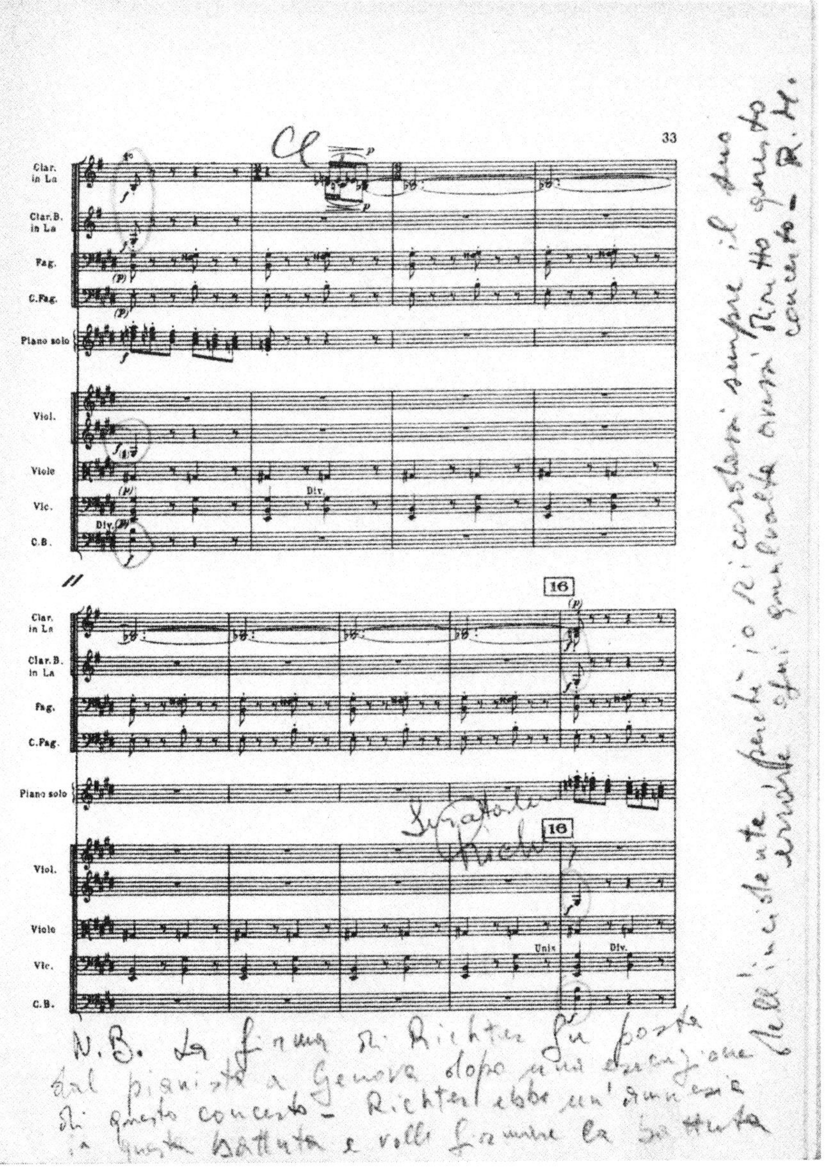

33
Cl
Clar. in La
Clar. B. in La
Fag.
C. Fag.
Piano solo
Viol.
Viole
Vic.
Div.
C. B.
16
Unis
Firmato Richter
N.B. La firma di Richter fu posta dal pianista a Genova dopo una esecuzione di questo concerto – Richter ebbe un'amnesia in questa battuta e volle firmare la battuta
perchè io ricordassi sempre il suo
inesistente errore ogni qualvolta avessi diretto questo
concerto – R. M.

记忆。对此，他真的感到万分不安，为了平复心情他要求把
整首协奏曲作为返场节目再演一遍（问题是，这首曲子的时
长达到二十来分钟，而且观众也已经给了它热烈的肯定）。
在无尽的掌声中，几名演奏员跑到后台找到我俩，表态说把
整首作品重演一遍的想法丝毫不让他们振奋，可是我却吓
唬他们说要将他们的这种抱怨公之于众，这才平息了抗议。
我们回到台上，顺利地演完了全曲。第二天，就在我们等候
前往佛罗伦萨的列车时，里赫特走到我身边，问我要总谱。
168 只见他快速翻动谱页，直翻到他忘记的那段，然后认认真真
地在旁边签上自己的名字。“我要在这儿写上我的名字，”
他说，“因为，我想让你每次看到都会记起这就是被我搞砸
的地方。”这便是一位真正伟大的艺术家给我们上的典型的
一课——谦虚做人。

*

我还想说说罗贝尔·卡扎德絮[①]，在我的事业刚刚起步之际，我曾和他一起在米兰 RAI 的大礼堂里合作演出过圣-

① 罗贝尔·卡扎德絮（Robert Casadesus，1899—1972），法国钢琴家、作曲家，演奏风格古典精致，是演奏莫扎特的名家之一。

桑的《第四钢琴协奏曲》。那个时候，意大利还有一些古老而伟大的乐团。从我搬到那不勒斯起，我就对斯卡拉蒂管弦乐团非常熟悉了，读书期间，我还去听过他们与皮埃尔·蒙特、塞尔久·切利比达克、夏尔·明希这样的传奇指挥家的排练[①]。罗马管弦乐团(Orchestra di Roma)是另一支我从一开始就有过合作的乐团，这支乐团里有一批真正一流的演奏家，如塞韦里诺·加泽洛尼、多梅尼科·切卡罗西、朱塞佩·塞尔米、安杰洛·斯特凡纳托。[②] 我们谁也不曾料到，这样一些杰出的乐团居然有一天会从意大利的土地上消失，而这都要拜那个灾难性的罪恶举措[③]所赐！同样愚蠢的还有，这些情况恰恰发生在音乐学院的数量直线上升期，更多的毕业生被培养出来，可他们却因为看不到登陆点而四处漂泊。

当我和卡扎德絮并排坐在一起时，我学到了很多东西：

---

① 皮埃尔·蒙特(Pierre Monteux，1875—1964)、夏尔·明希(Charles Munch，1891—1968)都是法国指挥大师。

② 塞韦里诺·加泽洛尼(Severino Gazzelloni，1919—1992)，意大利长笛演奏家、教育家。多梅尼科·切卡罗西(Domenico Ceccarossi，1910—1997)，意大利圆号演奏家。朱塞佩·塞尔米(Giuseppe Selmi，1912—1987)，意大利大提琴演奏家、教育家、作曲家。安杰洛·斯特凡纳托(Angelo Stefanato，1926—)，意大利小提琴演奏家。

③ 指财政紧缩法案，见第七章。

我打开分谱，眼角往扉页上一扫，看见了一连串的名字和从30年代早期开始的一连串日期。他的字迹隽秀而略显古雅，我偷偷瞥了眼他记录下的那些演出，太不走运啦，我读
169 到的第一个名字居然是阿尔图罗·托斯卡尼尼！这叫我备受打击。等到我的敬畏恐惧症过去后，与他一起工作就成了妙不可言的经历。他是一位伟大的音乐家，同时又是那么和蔼慈祥。他是最才高八斗的独奏家之一，能在自己的事业起步期就和他这样的人合作，真是三生有幸。

我与埃米尔·吉列尔斯[①]还有柏林爱乐乐团一起在柏林演出过贝多芬的《皇帝协奏曲》(*Emperor*)。吉列尔斯弹的第二乐章起奏速度超乎寻常的慢，仿佛每一个音符都挣扎着不愿跟上前一个似的，对此，乐队的演奏员们看上去都不知如何是好。而我，只能等他。演出结束后，我问他，为什么他会“觉得”那个“稍快的柔板”(*Adagio un poco mosso*)应该弹得这么慢。“这样弹效果好，”他说，眼神中流露出超越现世的光，投射进无边无际的虚空，“这些音符应该像苍穹中的繁星，一个接一个地闪耀光芒。”几个月后，他过世了，当我听

---

① 埃米尔·吉列尔斯(Emil Grigoryevič Gilels，1916—1985)，前苏联最著名的钢琴家之一。

闻噩耗，心里一阵羞惭，原来那个时候他就已经站在另一个世界来看待音乐了，而我却没能立时明白他的痛苦。他走完了自己的旅程，而且正如他所言，知道自己已经抵达终点；他不再是那个我在其他场合见过的火山般的音乐家了。

保罗·托尔特利耶[1]则不然，他始终是一座火山，哪怕说句“早上好”也是火急火燎的。一天，当我们在皇家节日音乐厅排练德沃夏克的大提琴协奏曲时，他那难以抑制的激情居然致使他把琴弓也甩脱了手，横着飞过舞台，只听他极为关切地大叫一声：“对不起！”他的演奏就像在即兴创作，却丝毫不失规范。

我记得在费城与鲁道夫·塞尔金[2]合作时也遇到过类似的事：在演奏《皇帝协奏曲》的前半部分时，他每踩一次踏板都要猛踹一脚钢琴。与之相反的是克劳迪奥·阿劳[3]，他 170
沉静得就像一幅圣像，那样子牢牢地铭刻在了我的心头；他面无表情，唯有双眸诉说着各种心绪。今天的钢琴家都恨

---

① 保罗·托尔特利耶（Paul Tortelier，1914—1990），法国大提琴演奏家、作曲家。

② 鲁道夫·塞尔金（Rudolf Serkin，1903—1991），出生于奥匈帝国，后入美国籍，20 世纪演奏贝多芬作品的权威钢琴家之一。

③ 克劳迪奥·阿劳（Claudio Arrau，1903—1991），智利钢琴家，20 世纪最伟大的钢琴家之一。

不得在键盘上手舞足蹈，他与这些人有着天壤之别，因此所遭受的非议也比其他任何人都要多，尽管他那无与伦比的触键让观众深深地为之倾倒。在贝多芬的《第四钢琴协奏曲》里，他所弹的起奏令我无比动容，以至于我完全不知道接下来自己该如何带着乐队进入并接过同一个主题，只能默念他在临上台前对我说的那句话："向前看。"

每每，与一位一流的独奏家合作后，我都会时不时地把总谱中的那些独奏片段挑出来，在脑海里回放。例如，有一次我们在费城举行了一场音乐会，耶胡迪・梅纽因拉奏的贝多芬小提琴协奏曲的第二乐章起奏①，精准地把握住了乐句间的"有机联系"（这也正是我从维塔莱及那不勒斯乐派的音乐家那里学到的东西）；他对那段小广板（*Larghetto*）所做的分句处理，叫我永生难忘。

*

有这么一支乐团，我与他们的合作是我最最重要的经历之一，如果不提这支乐团，我是无法结束自己的回忆的，

---

① 耶胡迪・梅纽因（Yehudi Menuhin，1916—1999），出生于美国，20 世纪最杰出的小提琴家之一。这里指贝多芬《C 大调小提琴协奏曲》（Op. 61）中的"小广板"。——原注

它就是——柏林爱乐。我第一次指挥他们是在1971年的一场音乐会上，独奏是毛里齐奥·波利尼[①]，我们演奏了巴 171
托克的《第二钢琴协奏曲》，此外还有开场的《威廉·退尔序曲》和下半场的普罗科菲耶夫《第三交响曲》。

从那时起，他们每年都会邀请我去柏林演出，曲目不胜枚举，内容丰富多彩，我在那里逗留的时间也一次比一次长。我还和他们一起录制过唱片，在我最喜欢的专辑里，不少就是同他们合作的产物，包括布鲁克纳的《第四交响曲》和《第六交响曲》、亨德尔的《水上音乐》(*Wasser-Musik*)、海顿的《耶稣基督临终七言》(*Die sieben letzten Worte unseres Erlösers am Kreuze*)，以及别的很多杰作。

不过，历数我对爱乐大厅的所有造访，最美妙的一次还是1980年6月23日的那场音乐会，我们演奏了卡尔·奥尔夫的《博伊伦之歌》(*Carmina Burana*)——一部伟大的音乐作品，它将配器法演绎到了极致。那晚，作曲家本人也坐在观众席里，我们的表演令他深受震撼，他几乎认为这可以称得上是该作品的“二度首演”(在他送给我的一张签名照上，他这样写道：mit besonderem Dank für seine gleichsam

---

① 毛里齐奥·波利尼(Maurizio Pollini，1942—)，意大利著名钢琴家。

zweite Uraufführung der *Carmina Burana*[①])。就在他离开柏林动身前往当时的居住地慕尼黑时，他对总谱做了几处力度变化上的修改，这是他在聆听我的指挥时想到的调整。[②] 我去拜访他，他给了我几页零散的谱纸，上面有他草草写下的音乐符号。在我的印象中，他是一个非常亲切的人，虽然历史评论家们如此频繁地将他与骇人听闻的政治运动扯在一块儿，可我从他身上却看不到半点那种运动留下的痕迹。

---

① 德语，意思是"对于这场堪称《博伊伦之歌》二度首演的演出，我致以特别的感谢"。

② 托比亚斯·默勒(Tobias Möller)撰，《论对〈博伊伦之歌〉的接受》(*On the Reception of Carmina Burana*)，载《今日奥尔夫》(*Orff today*)，2006年，第9期，第36页。——原注

第十章　向前看 173

通过我所追述的每一件往事，你大略可以看到我的人生轨迹和所学所知的点点滴滴，这四十多年来，我一直同优秀的交响乐团、杰出的独奏家打交道，他们带给我的忠告、建言，教给我的工作习惯和生活智慧，让我受用至今。我走过世界很多地方，这本身也是一种不可或缺的教育，其效力与歌德笔下的“威廉·迈斯特”（Wilhelm Meister）所经历的自我发现之旅比[1]，可谓不相上下，它们都一样充实，一样满载着无法预期的神奇宝藏。

而当我及时收回目光，却又变得惴惴不安，担心自己所

---

① 歌德的“威廉·迈斯特系列”由两部小说构成，分别是《威廉·迈斯特的学习年代》和《威廉·迈斯特的漫游年代》（*Wilhelm Meisters Wanderjahre*）。

说的过往会不会只是一段苍白、无声的愁绪；为此，我觉得有必要让它发挥出更大的价值，我要把自己的经验和教训告诉大家——特别是告诉那些刚刚拿到簇新的毕业证，即将离开校园的年轻音乐家们。

每当我要为公众献上一场音乐会或一部歌剧时，我都会花不少时间进行准备，这许许多多回的准备过程都充满了关键性的时刻，正是它们铺就了我的艺术道路，让我一次又一次地对音乐进行反思。有时，这样的准备还包括“授
174 课”：我坐在琴凳上，面对数量永远庞大的听众，讲解两天后他们即将在斯卡拉看到的某部歌剧；通常，讲课地点会安排在米兰的不同高校，而听讲者一般都是歌剧拥趸和为数众多的学生。不过，有时情况会更好些，我可以把观众请来旁听我们的音乐会排练，这种现象如今称为“公开排练”（这个术语听起来可能过于直白了）。虽然在这样的场合下，观摩人数常常达到数百，但我还是像平时一样指挥乐队进行排练，只是我会尽量多说一点，以便营造出一种对话的气氛，好让观众有种参与感。是的，既然观众们来了，我就要竭力向他们“开放”更多的东西，而不仅仅局限于打开歌剧院的大门！正是在这样一种前提下，完美的对话才应运而生，而我始终被它牢牢吸引。

记得有一天下午,在普拉托①的一家歌剧院——那应该是2006年的9月——我与一支由青年音乐家组成的室内管弦乐团开始排练舒伯特的“未完成”。我一面手把手地指导乐师们如何表现该乐曲的声音(先教大提琴手和低音提琴手,再教小提琴手),一面通过这样的排练,形象地告诉身后的几百名观众这首曲子是怎样奇迹般地诞生的。对我来说,这真是一次难忘的经历。而且它也满足了我的一个心愿:不管怎样,指挥台让我成了孤家寡人(并且这种情况还会继续下去),因此,我需要冲破那种无论在理论上还是实际上都存在的孤立,与人进行交流。

而我梦想组建一支青年交响乐团,也是出于一系列类似的考虑。鉴于路易吉·凯鲁比尼作为音乐家是那么伟大,而 175
我对他的家乡佛罗伦萨又是那么热爱,所以,我决定以他的名字来命名这支乐团。然而,当我离开米兰,同时失去了斯卡拉的工作保障——可想而知,这绝非小事——这个计划一度变得岌岌可危了。幸运的是,拉文纳艺术节和皮亚琴察歌剧院(Teatro di Piacenza)迅速加入了进来。我们对皮亚琴察市的市长及文化议员充满了感激,在这个意义上,可以说该

① 普拉托(Prato)是意大利托斯卡纳区普拉托省的省府。

乐团是艾米利亚和罗马涅这两个地区的重要城市的共同“子嗣”，我们完美地代表了整个艾米利亚—罗马涅区。①

终于，这支乐团成形了。皮亚琴察从一开始就把它的市立歌剧院交给了我们，好一个富丽堂皇的家！没过多久，那儿又添上了修葺一新的泰亚蒂尼厅（Sala dei Teatini），现在，我们的公开排练都在这个厅举行；过去，它曾是教堂的耳堂及中厅与耳堂的连接处，在这里，声音听上去很通透，而且在确保音响效果的前提下，观众们还可以一览无余地看到巨幅的湿壁画。乐队成员的选拔工作由一个国际化的委员会操作，选拔工作需要持续不断地进行，因为章程规定：乐手在职的时间不得超过三年，乐手的年龄也不得超过30岁（不过也有个别乐手被允许以“客座”身份回到乐队中）。所以，与其说这是一支“竞技型”乐团，毋宁说这是一

---

① 艾米利亚和罗马涅分别是意大利两个历史悠久的地区。其中，艾米利亚地区得名于罗马执政官艾米利乌斯（Aemilius）建筑的一条连接里米尼（Rimini）和皮亚琴察（Piacenza）的东西走向的大道，这条大道曾是古罗马帝国的交通要道之一，位于大道上的驿站如今都已发展成该大区的主要城市，大道沿线地区即被称为“艾米利亚”。拉文纳是极少数远离大道的重要城市之一，公元6世纪它就成为拜占庭帝国总督府的所在地，755年，以其为中心的波河下游平原归由罗马教皇管辖，因此称为“罗马涅”。1948年，艾米利亚地区和罗马涅地区合并为一个大区。由于路易吉·凯鲁比尼青年管弦乐团（Orchestra Giovanile Luigi Cherubini）的赞助方分别来自皮亚琴察和拉文纳，所以作者将它比喻成两大地区共同的子嗣。

支“教育型”乐团。成员们不会受到从一而终的束缚，即我们不禁止“脚踏两条船”：乐手在三年任期内依然可以去别的地方进修，或去别的乐团面试。目前与我共事的是第二届演奏员。我们已经获得过阿比亚蒂奖[1]，在意大利这么个崇外的国家，这可是一份响当当的成绩。萨尔茨堡的艺术 176
总监、大导演于尔根·弗利姆[2]还邀请他们去参加了萨尔茨堡音乐节，因为他曾在拉文纳听过我的一堂音乐会讲座课，课上，这支乐团演奏了贝多芬的《第五交响曲》。

弗利姆的邀请同时也促成了“那不勒斯计划”，这一重大的演出活动赋予了萨尔茨堡圣灵降临节音乐节更多的活力[3]，该音乐节实际上是由卡拉扬于1973年创办的，节目则

---

① 阿比亚蒂奖，全称 Premio Franco Abbiati della Critica Musicale Italiana，是意大利音乐评论家协会于1980年设立的一个歌剧类奖项，以《晚邮报》(*Corriere della Sera*)的著名乐评人佛朗哥·阿比亚蒂(Franco Abbiati)的名字命名。路易吉·凯鲁比尼青年管弦乐团于2007年获得该奖项的“特别奖”。

② 于尔根·弗利姆(Jürgen Flimm，1941—)，德国戏剧及歌剧导演、戏剧经理人，成功地主持过许多世界闻名的歌剧院及音乐节的工作，是当代欧洲戏剧界最杰出的代表人物之一。

③ 萨尔茨堡圣灵降临节音乐节(Salzburger Pfingstfestspiele)是传统的萨尔茨堡夏季音乐节的衍生物，自2007年起，穆蒂连续五年担任该音乐节的艺术总监，五年内，他推出了一系列18至19世纪那不勒斯乐派的歌剧作品，这些作品如今都很难得上演。

是他指挥的一系列音乐会。我始终致力于召集一个团队来复兴那些不太为人所知的那不勒斯乐派的作品——其中不乏杰作，可是这个计划在意大利没能推行下去。然而，在奥地利，我们已经把它推进到了第四个年头，任何一个曾在2010年5月闲步于萨尔茨堡街头的人，都会看到无处不在的大字海报，上面写着"那不勒斯：记忆之城"（Neapel：Metropole der Erinnerung）——这是多么奇妙的洞察啊，可在那不勒斯当地却从来没有谁注意到这一点！

今天，我继续前行，并且即将以朱塞佩·萨韦里奥·梅尔卡丹特[①]的几部作品来结束萨尔茨堡的"那不勒斯计划"，此时此刻，不妨回顾一下这个计划是如何在我心中神奇地生成的。我最早迷上那不勒斯乐派是在1967年，那年，西奇利亚尼邀我去斯卡拉蒂会堂指挥多梅尼科·斯卡拉蒂的《狄玲蒂娜》和奇马罗萨的《别人的衣服你穿不了许久》（*Chi dell'altrui si veste presto si spoglia*）。两位当时最出色的歌唱家，塞斯托·布鲁斯坎蒂尼和保罗·蒙塔尔索洛[②]担任了

① 朱塞佩·萨韦里奥·梅尔卡丹特（Giuseppe Saverio Raffaele Mercadante，1795—1870），意大利作曲家，以歌剧作曲见长，对19世纪意大利歌剧的结构、曲风及配器法做出了重要贡献，威尔第曾深受其影响。

② 保罗·蒙塔尔索洛（Paolo Montarsolo，1925—2006），意大利男低音歌唱家，以演唱喜歌剧见长。

主角，导演则是恩里克斯。这颗种子随着时间萌芽——我作为那不勒斯音乐学院的年轻学生，在图书馆里度过的无数时光都成了它的铺垫；最后，种子开花结果形成“那不勒斯计划”，并因为弗利姆而得以实现。 177

2010 年 5 月，节目单的焦点是莫扎特和尼科洛·约梅里[①]。乐团演奏了《解放拜突利雅》(*Betulia liberata*)，这部作品的脚本由梅塔斯塔西奥[②]撰写，两位作曲家分别为它谱了曲。我看到“自己的同胞”——全体意大利音乐家，在那里表演莫扎特的作品，心里便涌起一股强烈的自豪，因为他们是在那座城市演奏[③]，它是如此令人艳羡地守护并颂扬着莫扎特的音乐遗产。在紧挨着的两天里，他们成功而完美地演绎了两种截然不同的声音——莫扎特的古典与约梅里的更为老派。鉴于我对莫扎特后来写的那些杰作(直到《狄托的仁慈》)都了解得非常透彻，我倾向于把这部很早就完成的《解放拜突利雅》(1771 年)视为他少年时期创作中较早的一部。不过，在来自那不勒斯的老前辈约梅里和来自萨

---

① 尼科洛·约梅里(Niccolò Jommelli，1714—1774)，意大利作曲家，作有歌剧七十多部，此外还有一些宗教音乐等。

② 彼得罗·梅塔斯塔西奥(Pietro Metastasio，1698—1782)，意大利诗人、剧作家，被认为是最伟大的意大利正歌剧编剧之一。

③ “那座城市”指萨尔茨堡，它是莫扎特的出生地。

尔茨堡的新生代莫扎特的作品之间，确实，风格上还是存在着显著的鸿沟。凯鲁比尼青年管弦乐团的演奏员们明白这一点，并且把他们对作品的全部理解都投入到了演奏之中。

15 岁的莫扎特居然有能力为如此复杂的脚本谱写音乐，这点令我印象深刻。想想第二幕一开场的那首没完没了的宣叙调，它以一种正式的神学论辩式的严谨对神性细加分析，甚至连《新版莫扎特》[①]的作者们都建议把这段删
178 了。可莫扎特却没有漏过一个省字号或一个重音。（大约在他创作《伊多梅纽斯》的时候，他给自己的父亲写了封信，信中的内容与诋毁者们对他的指控刚好相反，他着实夸耀了一番自己是如何完美地掌握了意大利语和它的格律。）一直以来这也是我的信条：以剧本的行文为要，别去死抠字眼。而回到 1743 年，如果观众听不懂所有的唱词，那么几乎可以肯定，他们就会厌恶这部作品。

---

① 《新版莫扎特》（*Neue Mozart Ausgabe*），全称《沃尔夫冈·阿马多伊斯·莫扎特：新版作品全集》（*Wolfgang Amadeus Mozart: Neue Ausgabe sämtlicher Werke*），是莫扎特作品全集的第二个版本，由 Bärenreiter 出版公司出版，因为之前已有 Breitkopf & Härtel 出版公司于 19 世纪推出的全集（现称《老版莫扎特》），故称“新版”。其主体部分于 1955 年至 1991 年出版，至 2006 年才全部出齐，是目前演奏和研究莫扎特音乐时使用频率最高的权威文本。

“那不勒斯计划”定于2011年结束，收官之作是梅尔卡丹特的一部难得上演的歌剧，这位作曲家深深扎根于那不勒斯乐派，他那富有前瞻性的创作已经接近了多尼采蒂和威尔第。我们还要复排《两个费加罗》(*Li due Figaro*)，以费利切·罗马尼[①]的脚本为基础，使用我们在马德里觅到的一部总谱。

如果要我报几场凯鲁比尼青年管弦乐团最精彩的演出，我的回答会包括2005年在拉文纳演奏的保罗·欣德米特的《圣苏珊娜》(*Sancta Susanna*)、肖斯塔科维奇所谓的《但丁十四行诗》(sonetti di Dante)和近期上演的斯特拉文斯基的《火鸟组曲》(*L'oiseau de feu*)。我还和该乐团进行过几次巡演。特别有纪念意义的是我们在巴黎的加尼叶歌剧院演出的五个晚上，节目是约梅里的《德莫封》(*Demofoonte*)。当剧目单公布时，很多人都不知道这位作曲家是谁，我于是建议他们走过歌剧院前门时抬头看一看，那里沿街的墙上有许多著名音乐家的胸像，他们会看到约梅里金灿灿的名字。我和这支青年乐团也一起举办过系列讲座，每一次讲

---

① 费利切·罗马尼(Felice Romani，1788—1865)，意大利诗人、剧作家、文学与神学学者。他被认为是继梅塔斯塔西奥之后、博伊托之前，意大利最优秀的剧作家，为多尼采蒂和贝利尼编写过许多歌剧脚本。

座都留下了影像资料,这些录像都能买得到。我尽量教会他们两件最最重要的事:第一,当你坐在一个声部中时,要拿出“独奏家”所应有的奉献精神,追求完美的团队统一性;
179 第二,在工作中要讲职业操守。

正如我提过的,凯鲁比尼青年管弦乐团也是一支隶属于拉文纳的交响乐团,2010 年,它和另外几个团队一起参加了“友谊之旅”(Viaggio dell'amicizia)的活动。该活动的倡议发起于数年前,如今它已成为由克里斯蒂娜主持的拉文纳艺术节中最激动人心的板块。每年,我们都会选出一些“受难”的城市,这些地方的生活特别艰辛,其中第一站便是萨拉热窝,那年,它刚刚遭受了大规模的轰炸。当我率领斯卡拉的交响乐团前往那里时,我们乘坐的是意大利空军的 C-130 飞机,这种飞机通常服务于伞兵部队。我们演奏了舒伯特的《水上之灵的歌》(*Gesang der Geister über den Wassern*)、勃拉姆斯的《命运之歌》(*Schicksalslied*)和贝多芬的《英雄交响曲》。一位萨拉热窝的大作家在意大利《共和报》(*La Repubblica*)的头版发文对我表示了感谢。

这样的旅行常常像在冒险,而且要求速战速决,我们甘愿这么做当然不光是为了“履行合同”(用这种表述有时显得不太恰当)。2001 年 7 月,我们把同一场音乐会演了两遍，中间只隔了二十四小时，前一场演出的地点是埃里温，后一场则在伊斯坦布尔。我们搭乘一架亚美尼亚的航班飞往土耳其，在这两个彼此仇视、交恶百年的国家之间建立起了一座情感的桥梁。①

2002 年，正是“双子楼”遭袭一周年，我们在纽约林肯艺术中心（Lincoln Center）的埃弗里·费希尔厅（Avery Fisher
Hall）举办了一场纪念音乐会。观众席里的许多人都在这 180
场袭击中失去了亲友，他们全都把死难者的照片捧在胸前。音乐会结束后，其中的一部分人还跟随我和斯卡拉合唱团去了市中心，在那儿，大家清唱了一曲《纳布科》里的《飞吧，思想，乘着金色的翅膀》，歌声就回荡在世贸中心遗址上那片清冷的寂静中。

每到一处，我们都会就地邀请当地的乐师加入我们（事先他们的指挥会给他们稍稍排练一下），通过一次简单的联排，这些音乐家就可以和我们一起参加晚上的音乐会了。很多时候，对于坐在同一个谱架前的乐师们来说，唯一的共

---

① 埃里温（Yerevan）和伊斯坦布尔（Istanbul）分别是亚美尼亚共和国与土耳其共和国的首都。由于奥斯曼土耳其帝国从 19 世纪末起直至第一次世界大战后对亚美尼亚人进行了数次大规模的屠杀，导致两者之间世代积怨，亚美尼亚自 1991 年独立后始终未与土耳其建立正常的外交关系，直到 2009 年双方才结束长期的敌对状态，实现双边关系正常化。

同语言就是音乐，可他们却在两个小时内成功地表达出了同样的东西。我发现自己一再地告诉他们：演出是一种把大家团结在一起的民主的艺术，它是社会凝聚力的象征，演出时，你必须在不扰乱周围人的前提下做好自己的部分。没错，你必须和你的邻座一起为了“共同的利益”（这一概念总是遭到轻视）而努力，特别是在演奏交响乐之类的作品时，因为这样的音乐形式具有典型的“社会性”。

同样，我始终认为，在培养一个音乐家的过程中，没有什么比持久而迂腐的音节划分训练更教条化的了。差劲的视唱教学是导致这类情况发生的原因。训练学生给音符分节只能教会他们打破音符间的联系，而不是教他们概括出一条连贯的音乐轨迹，不让节奏妨碍音乐的流畅性（说到底，这才是唯一的正道）。我还必须补充一句，不能仅仅把视唱教学等同于音乐或音乐教育。学习音乐的过程在很大
181 程度上与聆听音乐有关。鉴于音乐教育不是强制性教育，更何况我们也无法想象把每个孩子都培养成音乐家，所以，我们最好致力于音乐欣赏的教学。如果你把音乐描绘成一座森林，其中充满了各种各样的声音，人们就能通过你的讲述看到风是如何在树与树之间迂回吹送，将不同的声音连成一片的；同时，这样的比喻还能帮助人们走进音乐的王

国，享受它的乐趣，而不是把它看成阳春白雪，望而却步。学生们可以慢慢地熟悉各种乐器，多少了解一点曲式方面的知识，逐步学会从更宽泛的美学层面去欣赏主题。我们可以引导他们穿行于那座迷人的森林，就像教十个月大的孩子蹒跚学步一样。我已经做过类似的尝试：有时候，我会让大家来观摩排练，并以深入浅出的语言为他们讲解一首曲子的结构和它最主要的内容。我常常能欣慰地看到观众的眼睛一亮，我很高兴能使他们参与到我和乐队的表演中来。

如今人们对音乐教育的误解早已是老生常谈，但我个人还是觉得一般的方式方法极不管用。它最多只能帮助大家学会弹琴，兴许能把琴弹得很溜，但一个技巧娴熟的琴师未必就能了解音乐演奏的真谛。即使你知道该怎么弹，也可能在艺术造诣上完全不达标。再说一遍，我们不应该指望成群结队的演奏者；相反，我们的目标应该是培养能够真正读懂音乐并从中获益的音乐家和听众。老实说，我甚至觉得“读懂”这个词用在这里都不够充分，因为在音乐中真的很少有什么是需要读懂的。举例说，我本人以及别的像我这样的专业人士，当我们拿到一份总谱时，我们都能读懂 182
其中的曲式、和声、对位、色彩、音调、乐节和插句，但这一切纯粹只是空架子，仅仅是个框架而已。我们永远也无法完全读懂这个框架背后的东西——我们只能寄希望于感知，从内心深处去感知。为此，我可以很坦然地说，那些所谓缺乏音乐细胞的人只管放宽心好了。一个对曲式和音乐语汇完全一无所知的人，有时候，或许比某个为了演奏而不得不熟记某部作品的人更能领会音乐的内涵。这无疑是因为他更有效地把作曲家希望传达出来的无尽信息“综合”了起来。在音乐表演的现场，和“乐痴”或者苦修成精的“发烧友”比起来，白纸一张、什么都不懂的“菜鸟”往往更能感悟音乐。

音乐就是具有神秘莫测的天性，这也令它显著区别于其他一切艺术。谁都知道它那套书写“符号”存在着令人绝望的缺陷，几个世纪以来，人们曾努力捕捉、限定这一无法衡量的艺术，结果都是无功而返。有时候，甚至连我们这些表演者也在变来变去，一天一个想法，这要么是因为我们自己也搞不清楚到底会发生什么，要么是因为我们对一部杰作的看法往往不是一成不变的。

这就是为什么 1996 年 1 月的一天下午，我在菲耶索莱和意大利青年管弦乐团(Orchestra Giovanile Italiana)进行
183 排练时，当我给他们提了一连串非常细化的建议后，又对那些年轻的乐师说：“注意，今晚我可能会做一些和我刚才所做的截然不同的处理。那究竟是什么呢？连我自己也不知

道!”我之所以这么说,或许是出于对那种会被特奥多尔·阿多诺[1]称为“物化的”表演的厌恶,因为我觉得那样做太“死板”。无论如何,他们大吃一惊,可能他们都很奇怪我是怎么想的,也可能压根就没听懂我的话。其实,那天下午我注意到他们的演奏有点太过规矩,略显僵化,仿佛他们的小礼服重重地压住了他们的双肩,就像彼得罗利尼的讽刺作品《加斯东》(*Gastone*)中的男主角。(《加斯东》这部戏于1924年在博洛尼亚首演。剧中,加斯东唱道:“我出生在一件小礼服里。当我降生时,我母亲不是用襁褓来包裹我,不是啊,她用一件小小的礼服把我美美地打扮起来!我绕着屋子摇摇摆摆地走,活像一只企鹅。”)我渐渐失去了耐心,终于半开玩笑地从嘴里蹦出这么一句话:“我们是意大利人!让我们把章法留给别人吧。”至于这里的“别人”,他们可能认为我是在指维也纳爱乐或柏林爱乐!这倒无妨,因为从某种层面上讲,差不多也是如此。我记得曾经读过一篇卡尔梅洛·贝内的文章,其中表扬了爱德华多·德菲利波[2],仅

---

① 特奥多尔·阿多诺(Theodor Ludwig Wiesengrund Adorno, 1903—1969),德国社会学家、哲学家、音乐学家。

② 爱德华多·德菲利波(Eduardo De Filippo, 1900—1984),意大利演员、剧作家、电影编剧、作家、诗人。

仅是因为他习惯于利用下午排练至晚上演出间的空隙换掉自己的一部分台词。他甚至为这种习惯而洋洋自得——他说，对于包括他本人在内的任何演员而言，要想“丰富自己的生活”，这便是完美的手段。[①] 也许我在说那句话的瞬间，就是想使这些年轻的管弦乐手的生活变得更加丰富吧。

不管怎样，任何人都能理解，干音乐这行是允许变化的，你可以更改一些东西——有时候，你不得不即兴创作，
184 而且你永远也无法指望在下一场演出中原封不动地照搬上一场的表演。就说莫扎特《g 小调第四十交响曲》的开头吧：它是你可以想象得到的最难的起奏之一，不是难在那段著名的“旋律”——每个观众都能伴着乐队的演奏哼出这个曲调，而是难在没有“观众伴唱”的第一拍。你或许在想：这个简单，因为它老出现啊，就算在《女人善变》或《普罗旺斯的陆地和海洋》(*Di Provenza il mare, il suol*)[②]这样的咏叹调里也都有。然而，此处音乐之汹涌令人晕眩，而中提琴的一线声音又必须起于静谧，同时还伴随着一个一上手就得营造出焦虑气氛的动机，它将带出那段梦幻般的“旋律”。我

---

① 《爱德华多》(*Eduardo*)，见《作品集》，第 1146 页。——原注

② 《普罗旺斯的陆地和海洋》是歌剧《茶花女》中老亚芒的著名咏叹调。

说是说“带出”，实际上却没有时间。所有一切必须瞬间完成。有的音乐历史学家感到纳闷，为什么莫扎特不多写几个预备小节或者直接就用那个主题来开头呢？他没这么做显然因为他是莫扎特，而且他想用百分之百的力量来表现这里的紧张，所以就将它浓缩进了一段极短极短的时间内——一个必须呈现无穷力量的瞬间，对此你唯一能说的便是“无话可说”。事实上，那个第一小节可能导致一场灾难。所以，你一定要考虑到音乐厅及其特点，要照顾到中提琴手和他们的情绪，想一想在演奏那几个音符时他们是不是全都能做到思想高度集中。

2006 年 3 月，我在佛罗伦萨排练莫扎特的《忏悔者的庄
严晚祷》。就在大家开始演奏“赞美主”（*Laudate Dominum*） 185
前，我终于忍不住说了一位低音提琴手几句，说的差不多也
是这个意思。我不能不警告他，那个他马上要拉到的 F 将
是他人生中最难拉的音，我甚至补充说：“我也不想处在你
的位置上。”然后，我还清楚地记得，自己要求他“找到你内
心深处的颤动”，为了把我的意思表达得更明确，我建议道，
“用这种方式来拉，那第一个音就该是这样……”——我做
了个把什么东西从手掌上轻轻吹向空中的动作。他乐得笑
出了声。他丝毫没有慌乱，看起来实在不像是他人生中最

紧张的时刻。不过，我始终在努力让他感受那个声音响起前的静默，这个静默必须饱含非凡的能量，后面的那个声音正是由这股能量释放出来的，这就好比在乐器尚未奏响时音乐就已经开始了。指挥、中提琴手、低音提琴手都要完全沉下心去，他们无须为了即将演奏的音乐节拍而绞尽脑汁，而是要在内心深处揣摩音乐丰富的内容，因为片刻之后，他们就得把这个内容传达给观众。我已经解释得不能再清楚了，这也正是为什么我每每看到一些指挥冒冒失失地一头扎进音乐时总是倍感惊讶：他们指挥出来的作品乍一听或许也不错，可细听下去就会察觉，其中更多的是机械化的规范处理而缺乏任何情感的表达。

演奏员的高下之分恰恰也是体现在这些方面，此外，我还发现，在音乐训练中最有效的方法大概就是比较同一作
186 品的不同演奏版本了。这便是唱片带给我们的不可估量的好处之一。我肯定，在提升音乐理解力方面，它的实际效用远远胜过丢给孩子一支笛子，然后也不管他能从中吹出什么声音。

当然，我刚才努力解释的一切都不可能被量化，同时，我们中也从来没有谁可以拍胸脯说某场演出是不是做得用心，做得到位，正如没有人可以对自己说“现在，我要走上指

挥台，照着这种方式指挥”一样。

很多次，我都是在不知不觉中发现自己的些许“变化”。我印象特别深的是某天晚上指挥维也纳爱乐演奏布鲁克纳《第七交响曲》中的“柔板”（*Adagio*）。在“循规蹈矩”的表演中，我突然注意到一些奇妙的东西出现了。它只是刹那间的感觉，“这些东西”并没有持续很久，而且似乎也不完全是由你创造出来的，它更像是因一个情感的浪头而推动出的一波波涟漪，你却无法清楚地辨别这浪头来自何方：是乐队？是观众？还是你自己？你不知道，但你可以感觉得到，它看上去神得很。唉，这些东西比你所能制造出来的任何东西都要宏大，可就在你意识到它的时候，这个奇迹已经从你的指缝间滑脱了。我近来再次捧读了一本谈论此种现象的书籍。[①] 其中，对司汤达在《拉辛与莎士比亚》（*Racine e Shakespeare*）里评论老戏迷及其观剧反应的话进行了探讨。司汤达认为，从来没有一位看客能够在整场演出中，也就是 187
说在两三个小时内，一直都真正地沉浸于戏剧；相反，他们只是在某几处个人特别有感触的点上融入了戏剧，身心俱

---

① 马尔科·格龙多纳著，《完美的幻觉：〈艾尔米温内〉和罗西尼的正歌剧》（*La perfetta illusione*：*Ermione e l'oera seria rossiniana*，卢卡：Akademos & LIM 出版社，1996 年）。——原注

醉地体悟戏剧的魅力。他把这些短暂的瞬间称为“瞬间的完美幻觉”。司汤达深信，光是为了这些独一无二的瞬间，也值得上戏院。

很明显，精彩的演奏是此类现象产生的前提，如果做不到这一点，你就无法奢望任何奇迹，只有做到了这一点，那么接下来如果你够幸运，乐队会凝成一股绳，每一位乐手都将预感到马上要发生的事，大家心无旁骛，连一个走神的都没有；这就是“齐心协力”的强大磁场！超凡的内在能量迸发了，而作为指挥的你便是第一个见证者，头脑一片空白地、欣喜若狂地看着这叫人难以置信的变化。你不可能计划这一切。假如某天晚上，当室内的灯光尽数暗下去，你站在乐队面前准备开始指挥《玛侬·莱斯科》（*Manon Lescaut*），你告诉自己“今晚我要比以往任何一次都做得更好”，那么咱们打赌，它一定会成为最蹩脚的演出。理性绝不能指导情感，连接这两个世界的通道从来都是不可知的。

我不得不相信事实就是如此，无论是对我，一个过去五十年里始终以音乐为生的人，还是对观众席里所有完全为音乐所迷以致把自己都忘了的“乐痴”而言，事实就是如此。
188 就连生活中某些简单之极的偶发事件，也令我联想起音乐的这种神秘性，并给我留下了难以磨灭的印象。1999 年的一天夜晚，我在耶路撒冷指挥威尔第的《安魂曲》，舞台搭在一个唤作“苏丹池”的地方，它就位于锡安山古老的城墙外。和平常一样，我没有在乐曲间安插幕间休息，仅在“奉献经”(*Offertorio*)开始前做了一次短暂的停歇。然而，宁静却被一声悲啼划破，那应该是狗或别的什么动物发出的呜咽，听上去好像来自附近的沙漠。我多停了一会儿，想等这哀嚎过去。在那里，在耶路撒冷墙前，这声音听起来就像与一切造物、与《旧约》中的那个世界直接相连似的。不过，因为害怕休息时间过长——我们的演出有现场直播，必须尊重电视台的排片表——我决定，无论这个声音停不停，我都要继续表演了，于是大提琴奏响引子，引出“奉献经”。神奇的是，音乐一起，吠声就止了。仿佛那个遥远的声音之所以传来，就是为了恳请音乐别停，因此，只有当迷人的歌声再度响起，它才肯归于宁静。

另一次是 2005 年，我们在突尼斯的沙漠之城埃尔·杰姆(El Djem)，我指挥五月音乐节管弦乐团及合唱团表演阿里戈·博伊托的《梅菲斯托费勒》(*Mefistofele*)选曲[①]。就

① 阿里戈·博伊托(Arrigo Boito，1842—1918)，意大利著名编剧、诗人、小说家、作曲家，为威尔第编写过歌剧《奥赛罗》和《法斯塔夫》的脚本，《梅菲斯托费勒》是他自己编剧、谱曲的一部歌剧。

在一首曲子结束、我们准备进入下一首曲子的当口，远处的清真寺里响起了一个穆安津[①]召唤教徒做礼拜的声音。起初，观众、乐队、合唱、独唱，还有我本人都被这意外“闯入的声音”弄得不知所措。不过，我随即回过神来，那个宗教仪
189 式性的召唤在我听来和这部歌剧的气氛是如此合拍，简直就像是它固有的一部分。它是这部歌剧的写照，在某种意义上将上下两首曲子衔接了起来。事实上，它增加了演出的厚度，而不是对演出形成了干扰。为此，我一直等到这召唤声结束才开始后面的表演。在那声音停下时，突尼斯的观众爆发出了雷鸣般的掌声，感谢我对他们的宗教表示尊重，而音乐也在更强烈的情感中继续展开。无论这首歌谣是一位穆安津的呼唤，还是博伊托写下的乐音，正是它，创造了这样的奇迹！

---

① “穆安津”是伊斯兰教的教职，指每天在清真寺里按时呼唤穆斯林做礼拜的人。

第十一章　音乐无界 191

今天，我艺术生涯中最后的考验将是与芝加哥交响乐团的合作。我本来以为在结束了漫长的费城岁月后自己就不会在美国工作了，可是2010年2月的一个恰当时机，让我重新回到了那里，和大都会歌剧院（Metropolitan Opera House）一起演出。先前，詹姆士·列文[①]也曾数度邀请过我，但斯卡拉的工作叫我分身乏术，以致心有余而力不足，只好一再地谢绝他的盛情。这次我终于如愿以偿，并且排练、演出了《阿蒂拉》，乐队与合唱队高超的艺术造诣令整个

① 詹姆士·列文（James Lawrence Levine，1943—　），美国指挥家、钢琴家。1971年他首次与大都会歌剧院合作，次年被提名为该剧院的首席指挥，1976年他又被授予音乐总监一职。至今，他与大都会歌剧院长达四十多年的合作，已成为他最重要的职业经历。

表演成为一次梦幻般的经历。他们还让我感受到了莫大的温暖：每一场演出结束后，乐手们都会留在乐池里接受长时间的喝彩，同时和余下的观众一起拍手叫好；合唱队员们来到我的休息间，送给我一副袖扣，上面刻着"阿蒂拉2010——大都会歌剧院合唱团"的字样；还有舞台技术人员，他们带给我一个照着芭比娃娃做的迷你版"欧达贝拉"①，打扮得和戏里一模一样，让我留作纪念。

192 现在来说说芝加哥吧，这真是一次意想不到的全新邂逅——对我来说，尤其如此。黛博拉·拉特（Deborah Rutter）主席在寻找新的音乐总监的过程中曾不止一次地和我联系。起初，我在她的游说下答应指挥一场音乐会。我差不多已经有三十年没去过芝加哥了，可是头一回与乐队见面，我们就发现彼此之间有着极强的默契，为此，2008 年我又带领他们踏上了欧洲巡演之旅。在这样的旅行中最能看出指挥与乐队的关系到底会分崩离析呢，还是会愈加紧

---

① "欧达贝拉"（Odabella）是威尔第歌剧《阿蒂拉》中的女主角，由女高音饰演。这部歌剧根据德国诗人 Z. 维尔纳（Friedrich Ludwig Zacharia Werner）的悲剧《匈奴王阿蒂拉》（*Attila, König der Hunnen*）改编，编剧是泰米斯托克莱·索莱拉（Temistocle Solera）。欧达贝拉因父亲被杀而沦为孤儿，她的仇人匈奴王阿蒂拉却无可救药地（单方面地）爱上了她，为了报仇雪恨，她假意嫁给阿蒂拉，却在婚礼上将其刺杀。——原注

密。一些乐手在巡演后给我写信，讲述这次经历对他们而言是多么愉快，同时，来自主席和董事会的邀请也变得更加坚定不移。

我犹豫了好久。事实上，在结束斯卡拉的工作后，我已经决定要把更多的时间留给自己。这听上去可能挺幼稚的，但一直以来我几乎从来就没有过什么属于自己的时间，而现在——正如塞内加在他的一封信札里写下的名言——花园里的那棵参天大树，我种下它时它还不足一米高，如今却像镜子般生生地让我看到时间的流逝，都是我的时间哪。[①] 事情就是这样："谁能抓住流逝的岁月呢？"[②]

然而，最后，他们的热情邀请，加上我自己对未来演出计划永不知足的好奇心，诱使我接受了这份工作。我和董 193
事会开了个条件：到了这把年纪，我觉得单纯的音乐表演已经无法满足我——哪怕是做精致的音乐。我想在职权范围内，尽一切可能地把音乐带给那些被这种文化排斥在外的

---

① 塞内加(Lucius Annaeus Seneca，公元前 4 年—公元 65 年)，古罗马哲学家、政治家、剧作家。这里指塞内加的《致卢奇利乌斯信札》(*Lettere a Lucilio*)，1. 21. 1 - 4："我确实欠我的庄园一件事：在这儿，我目光所及的每一处，都清晰地映出我的衰老。"——原注

② 萨尔瓦托雷·迪贾科莫撰，《在卡佩蒙特》(*A Capemonte*)，见《诗歌与散文》，第 38 页："L'anne ca passano chi po' acchiappà? "——原注

社会群体;出于各种原因,对这样的排斥他们完全束手无策,也没有主动的选择权。即使把演出“带给更多的群体”意味着要走出交响乐中心的大楼,我仍然打算这么做。芝加哥是一座多种族聚居的城市,这里生活着大量不同阶层的人,其中许多居民对古典音乐传统完全没有概念。尤其是我想到了美国的监狱系统和它的少年羁押中心,那里有那么多服刑中的孩子。我询问了杰出的大提琴演奏家马友友,他全心全意地赞同我的想法,我们俩已经商定了几个日子,要把音乐带入教养所——表演形式可以是二重奏(我来弹钢琴),也可以从芝加哥交响乐团中抽一小部分人一起去演出。

这对我来说不会是完全陌生的经历。因为几个月前,我刚应露西娅·卡斯泰拉诺(Lucia Castellano)的正式邀请,在米兰的博拉特(Bollate)监狱举行了一场演出。卡斯泰拉诺是这座监狱的教化主任,她也是那不勒斯人,不过这个主意最初却来自一名在押犯,他写信给我希望我能去演出。有150名犯人听我用钢琴弹奏了贝多芬、舒伯特和肖邦,他们都坐在一个小小的圆形剧场的台阶上。此情此景鲜明地呈现出一种强烈的反差:一边是音乐,它是美的写照,点亮着一个较为美好的世界;一边是罪恶,它的阴影给在押犯们带来了牢狱生活。不过，还有一种力量，那就是音乐抚慰人心的力量。它让我联想起《来自斯大林格勒最后的书信》的开篇，其中描绘了一位军官，在1942年12月，当 194
街弹奏钢琴奏鸣曲《热情》(*Appassionata*)。“上百名新兵披着斗篷坐在那儿，一个个都用毛毯兜住头。你可以听到四下里的枪声，不过没有一个人分心：大家都在聆听斯大林格勒的贝多芬。”[①]我告诉他们所有的人，就算是我弹的这些旋律，也常常出自于一些不幸的灵魂。这是一个极其值得纪念的夜晚，它令我反思：指挥家不应该总想着让自己成为媒体关注的焦点。尤其是当他步入后半生，如果已经功成名就，那就应该避开媒体，尽可能地去做一些传播音乐的工作。这样，即便他的生命有限，即便他的指挥生涯同样有限，他也可以让这种“有限”服务于无限的艺术事业。说到底，我们不是创作者，仅仅只是“演绎者”，我们永远无法在

---

① 《来自斯大林格勒最后的书信》(*Letzte Briefe aus Stalingrad*)是二战期间参加斯大林格勒战役的德国士兵的书信集，最初于1950年在西德出版。引文选自其中的第三封信：一位因冻伤而失去手指的钢琴家向他的女友诉说，自己正在一条小巷里聆听同样是钢琴家的战友库尔特·亨克(Kurt Hahnke)弹奏钢琴，这条小巷就在红场边上，钢琴则是他们刚刚从一幢大楼里拖出来的，随后这幢大楼就被炸毁了。(引自意大利语版，都灵：Einaudi出版社，1981年，第8页)——原注

身后留下任何不可变更的东西，因为随着时间的推移，人们对于音乐表演的评判标准和欣赏口味都会发生变化。

博拉特虽说不是波焦雷阿莱[1]，然而围绕着它的一切，哪怕是载我们去那里的、两边都喷着“狱警”字样的黑色轿车，看着还是叫人有点胆寒，这也让我打量起那个世界来——它与我们的世界是多么不同啊——心里一阵阵地发颤。我们通过一扇巨大的铁门进入那里，进门时，我浑身上下不由地一激灵。可是到了里面，当我看见被囚犯们布置
195 得窗明几净的车间，我就明白了，尽管他们都被定了重罪，却仍然存着改过自新的真诚愿望。

在大厅里，我见到的男男女女都经过了一番精心的拾掇，看起来就像是你可能遇到的最文明的观众。我同他们闲聊，仿佛周围并没有铁窗环绕。当我指着一个男子以敬语问他：“您是哪里人啊？”——我总是会脱口而出地这么问，每逢我与年轻歌手初次见面时也会如此，至于为什么，我也说不清，大概是想借他们的回答来决定自己接下去该怎么做吧。你绝对不会相信，他的回答竟然是：“莫尔费塔

[1] 波焦雷阿莱(Poggioreale)是意大利最臭名昭著的监狱之一，位于那不勒斯下属的波焦雷阿莱区，以羁押有组织犯罪的主犯而闻名。——英译本注

人。”有那么一小会儿，我僵住了，就“好像一个人突然在自己面前看到一件东西，对之惊讶不已”[1]。如果我对高中文学课上学过的知识记忆准确，那么，我的反应和索得罗见到维吉尔这个曼托瓦人时的反应是一模一样的[2]：“我生身地方的永远的骄傲啊”！[3] 随后，我讲了两句家乡土话想难难他，而他完全能听得懂。

我选的音乐都不太复杂，开场曲是舒曼的《为什么？》(*Warum？*)。在我们的一生中，所有人都会发出千百次的疑问，其中很多问题永远也得不到解答，而我认为，没有谁比他们更懂得这一点了。我接下去弹奏了肖邦的几支前奏曲，都是些非常简短的作品——带着十二音体系般的简洁——尽管听起来有些现代，但是很抓人。我讲解道，汉斯·冯·彪罗[4]成功地为每首曲子都起过一个标题，他用一 196

① 但丁著，《神曲·炼狱篇》(*Purgatorio*)，第七歌，第 10—11 行：“Qual è colui che cosa innanzi sé subita vede ond’e’ si maraviglia”。——原注

② 索得罗，即戈伊托的索得罗(Sordello da Goito)，13 世纪意大利著名游吟诗人，他出生在曼托瓦省的戈伊托，因此与同样出生在曼托瓦的古罗马诗人维吉尔(Virgilio)可算同乡。作者在这里联想到的是《神曲》中索得罗与维吉尔的会面。

③ 但丁著，《神曲·炼狱篇》，第七歌，第 18 行：“O pregio etterno del loco ond’io fui”。——原注

④ 汉斯·冯·彪罗(Hans Guido von Bülow，1830—1894)，德国指挥家、作曲家、钢琴演奏大师。

个词就表达出了作品全部的丰富内涵。随后的舒伯特的即兴曲令他们开怀大笑，因为我跟他们讲起了一部有关舒伯特的老电影，片中有个场景描绘舒伯特同一群波西米亚朋友在一起，并说自己坠入了爱河。当大家问他谁是他的“甜心”时，他坐到钢琴边，弹起了这首诗一般的乐曲。[①] 他的朋友们都做出了极为夸张的反应：一个家伙的雪茄从嘴里掉了下来，一个画家的画笔停在了半空，他们全都被惊得目瞪口呆。最后，音乐家说出了她的芳名。

演出最后，我谈了谈贝多芬人生中的几件事，以及他是如何同生理疾病与精神折磨作斗争的。讲完这些，我就弹奏起了《月光奏鸣曲》(*Mondscheinsonate*)。他们一致认为，这是整场音乐会上最美的作品。那是我生命中尤为特别的一夜。表演结束后，他们纷纷走上前来与我合影，我陷入了奇妙的人性温暖之中。

---

① 关于舒伯特的电影拍过许多，仅 1933 年至 1970 年就拍了八部。这里指的是 1954 年版的《爱的交响曲》(*Sinfonia d'amore*)，格劳科・佩莱格里尼(Glauco Pellegrini)导演，克洛德・莱杜(Claude Laydu)、吉诺・贝基(Gino Bechi)、保罗・斯托帕(Paolo Stoppa)和露西娅・博塞(Lucia Bosè)主演。四年后，在恩斯特・马利施卡(Ernst Marischka)执导的《三个女孩的小屋》(*Das Dreimäderlhaus*)里，扮演主人公舒伯特的是卡尔・伯姆的儿子卡尔海因茨(Karlheinz Böhm)。——原注

*

在我读高中时，有一天，哲学课上，了不起的多梅尼
科·德西蒙内（Domenico De Simone）老师给我们念了一句
尼采的话。我对这句话着了迷，它经常帮助像我这样在世
界各地奔忙、同时还心系“记忆温床”的人找到自我。这句 197
话就是：“重要的不是怀念过去，而是认识到它潜在的力
量。”博拉特的经历，和我一生中所有最严肃的经历一样，在
我心里，它们并不是简单的记忆，也不是无力的怀旧，而是
我人生中的重大事件，今天，我必须认识到它们潜在的力
量。而且，这次重要的经历也预示了今后几年我将在芝加
哥展开的事业。

201

跋

悲伤与高贵心灵

文/马尔科·格龙多纳[1]

与其就音乐是否有具体内容和含义争论不休，倒不如假定它有，并以此为基础展开讨论。无论怎样，当你听过一曲穆蒂指挥的威尔第，接着再去听他指挥的舒伯特的“伟大”[2]，你就会情不自禁地相信音乐是有内容和含义的。你会觉得自己看见了一些隐形人，他们被灵异地从谱架上召唤出来，在相互的交流中认出彼此，而穆蒂的指挥手势则更

---

① 马尔科·格龙多纳（Marco Grondona，1946—　），出生于意大利翁布里亚区的托迪市（Todi），现任职于比萨大学教授音乐史。——原注

② 即《C大调第九交响曲》，D. 944。——英译本注

加深了你的这一印象(他常常把手举到耳侧,示意不同的“声部”互相倾听)。这恰好诠释了阿尔托①的理论:“视觉与听觉,双管齐下。”穆蒂具有戏剧天分,他特别擅长营造名副其实的“戏剧性”——这不仅体现在《托斯卡》(*Tosca*)与《茶花女》中,也体现在交响曲的内部——他的这一才能把观众与作品紧紧地拉到了一起,哪怕是面对严肃的器乐作品,例如海顿的《耶稣基督临终七言》。在他看来,这首曲子中有一些段落应该“更突出它们的人性与动人之处,而非只作交响式的表达”②: 202

在莫扎特的《忏悔者的庄严晚祷》(*Vesperae solennes de confessore*,K. 339)开始处,合唱万分虔敬、热情澎湃地宣布

---

① 安托南·阿尔托(Antonin Marie Joseph Artaud,1896—1948),法国演员、导演、诗人,著有《戏剧及其替身》(*Le Théâtre et son Double*),发展了“残酷戏剧”(Théâtre de la Cruauté)理论,主张用呻吟、尖叫、夸张的哑剧动作及灯光效果,让观众受到震撼。其理论对 20 世纪前卫派戏剧,尤其是荒诞派戏剧的剧作家产生了巨大影响。

② 穆蒂大师的这句话是针对第五首奏鸣曲“我渴了”(*Sitio*)中第 60 小节及其后的内容所言。——原注

"*iuravit Dominus et non poenitebit eum*"(主起了誓,决不后悔)①,此时,他给乐队的金玉良言是"永远别把它想成交响曲!":

而在舒伯特的《谐谑曲》(*Scherzo*)里,因为多处舞曲式的渐慢(*rallentando*)和弹性速度(*rubato*),使作品免遭了"索然无味的"(herunterspielen)悲惨演奏。瓦格纳曾对他那个时代的指挥家在处理此作时的索然无味深恶痛绝——阿多诺甚至还为了这一点批评过托斯卡尼尼。② 关于"狂欢的

---

① 莫扎特《忏悔者的庄严晚祷》中"天主如是说"(*Dixit Dominus*)里第54—58小节。为了不让大家觉得我自诩懂行,我勉强保留了那个写错的词【"solennes"】,因为人们总是这样用,尽管我不明白为什么大家都爱以讹传讹——何况还有贝多芬的《D大调庄严弥撒》中"庄严"的正确写法【"solemnis"】可作参考。——原注

② 里夏德·瓦格纳撰,《论指挥》(*Über das Dirigieren*),载《诗文集》(*Gesammelte Schriften und Dichtungen*,莱比锡:Fritzsch出版社,1898年),卷8,第268页,"把(作品)吹奏得索然无味"(*herunter*blasen zu lassen);第276页,"对索然无味的快速演奏和毫无内涵的快速演奏充满狂热"(eine fatale Vorliebe für das *Herunter*-oder *Vorüber*jagen);第278页,"要是演奏得索然无味,疲软乏力"(wenn es ausdruckslos und matt *herunter*gespielt würde);第279页,"几乎是用急板把作品很快演奏完,让作品听起来十分乏味"(fast im Presto *herunter*gejagte);第284页,(转下页)

舞曲终曲”(*Apotheose des Tanzes*)，某次，我听到穆蒂这样对五月音乐节管弦乐团说——“一个人不能在毫无舞感的情况下演奏一支舞曲”，因为，乐手们当时犯了过于庄严的 203
错。而当他在指挥凯鲁比尼青年管弦乐团的小乐师们演奏舒伯特时，则要求他们：“带点新年音乐会的味道！”

在《威廉·退尔》序曲的最后部分，随着加洛普(galop)的节奏，他硬是不让弦乐胆敢在半乐句之间有丝毫喘息，

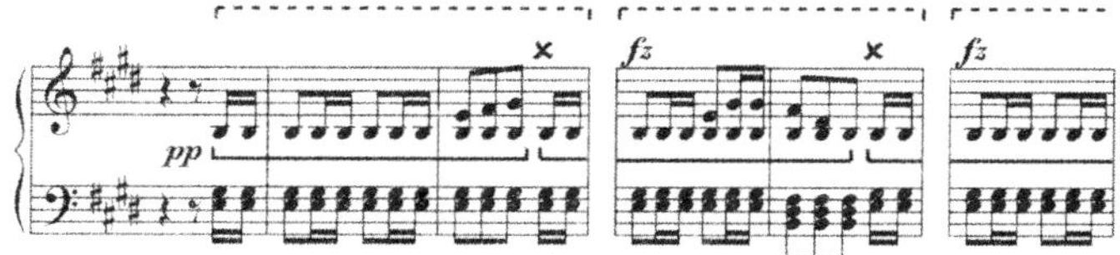

如此一来，那些插句简直衔接得更紧了，眼看渐快(*stringendo*)就要在十六分音符中结束，乐曲又紧接着从八分音符的强拍开始反复。显然，这仅仅只是刹那间的印象，但它却改造了乐句，使其神奇地呈现出上气不接下气、精疲力竭(à bout de souffle)的效果。从 E 大调到升 C 小调的那

(接上页)“毫无内涵的迅速演奏准则”(die Maxime des flotten Darüber*hinweg*gehens)。也见特奥多尔·阿多诺撰，《大师的高超技艺》(*Die Meisterschaft des Maestro*)，载《文集》(*Gesammelte Schriften*，美因河畔的法兰克福：Suhrkamp 出版社，1978 年)，卷 16，第 54 及以后数页。——原注

部分，考验时时爆发：①

204 我确定，大师深信，哪怕只多一个气口也极有可能违背本意地将音乐表现为“歌唱”，从而使本欲在此刻尽显雄浑强劲本色的节奏变得暗淡无光。一旦“它变成如歌的（*canto*），节奏感便荡然无存”②。（我有种感觉，似乎每晚的节拍器都比前一晚打得更快些——当我身处剧院时，我可把这个视为福祉啊！）同样的例子还有《命运之力》中的交响曲——尤其

---

① 即使在猛烈的“活泼的快板”（*Allegro vivace*）部分，这种速度不断加快的感觉照旧出现在了第 11.3、5 等小节中，继而在第 11.17、21 等小节中达到高潮。——原注

② 这是穆蒂在排练乔瓦尼·帕伊谢洛的歌剧《尼娜，又名为爱痴狂》（*Nina, ossia La pazza per amore*）中焦尔焦（Giorgio）的咏叹调《他的病不应该伤心》（*Del suo mal non v'affliggete*）时，针对其中一句“每个人都跳起来，每个人都很激动；这个人在亲吻，那个人给……”（Ognun salta, ognun s'accende, chi dà baci, chi li rende）所说的话。就戏剧表演那稍纵即逝并因此更显得无与伦比的本质而言，照例还是费代莱·达米科的话讲得最到位：“所以，即使在同一根指挥棒下，一部歌剧在两场演出中也几乎不可能呈现出同样的面貌……感谢上帝，显然这才是戏剧之所以成为戏剧的原因”，引自《当卢恰开始歌唱时》（*Quando Lucia comincia a cantare*），收入《音乐新闻全编》，第 34 页。——原注

是当它被作为音乐会序曲来演奏时，短短十分钟内，它就要把全部情节交代一遍。在第二段里，小行板（*Andantino*），木管吹着“威胁，庄严的重音”（le minacce，i fieri accenti），而第一小提琴则非常自由且舒展地拉出“命运”主题（这正是“交响诗”的开篇）：

有表情的行板

读着这里的无节奏（*senza tempo*），不禁叫人联想起那上气 205
不接下气的绝望之声，而且，这里出现了一种要“拖拽”的强烈渴望——流连不去的叹息终结了小二度，出于音调的缘故，它即“心的音程”①——似乎只有马勒令人揪心的拖拽（*schleppend*）可及。在帕伊谢洛的歌剧《尼娜》的最后，大师用同样的方式处理了表现尼娜震惊之情的招牌主题，并说：

---

① “心的音程”（Intervallo del cuore），由吉诺·斯特凡尼（Gino Stefani）定义；见吉诺·斯特凡尼、卢卡·马尔科尼（Luca Marconi）、弗兰卡·费拉里（Franca Ferrari）著，《音程：经验、理论》（*Gli intervalli musicali：Dall'esperienza alla teoria*，米兰：Bompiani 出版社，1990 年），第 9—24 页。当“命运”主题收于一个六度时，“威胁”主题也始于一个六度。——原注

“这是心的跳动——几乎是自由节奏。”

请注意，这样的格言听上去多么像一种矛盾修辞法(并非我个人的夸张)：根据胡戈·里曼的著名定义，绝大多数人都认可节奏的快慢明显有赖于“对正确速度的判断，这一速度决定了乐曲的节奏，其基础建立在一个健康人正常心率的平均数之上”[①]，与此同时，许多文献资料也解释说，“音乐的
206 速度体系，显然发端于人的机能系统，特别是和脉搏跳动的平均速率(即每分钟60至80跳上下)有关。由此可以断言，慢板(*lento*)和快板(*allegro*)都是律动可能的产物”[②]，此外，“取自各个时期，所有假设速度与某种生物官能(比如：

---

① 胡戈·里曼(Hugo Riemann)著，《音乐的节奏及节拍体系》(*System der musikalischen Rhythmik und Metrik*，莱比锡：Breitkopf & Härtel出版公司，1903年)，第9页。对于字面意思为“平均节拍”的德语“mittleren Zeiten”，我将其译为“正确速度”。——原注

② 瓦尔特·迪尔(Walther Dürr)、瓦尔特·格斯滕贝格(Walter Gerstenberg)撰，《节奏、拍子、速度》(*Rhythmus*, *Metrum*, *Takt*)，载《古今音乐》(*Die Musik in Geschichte und Gegenwart*)，第一版，卷11，第385页。——原注

脉动、心跳、步行速度)间存在必然联系的宽泛理论,都有关于平均速度的说法,这也可以拿来参考"[①]。穆蒂将心率,即假定的"节拍"范式,作为设定"tempo *a piacere*"(字面意思是"随心的速度"或"随你意的速度")的依据,这一事实彰显了他的指挥风格——"*a piacere*"这两个词,胜过我所能想到的千言万语。

有一次,我听他说:"现在,对于《诺尔玛》里的那首交响曲,我已经反复考虑了许久。说不定哪天我会用一种截然不同的方式来演绎它的'庄严'。"然后,他很慢地哼起了这首曲子的开头部分,并在和弦处饰以颤音效果或者说饰以合唱曲中才有的高贵,或多或少将贝利尼"庄严且坚决的快板"(*Allegro maestoso e deciso*)变成了一种单纯表现"庄严" 207
(*Maestoso*)甚或是"庄重且庄严"(*Grave e maestoso*)的快板(在德语中,有一个与之对应且更为常用的术语,那就是

① 这个观点是卡尔-恩斯特·贝恩(Karl-Ernst Behne)提出的,他接着说道:"此类理论均声称,在间或作为首选的速度与某种生物官能之间,势必存在着一种联系(老实说,直到现在,这种联系也没有得到切实的证明)。不过,平均心率与最常见的机械速率间的和谐一致也不可否认……即使是像萨克斯(Curt Sachs)这样丝毫不相信速度与脉动间有关联的人,也承认存在着某种类似正常速度(正确速度)的东西。"见《速度,系统性》(*Tempo*, *B. Systematisch*),载《古今音乐》,第一版,卷16,第1836页。——原注

Feierlich——庄严隆重的)：

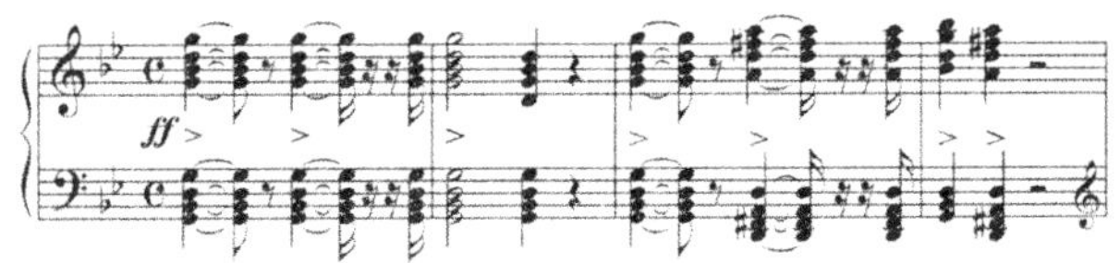

庄严且坚决的快板

我想，大师一方面是觉得这里需要一个更为严肃的开头，另一方面，他也渴望一个更为严肃的开头(各种各样的原速[①]，第 1—14？或 1—34？小节)，以便摆脱充满活力("快而猛")的速度，那正是此作在所有当代评论中都遭到诟病的致命伤。尤其是，根据"刊行谱"，该乐曲的演奏速度必须从头至尾保持一致(总谱里确实没有提到任何速度上的变化)。穆蒂肯定觉得，在这里，尽信书不如无书[②]。他势必认为这是一次勇敢甩掉所有"专制基础"[③]的天赐良机。这也转而令我联想起一个围绕着瓦格纳的指挥方法所产生的更为引人入胜的问题(瓦格纳年轻时绝对称得上是一位著名

① 此处术语"原速"(*tempo primo*)指乐谱中的缓急重音。——英译本注

② 原文为"*littera enim occidit spiritus autem vivificate*"，活用了圣保罗的话"因为那字句是叫人死，精意是叫人活"(摘自《哥林多后书》，3：6)。——原注

③ 瓦格纳撰，《论格鲁克的〈伊菲格尼娅在奥利德〉序曲》(*Glucks Ouvertüre zu "Iphigenia in Aulis"*)，载《诗文集》，卷 5，第 117 页。——原注

的乐队指挥，至少在一个世纪的时间里，他都是影响着未来几代人的楷模）：该采用哪种速度来演奏格鲁克的《伊菲格尼娅在奥利德》（*Iphigénie en Aulide*）的序曲。在写于 1854 208
年的论述文中，他表达了如下核心观点：不要从第 19 小节起就猛冲（这是以往演奏广板转快板类型序曲的老习惯），而要通篇都保持最初的行板节奏（以“刊行谱”为依据），从而避免德国指挥家们惯常制造的主要内容——“粗俗的噪音”①，如此方能确保第一主题呈现出统一的声响，“广袤雄浑”（maβive Breite）②：

行板

① 瓦格纳撰，《论格鲁克的〈伊菲格尼娅在奥利德〉序曲》，载《诗文集》，卷5，第 114 页。——原注

② 同上，第 115 页。前两个谱例分别来自彪罗的钢琴缩本（1858 年，为经瓦格纳修订的格鲁克杰作而作，因此自然而然拒绝任何速度上的变化），和总谱的“彼得斯版”，No. 9752（它强调了对“格鲁克的序曲”所倾注的思考，在第 19 小节标记了“庄重的”，这改变了速度，却是为了更好的效果！）；但是，人们常常在第 19 小节发现“快速而活泼的”字样（见最后一例，此乃胡戈·乌尔里希编的钢琴二重奏缩本，写明是“四手联弹”，即由两位钢琴家在同一架钢琴上演奏一首二重奏），这是奉行了 19 世纪中叶普遍存在的一个错误事实：“这支序曲的德国版，此外，也许还有法国版，实际上都采用了不恰当的快板来结束引子”（同上，第 114 页）。——原注

行板、庄重的

行板、活泼的

209 穆蒂棒下的贝利尼的交响曲，从第一拍起就相当出彩，他用的速度明显比其他任何指挥所用的速度都要快①。然而，即便如此，我还是必须做一个“戏剧性”的澄清：我是在一次音乐会的返场曲中，②听到穆蒂使用比他平时更快的速度的，在那种情形下，乐曲出现了真正的革命性的剧变。它脱胎换骨，从原来的角色（戏剧的前奏曲）摇身一变，立时立刻（*illico et immediate*）成为独立的完整表演——这都要归功于大师极其清晰地传达出了这种变化！2008 年 6 月 14 日，当他在拉

① 每个人都把它加快了一点——这些人依次是：贾南德雷亚·加瓦泽尼、乔治·普雷特（Georges Prêtre，1924— ，法国指挥家）和图利奥·塞拉芬（Tullio Serafin，1878—1968，意大利指挥家）。——原注

② 指 1995 年 5 月 12 日于帕尔玛（Parma）举行的一场音乐会，乐队为斯卡拉爱乐乐团。——原注

文纳与一支真正的管乐队(并非汉斯·维尔纳·亨策所谓的
完美的“管乐队”!)一起演出这支活泼的序曲时,效果同样迷
人。[①] 穆蒂大师“关于音乐的最初记忆”就来自莫尔费塔当地
的管乐队,这并非巧合(每逢“地方上的管乐队开始强有力地
演奏起当地最著名的葬礼进行曲”,“那缓慢而充满戏剧性的
音乐便昼夜回响”)[②];此外,永不犯错的费代莱·达米科也提
醒我们说,威尔第对音色的创新非常闪亮耀目,即使在他最
早的几部歌剧里也是如此,所以,“相反的意见不外乎缘于以
下两个原因:一、许多人厌恶一切仿效广场管乐队辉煌音色
的音乐;二、很多时候,他确实只是简单地把各种音乐凑在一 210
起而已[③]。穆蒂总能以其良好的判断力来消除人们的这种
厌恶。

---

① 指在拉文纳艺术节上指挥一支来自代利亚诺瓦(Delianuova,毗邻雷焦卡拉布里亚)的管乐队。关于德国作曲家汉斯·维尔纳·亨策(Hans Werner Henze, 1926—2012)所说的管乐队,见后面谈及《鹿王》的那条注释。——原注

② 埃米利奥·塔迪尼(Emilio Tadini)撰,《欢迎到我远方的小岛来》(*Benvenuti nella mia isola della solitudine*),载《七》(*Sette*,即《晚邮报》旗下每周的增刊),1994 年,第 48 期,第 22 页;恩佐·比亚吉(Enzo Biagi)撰,《一个“简单的”人》(*Un uomo “semplice”*),载《阿马多伊斯》(*Amadeus* 3,1991 年),第 19 期,第 32 页。——原注

③ 费代莱·达米科撰,《如今,威尔第如鱼得水》(*Oggi Verdi è in gran forma*),见《音乐新闻全编》,第 851 页。——原注

在《命运之力》的那支交响曲里，出现了大量激烈的旋律和鲜明的悲剧元素，这当然是再正常不过的了。但这两个主题都不再是单纯的音乐，而直接表现为角色（*personae*）以及他们之间的关系，在速度上完全自由，这就将巴登非常不喜欢的“粗拙”[①]变成了一种宏大的效果。类似的情况也发生在另一段选自《诺尔玛》的交响曲里——这一回，又是穆蒂把它作为返场曲单独进行演奏，而每个人都在期待奇迹和恢弘震撼的音效。这个简洁的“交响诗”主题家喻户晓。在这段加演的音乐里，他一如既往地奉上了某些取自歌剧音乐的元素。这不仅让观众得以在大幕升起并初次完整地欣赏过歌剧后，再度重温那两小时的美好，也给了他自己一个创造新“情节”的机会，这种创造可不只是依样画葫芦。在这一案例中，最富歌唱性的片段是最后那支绝望的二重唱的展开部：见到一心想着阿达尔吉萨（Adalgisa）被处以火刑的波利翁（Pollione）最终也变得和自己一样悲伤，诺尔玛（Norma）的脸上泛起了喜色（“终于，在你眼里，我也看

① 朱利安·巴登（Julian Budden，1924—2007），英国广播公司著名播音员、歌剧研究专家，著有三卷本《威尔第歌剧》等。他曾指出，“从和声的角度看，两个主题在其交会之际配合得当，可尽管如此仍不免粗拙。”见朱利安·巴登著，《威尔第歌剧》（*Le opera di Verdi*，都灵：EDT 出版社，1986 年），卷 2，第 474 页。——原注

到了因她的死而产生的剧痛”)：

带着饱满的声音

就算哪位观众对即将展开的悲剧情节一无所知，他也会对 211
马上要发生的事有种强烈的预感，因为穆蒂选择再现两个声部中较低沉的那一个，以无法抑制的“疏离”(straniamento)——原谅我使用这一确实运用于此的废弃术语——为标志，以仿佛游走于刺耳的管乐之外的短笛为领奏来制作一首歌，带着饱满的声音(*con voce nudrita*)①，

① 这个音乐指示【用已废弃的 *nudrita* 代替了 *nutrita*，字面意思是“带着饱满的声音”——英译本注】出现在总谱的手稿里。我和法布里齐奥·德拉塞塔(Fabrizio Della Seta)聊起过这段，并再次为他的技巧和优雅所叹服。可是，要注意，在手稿中，就在第一长笛下面，还有一个由第二长笛来演奏的部分，而不是由短笛来演奏。说到不喜欢高音的支配性，类似的制约——见莫扎特的【普鲁士】四重奏，K. 575，末乐章中的一段——可参看对鲁道夫·科利施(Rudolf Kolisch)的一次精彩访谈，载《表演理论：贝特霍尔德·图尔克的访谈录》(*Zur Theorie der Aufführung：Ein Gespräch mit Berthold Türcke*)：“图：在这个乐段中，我觉得低声部比高声部听起来清晰得多。/ 科：这很可能是因为第二小提琴拉得更有力，更响亮。无论如何，我费了很大的力气避免出现相反的音色：即女高音的声音！这就是我对它的理解，更多地(转下页)

“那么直接，那么强烈，非常活泼（*molto vivace*），不讲客套（*senza complimenti*），贝利尼那经常令我们沉醉的声响，就出现在他的管乐队前”①：

212 总之：无论在音乐戏剧还是语言戏剧中，我们都可以演奏纯粹的音乐，并且从交响乐引子部分就展开“戏剧表演”——正如瓦格纳所热衷的那样。

譬如，在罗西尼的《摩西》中，序曲无疑是最精妙的音乐，它和《纳布科》很像，只是威尔第音乐中无比清晰的“合唱性”，到了罗西尼这儿，就被异常华美的旋律所遮蔽了：

（接上页）制约高音——/ 图：——为了达到和谐。/ 科：对极了！”引自《音乐观》（*Musik-Konzepte*），29—30 期，1983 年 1 月，第 77 页。——原注

① 这是作曲家汉斯·维尔纳·亨策的名言，用来形容他的歌剧《鹿王》（*König Hirsch* 或 *Re Cervo*）及其他几部受意大利影响的歌剧中的理想音色。引自亨策著，《杂记》（*Essays*，美因茨：Schott 出版集团，1964 年），第 29 页。——原注

低沉的

他抛却了该曲式所特有的连奏（*legato*），写下了简洁的音符，并且在它们中间安排休止符，从而使它们各个分立（这与较为传统的合唱作品恰好相反）。最终，这段乐曲听上去更加前卫，更加“怪诞”（unheimlich），足以收入作曲家的最新钢琴曲目录了。（同一时期，类似的音乐只见于贝多芬的《春天奏鸣曲》①中的第二乐章，或见于他的《月光奏鸣曲》里的小快板乐章，其中就有强制重音和出现在非常规位置上的休止符）：

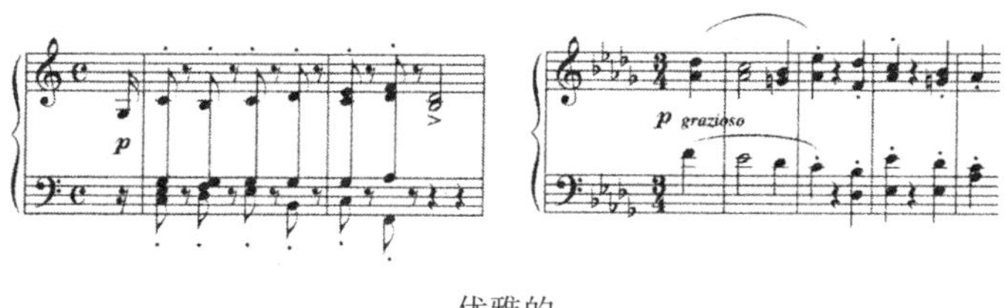

优雅的

---

① 《春天奏鸣曲》（*Frühlingssonate*），op. 14之二。

我仅仅在斯卡拉爱乐于阿钦博尔第剧院演出的那场音乐会上听到过这样的演绎，那是一种感人的，戏剧性的，同时又
213 带着一股从谱纸上一跃而出的小小活力的演绎。在那场音乐会上，乐队伴着灵巧的猛烈，以耀眼的光和微微的热喷洒着那一段抽象的合唱段落。

某些“乐句突如其来，又一闪而过”①，穆蒂却有本事让其中短小的插句发出光芒，大师的这种能力令他在歌剧院里创造了又一个奇迹：以帕伊谢洛的《尼娜》为例，引出戏剧场景和林多罗（Lindoro）咏叹调的小提琴声部，先要拉一个保持三小节的音符 G，再要拉一个没完没了、照旧要延续三小节的音符 D（由此，主音和属音都进行着自我校正），但在两者之间，却一鳞半爪地夹着句不被注意的插句，仅由三个八分音符组成：

① 卡尔梅洛·贝内著，《作品集》，第 1017 页。——原注

在穆蒂看来，这正是必须变成“歌”的部分。他停下来，向茫然不觉的乐队指出这一点：“它是一个重要的旋律！”（远非拖得很长的装饰音）。他的观察一针见血。对于这首G大调咏叹调而言，那个E显然是对“心的音程”的弥补，而这一旋律最终得以被准确地分离出来全赖大师的直觉（即引号中提到的内容“心的音程”），毕竟，单论音长的话，它与周围的音所构成的比例关系仅为3∶26！再来看看乐谱上几个 214
特定部分的延续（六度E决定了五度D），就更要叫人对他的处理（将它作为真正的、完全独立的插句）赞叹不已了。第一幕终曲的开头会唤起你同样的感受。它拯救了六度音程，很像在演奏海顿第六号奏鸣曲的某个主题时发生的情况，在这里，他恳请第一小提琴保持住那个音，“就像你舍不得离它而去”：

仔细审视就会发现，穆蒂已经利用这些带着难以抗拒的“抒情性”急切地压向那个G的装饰音，制造出了一座名副其实的宝藏。而瓦格纳之所以会对“贝五”第一乐章中双

簧管那一小段婉转音律发自肺腑地感兴趣，也是出于同样的感知力；他在《论指挥》中提到了这一点，并坦言，作为一名指挥，直到他能够“唱出”那个小节，他才开始慢慢理解整部交响曲：

> 很久以前，我从伟大的施罗德—德弗里恩特女士[①]
> 那重音清晰、表情丰富的演唱中，得到了许多关于节奏，
> 关于如何正确演绎贝多芬音乐的启示。从此，我发现，
> 例如在处理贝多芬《第五交响曲》第一乐章里双簧管动
> 人的婉转音律时，我就不可能再允许乐手以传统的怯生
> 215 生的窘迫方式去进行演奏；事实上，获得这样的眼光不
> 仅令我掌握了正确演绎这一婉转音律的方式方法，还帮
> 助我发现并感受到第22小节中第一小提琴声部持续不
> 断的延音所产生的真正意义和表现力。于是，通过这两
> 处看似微不足道的细节，我找到了震撼人心的传情效
> 果，并由此建立起了新的视角。立足这一视角看出去，

① 威廉明妮·施罗德—德弗里恩特（Wilhelmine Schröder-Devrient，1804—1860），德国女高音歌唱家。她的戏剧与音乐才能在瓦格纳早期歌剧的演出中发挥了重要作用。

> 整个乐章便在更为明亮、更为温暖的光芒中显现了形状。①

现在你该明白了，穆蒂极力要求乐队成员好好演奏《耶稣基督临终七言》里那两个带有装饰音的主题，怎么可能是巧合呢？

首先，他请他们在演奏时做到“一气呵成，不要断断续续：否则，你就会听到它立刻变成了一支舞曲！”②然后，他发出了一道简单而坚决的指令：“当然，它或许是一组装饰音，但你必须时刻想着它是一个重要的旋律，而不仅仅是一组装饰音。”③这显然又回到了《论指挥》中最玄妙的境界，即将第一 216

① 瓦格纳撰，《论指挥》，第268及以后数页。——原注

② 这里穆蒂指的是“我渴了”，第119—122小节，第一小提琴部分。——原注

③ 这里指“一切都成了”(*Consummatum est*)，第90—94小节，长笛部分。——原注

眼看上去微不足道的细节改造成纯正的“歌曲”。[①] 如果要证据，可以从《忏悔者的庄严晚祷》那写得密密麻麻的谱纸上找到，其中，在器乐与人声合唱之间，装饰音主导着旋律：[②]

我忍不住还要拿瓦格纳的《众神的黄昏》(*Götterdämmerung*)来做参照。在序幕里，他写了一曲简短的交响诗，当命运女神消失后，晨光变得愈加明亮，背景中摇曳的火光则显得更

---

① 关于瓦格纳的文章及使用装饰音的风尚，可参阅我的论著《演奏工作：〈圣体颂〉与莫扎特的财富》(*Il compito del traduttore: “Ave verum corpus” e la fortuna di Mozart*，比萨：SEU 出版社，2006 年)，第 26—43 页。亦可参阅《演奏工作 2：瓦格纳〈论最佳演绎〉》(*Il compito del traduttore, 2: Wagner “de optimo genere interpretandi”*，比萨：SEU 出版社，2008 年)，第 81—91 页，特别是其中谈论施罗德—德弗里恩特的那段。——原注

② 莫扎特《忏悔者的庄严晚祷》，“赞美主”(*Confitebor*)，第 66—69 小节。——原注

为暗淡，此刻，正是齐格弗里德(Siegfried)与布伦希尔德(Brünnhilde)自岩壁的洞室现身前的一瞬：①

217

① 这里指《众神的黄昏》，序幕，刚好在日出前一刻，第 326—343 小节。——原注

这一回，穆蒂给乐手和合唱队上了真正的一课。他停下来，用逼迫式的口气对他们说道："好极了，对，就照此去做！"可是，当你打算指挥K. 550的开头时，你会对他们说些什么呢？你要怎样给他们解释这段音乐呢？让我试着用自己的大白话来说明一下这个情况：在《忏悔者的庄严晚祷》里，中音提琴和高音提琴的演奏只是把装饰音拖出来（a strascino）而后扔掉这么简单，这些乐手极有可能曲解装饰音的抒情性
218 （从技术上讲，抒情性就是让音符"唱歌"的可能性）；由此可知，当他们面对莫扎特《g 小调第四十交响曲》这类杰作的著名开头时，或许一上手就会把它变成那种令人难以忍受的喧嚣杂乐（charivari），事实上，这也是所有指挥都会对它做的蹩脚处理。当然，我这里说的"所有指挥"是指那些不明白在 K. 550 中，即便是"非常快的快板"（*Molto allegro*）和一连串的二度音都充满了歌唱性（melos）的指挥！穆蒂用这一迷人的对比来告诫乐手，要他们用自己的乐器来唱歌，这不是第一次，也不是最后一次。说不定，在他的内心深处他会赞同：茜尔维·瓦尔坦将这支交响曲改编成一首情歌，并为它配上这样的词"Questa musica vibra nell'aria / e racchiude una grande magia, / mi trascina in un mondo incantato / dove regna la tua fantasia"（风中乐声荡漾 / 裹

挟神妙魔法，/ 使我忘情桃源 / 置身你的幻想）[①]，并非完全不对。“莫扎特的旋律，”吉诺·斯特凡尼写道，“就是朗朗上口，这点人人都听得出来……那首歌为它填上了词，唱起来相得益彰，算是完成了此曲通俗化的最后一步。哎，这曲调就是适合演唱，不是吗？最终，通过歌唱，她使它回归了理想的原生态。”[②]再进一步看，在排练《忏悔者的庄严晚祷》时发生的情况还指明了另一些事：醉心于歌唱的大师，将装饰音视为标杆，就像年轻的里夏德·瓦格纳一样（如前文所
述，瓦格纳首先是作为杰出的乐队指挥而声名鹊起的）。这 219
个例子并不是“很有年头”，却广为人知。今天之所以用上它，是因为它将穆蒂与那些被海因里希·申克尔辛辣地鄙薄为“小指挥”（die jungen Dirigenten）[③]的音乐理论家区分

① 法国一代“流行音乐天后”茜尔维·瓦尔坦（Sylvie Vartan，1944— ）唱的这首歌名为《亲爱的莫扎特》（*Caro Mozart*），诞生于 1971 年。值得一提的是，这位法国歌手不是扭着鼻子像擤鼻涕似的（*emunctae naris*）哼唱，而是用意大利语填词来演唱。——原注

② 吉诺·斯特凡尼著，《理解音乐》（*Capire la musica*，罗马：Espresso Strumenti 出版社，1978 年），第 66 页。——原注

③ 海因里希·申克尔（Heinrich Schenker，1868—1935），奥地利作曲家、音乐理论家、教育家、评论家，以详尽分析 18 至 19 世纪的音乐曲式、和声、调性而闻名，他的音乐分析法被称为“申克尔体系”。海因里希·申克尔撰，《那些小指挥们》（*Die jungen Dirigieren*，1896 年），转引自赫尔穆特·费德霍费尔（Hellmut Federhofer）编，《身为杂文家和批评家的海因（转下页）

了开来。那些年轻的指挥家，循规蹈矩，甚至拒绝“演唱”《女人善变》的副歌部分。

自瓦格纳时代以来，对于管弦乐队的演奏员们来说，还有一件事也已成为金科玉律，那便是“就像你舍不得离它而去”。请允许我从《忏悔者的庄严晚祷》中再引一段①，它的开头也“如一支舞曲”。在这段音乐里，穆蒂最挂心的是乐手们“在演奏长音时，不失其洪亮的张力”：

（接上页）里希·申克尔》（*Heinrich Schenker als Essayist und Kritiker*，希尔德斯海姆：Olms 出版社，1990 年），第 175—181 页。——原注

① 指“天主如是说”，第 117—122 小节。——原注

正如瓦格纳在《论指挥》中写到的，“我们如今的乐队，几乎都不知道什么叫平均持续音。若是让任何一位指挥随便点一种乐器，不管哪种都行，然后，请乐手给出一个饱满的、拖长的强音，他就会发现，乐手傻了，而且他会震惊于自己的要求竟然如此难以实现”。[①] 为此，面对一位女高音——她在格鲁克的《伊菲格尼娅在奥利德》中饰演第一幕第五场里的“另一个希腊女人”（une autre femme grecque）， 220

穆蒂大师叹道：“女士，‘guè—è—è—èrre（战——争）’。这个音一定要长！长而均匀！”顿了顿，他又补充道：“年轻一代都有这样的通病【急于唱下一个音】，即使在乐队中也有此类问题！”

这种为一个音而大动干戈的做法，并不只是为了捍卫

---

① 瓦格纳撰，《论指挥》，第 283 页。为了弄清楚他对这个问题有多重视，请注意该观点反复出现了多少次：第 269、272、279、282 及以后数页，第 286 及以后数页和第 295 页。——原注

某种发声技巧(如瓦格纳所见,这种发声技巧几乎已经因为人们的浅薄见识而濒临失传)。它还是一种在“全局观”下,对细节进行高度把握的标志——不同于只作表面文章;而且,尤其是在歌剧演出中,它让每一处都具有了典型的传情
221 达意的功能,更容易引起共鸣。就举一个来自《摩西》的例子吧,它出自最后三十小节。想想那辉煌的“平静的海洋”,它用“意大利风格”演绎了一把贝多芬和舒伯特,以及歌德诗歌《寂静的海洋》(*Meeresstille*)中那“可怕的死寂”。穆蒂准是洞悉了罗西尼写最后那个C大调和弦的目的:将垂死的苏格拉底的临终遗言,轻轻送入听众的耳朵——“克里托,我们欠阿斯克勒皮俄斯一只公鸡。记住这事,万不可不上心。”这里甚至有对尼采之言的暗示,他的解释令我们都很沮丧,“凡长耳朵的,都听好了:哦,克里托,人生就是一场骗局”①:

---

① 苏格拉底的遗言都记录在柏拉图的《裴多篇》(*Phaedo*)里,第118页;而尼采说的假相,则出现在《垂死的苏格拉底》(*Der sterbende Sokrates*)里,No. 340,见《快乐的科学》(*Die fröhliche Wissenschaft*),卷4:“无论是死亡还是毒药,或者是虔诚抑或邪恶让他说:‘哦,克里托,我欠阿斯克勒皮俄斯一只公鸡。’对于有耳朵能听的人,这句既可笑又可怕的‘遗言’就意味着:‘哦,克里托,人生是一场久病!’这可能吗?一个像他这样的人,一生乐观,从一切外表看来都似战士无二——竟是个悲观主义者!他仅仅是对生活表现出积极,却始终隐藏着他最终的观点和最深的感受!”这些话是对浅显的(explicit)罗西尼作品的最佳点评。——原注

听穆蒂的版本，让我第一次注意到，总谱上——哎哟，就在临终之时（in articulo mortis）——那含两个降半音的四音列 222 
（一个悲伤的低音[①]自然被写作 C 小调：C、降 B、降 A、G），它出现在辉煌的 C 前，于是，最后的平静就带上了几分浪子凄凉的满足，几分舒曼未解的疑问“为什么？”——“那么现在呢？”[②]

第一幕里的希伯来人进行曲“由远”及近，有力地把幕后戏勾了出来，这种效果自 18 世纪起就已成为音乐史的一部分（用渐强和渐弱来表现某人走近后又渐渐走远的情

---

① 术语 *basso di lamento*，字面意思是“悲伤的低音”，也被称为“弗里吉亚四音列”。——英译本注

② 指舒曼《幻想曲》（*Fantasiestücke*），op. 12，第三曲《为什么？》的最后 12 小节。——原注

景）。那夜，随着一曲正宗的《马德里夜间的归营号》（*Ritirata notturna di Madrid*）①淋漓尽致的演奏，上述效果获得了重生。这是大师独到的手法之一。几年前，他运用此手法，点明了《费加罗的婚礼》中一个阴险桥段里一模一样的“场景”——这个令评论界心绪不宁的“场景”通常会被
223 乐队所忽视，因此，观众是彻底感觉不到它的（第三幕尾声：《你听，是进行曲》）：

① 对于这支名曲，路易吉·博凯里尼（Luigi Boccherini，1743—1805，意大利作曲家、大提琴演奏家）改写过几次，作了少量变奏。只有意大利二战后最重要的作曲家卢恰诺·贝里奥（Luciano Berio，1925—2003）谱写的现代器乐作品——《叠合四种 L. 博凯里尼的原版〈马德里夜间的归营号〉，改编而成的管弦乐曲》（*Quattro versioni originali della Ritirata notturna di Madrid di L. Boccherini sovrapposte e trascritte per orchestra*，1975）——才成功地捕获了它“源于真实生活的内容”，模拟了一支走街串巷的民间小乐队，当它离听众越来越近时，声音渐渐增强，直至响彻云霄，然后，乐队继续前行，声音也渐渐轻下去，直至几乎听不见。在许多歌剧的舞台演出中，这种效果令人印象深刻（且举几个较为显著的例子：《浮士德的劫罚》，第三场，“归营”；《波西米亚人》，第二场，第 27 曲，活泼的进行曲；《汤豪舍》，序曲，第 1—80 小节，以及第一场 3^a 与第三场 1^a），但它几乎总是面临着失落在委顿的乐队指挥手里的风险，就像时而发生在罗西尼的渐强中的情况一样——也像发生在诸如莫扎特的《费加罗的婚礼》中的情况一样。——原注

评论文章反映了人们的震惊：这支“有些生硬，有些拘束，有些尖刻的婚礼进行曲，真是古怪”[1]，“它制造出了一种近乎异化的效果，好像一支锡兵进行曲”[2]。

穆蒂仅仅是让一些平时不显山不露水的音乐“显露出了
戏剧性”[3]：虽然我不清楚他是否读过贝克尔的《管弦乐队的
故事》，但即使他没有读过，却依然凭着对总谱本能的全情投
入，产生了与书中的假设[4]不谋而合的观点。就像阿多诺，用 224
十行睿智的论最佳演绎的文字，就为所有不管好歹都必须从

① 让·维克托·奥卡尔（Jean Victor Hocquard）著，《莫扎特的〈费加罗的婚礼〉》（*Le nozze di Figaro di Mozart*，米兰：Emme 出版社，1981 年），第 129 页。——原注

② 马西莫·米拉（Massimo Mila）著，《解读〈费加罗的婚礼〉》（*Lettura della 'Nozze di Figaro'*，都灵：Einaudi 出版社，1979 年），第 143 页。——原注

③ 从而让人本能地联想起最优秀的莫扎特戏剧史学家斯特凡·孔策（Stefan Kunze）的要求：“整个终场都属于戏剧场景音乐；这就是说，与其他所有的音乐段落相比，它应该被当成真正的音乐加以理解，即使它不是严格意义上的‘舞台音乐’。”见《莫扎特歌剧》（*Mozarts Opern*，斯图加特：Reclam 出版社，1984 年），第 259 页。——原注

④ 在这本精彩的书里，保罗·贝克尔指出，渐强及其后必然的渐弱，可能制造出怎样的“交响”效果啊：“一群慢慢走近而后又渐渐远去的人，对于此类场景，是多么适合用渐强和渐弱来表现，”这样，“舞台上的一举一动，就都与管弦乐演奏的一张一弛相映成趣了”。见《管弦乐队的故事》（*The Story of the Orchestra*，纽约：Norton 出版公司，1936 年），第 75、76 页。——原注

事音乐工作的人提供了一把放诸四海而皆准的标尺：如果你要演绎一行音乐，别多想，你唯一的选择就是“抄它一遍”。在《音乐和语言片论》中，阿多诺写下了一段略嫌夸张的话：

> 演绎语言，意味着：理解语言。演绎音乐，意味着：演奏音乐。音乐演奏是表演，综合而论，它与语言演绎有着相似之处，但又说不出有哪些具体的相似性。这也是为什么演绎的理念并不是音乐的一个附属性，而是它不可或缺的一部分。正确演奏音乐，意味着首先要正确使用它的语言。这就要求对它本身进行模仿，而非进行破译。音乐只有在模仿性的实践中才会显露其本来面貌，诚然，这种情况可能会在你默想一段音乐的时候不知不觉地发生，就像默读时文字的意思会自然浮现一样；音
> 225 乐从不屈从于某种审视，因为这会让演奏变得支离破碎。如果我们想要在语言活动中找到一种可比照的行为，那就一定不是文本破解，而是文本抄写【*abschreiben*】。①

---

① 特奥多尔·阿多诺撰，《音乐和语言片论》(*Fragment über Musik und Sprache*)，载《文集》，卷16，第253页——原注

我以为，这正是穆蒂的过人之处，为此，他才会在《尼娜》第二幕一开始的地方说："这里不需要指路牌；该有的东西都已暗含在音乐里了。"也恰恰是因为这点，让他不同于那些偶尔会去关心一下"要与演奏保持距离"的人（为了彻底说清楚，我且举个例子，向来被认为是重量级指挥的卡洛斯·克莱伯，"就让他自己与演奏保持着一定的距离"①）。所以，为了指明在苏珊娜的咏叹调《致心爱的女人》（*Per l'amata padroncina*）里，音乐风格已极其明显——在那一刻，他作为"打拍子"②的人便无所作为了——穆蒂向乐队建议"放自然些，不管怎样，你们都会油然生出演奏的感觉"：

① 原文为德语"unabhängig von ihrem Vollzug deutet"。

② 原文为"battitore libero"，字面意思是"自由发球者"，引申为"足球自由人"，即足球运动中的一个防守位置，司职此位的防守球员被从一些特定的职责中解放了出来；因此，这是一个讽刺的文字游戏，专指那些只管打拍子，别的一概不管的指挥——这种指挥也被称为 battisolfa，字面意思为"随首调唱名法打节拍的人"、在视唱练耳时打节拍的人。作者在体育和音乐间玩了个一语双关，译文无法表现其中的幽默。——英译本注

托斯卡尼尼唤起过同样的工作灵感。“很多次,”他向阿德里亚诺·卢阿尔迪坦言,“我感到是合唱队、乐队自己要唱;于是,在他们甚至还不察觉的情况下,我放了那么一点儿,
226 让他们随着良好的直觉以及那一刻神圣的激情走,我反倒成了跟随他们的人。”①

相反,在《费加罗的婚礼》里,第四幕开场,那旧时的(*d'antan*)音乐开玩笑的“程式”只是一种表象(虽说赫尔曼·阿贝特②提到了帕伊谢洛)。《我把它丢了,我好苦恼》(*L'ho perduta, me meschina*)代表着无法言说的空虚达到了极点:

---

① 阿德里亚诺·卢阿尔迪(Adriano Lualdi, 1885—1971),意大利作曲家、音乐评论家。这段话来自卢阿尔迪著,《乐队指挥的艺术》(*L'arte di dirigere l'orchestra*,米兰:Hoepli 出版社,1940 年),第 55 页。这些差不多是曾在斯卡拉歌剧院工作过的意大利合唱指挥罗马诺·甘多尔菲(Romano Gandolfi, 1934—2006)于一次《纳布科》演出完毕后说的话,此剧从头至尾的每一个音符都为哀伤之情所统摄。甘多尔菲小时候在菲登扎(Fidenza)周边地区的舞厅里拉过手风琴,从那时起,他的血液里就流淌着音乐。成年后,他比任何人都更深刻地理解了阿多诺所谓的“抄写”是什么意思。一次,他对一个满脸羞涩、极为矜持地向他表达恭维之情的女孩说:“女士,有时候我感觉到他们想‘往前走’,于是,我就让他们走了。”(布塞托,2001 年 7 月 27 日)——原注

② 赫尔曼·阿贝特(Hermann Abert, 1871—1927),德国历史学家、音乐学家,著有关于莫扎特、舒曼的权威论著,对希腊音乐和中世纪音乐也有深入研究。

是的，我情不自禁地想到：芭芭丽娜(Barbarina)那可怜的悲伤，与《好姑娘》(*Buona figliola*，皮钦尼作曲，1760年)终场开头，切基娜(Cecchina)的《我不停地寻找，却仍然无法找到平静和慰藉》(*Vo cercando e non ritrovo la mia pace, il mio conforto*)有着亲缘关系。就在这时，穆蒂叫停了排练，这一回，他建议那位女高音全身心地投入剧情："女士，您根本没有失落胸针的感觉呀；您甚至都没有意识到自己失落的是什么。"与之相似的是伟大的俄国导演斯坦尼斯拉夫斯基， 227
他有一次在自己的学校里这样教导一位学生：

> 不，别指望我们相信你第一次是在找胸针……你甚至想都没有想到它。你只是为了感知痛苦而去寻找痛苦。不过，第二次，你确实在找了。我们全都看见了；我们之所以明白，之所以相信，全在于你的惊愕和

心烦意乱真的出现了。你第一次表现得不好,第二次却很棒。[①]

现在再回到《费加罗的婚礼》终场,随着速度与音调的突然变化,合唱(ensembles)的表演颇得要领——在慢板和快板中,犀利地再现了一遍惊愕与困惑——丝毫没有冒重复自己的险,因为,所有的情节都在缓急法这把大伞的指示下聚拢到了一块儿:虔诚地(*Religioso*)。看上去恰到好处。似乎这是唯一的办法,可以明明白白地标示出伯爵夫人的肉体与最后那曲经文歌中的"圣体"(*verum corpus*)[②]间真实

---

① 康斯坦丁·斯坦尼斯拉夫斯基(Konstantin Sergeevič Stanislavski, 1863—1938),俄国著名导演、演员,"斯坦尼斯拉夫斯基表演体系"的创立者,著有《演员的自我修养》等。这段选自《演员的自我修养》(*Il lavoro dell'attore*,巴里:Laterza 出版社,1956 年),第 1a 页,第三章"开始。我'假设'。'规定场景'"(*L'azione. I'se'. Le'circostanze date'*)。他请这位学生表演以下场景:就在母亲被解雇的当天,一个女孩丢失了朋友送给她以解燃眉之急的宝贵胸针。——原注

② 《圣体颂》(*Ave verum corpus*),K. 618。穆蒂所捕捉到的东西,在关于莫扎特的论著中都提到过:米拉著,《解读〈费加罗的婚礼〉》,第 176 及以后数页,"突至的庄严,圣中之圣(*sancta sanctorum*),那位祈祷者哀哀求恳,更大的恩典从天而降,一种宗教的氛围,一曲宗教的众赞歌";奥卡尔著,《莫扎特的〈费加罗的婚礼〉》,第 163 页,"它的精神,与经文歌里以死亡(*in mortis*)开头的最后一击的精神相近"(莫扎特《圣体颂》的最后一行歌词为"*in mortis examine*")。——原注

而香艳的类比。

事实上，这给了人们一种惊喜，一种对全新“音响”的惊 228
喜。在《耶稣基督临终七言》里，穆蒂对最后那首奏鸣曲，即“最奇特、最深奥的段落”——“主啊，我把我的灵魂交给你了”（*In manus tuas Domine*）做了仔细的研究；于是，在开始前，他把所能调动的最高明的技巧都调动了起来，率领乐队进入这一篇章：他没有开口，而是弯着腰（*inclinans se deorsum*）[①]，哼起了篇首的“格言”主题：

这便是那些不可废止的指挥手法之一：

> 以歌唱为出发点：从马里亚尼到曼奇内利[②]，从托斯卡尼尼到塞拉芬，他们每个人都是这么做的，这也是

---

① 出自《约翰福音》第 8 章 6，“*haec autem dicebant temptantes eum ut possent accusare eum Iesus autem inclinans se deorsum digito scribebat in terra*”——“他们说这话，乃试探耶稣，要得着告他的把柄。耶稣却弯着腰用指头在地上画字”（和合本译）。

② 路易吉·曼奇内利（Luigi Mancinelli，1848—1921），意大利指挥家、作曲家，曾任纽约大都会歌剧院指挥。

> 最出色的管弦乐指挥家们沿用至今的手法;因为,论效果和精确性,没有哪种手段可以与之比肩。最好的办法永远是直接把一个提示音、一句乐句或一句简洁的插句唱(*cantanre*)给台上的艺术家或乐队中的演奏员听,*做个样子让他们模仿*(*il modello da imitare*),以此帮助他们理解人物、乐章、重音、呼吸,以及【乐段中】最深层的感情:简言之,就是帮助他们理解一切无法用话语来传达的东西,一切构成音乐不可言喻(*ineffabile*)面的东西——音乐真正的本质。[①]

在“主啊,我把我的灵魂交给你了”里,几乎一开场就包含了由圆号奏响的标准五度(所谓的 quinte dei corni,“圆号五度”,在此曲中它要被双簧管重复一遍),而且,正如大师在
229 排练时所言,这段音乐必须是“从远方传来的”。因此,他直接有针对性地指向了第 8—12 小节(进而是再现段落里的第 88—92 小节):

---

① 卢阿尔迪著,《乐队指挥的艺术》,第 54 页。这是一本杰出的著作,却常常不受重视;斜体字为笔者所加。——原注

音乐会当晚，这段旋律呈现出难以置信的美，因为它有效地拒绝了对忧伤的一般化处理，在我看来，是改以含蓄的手法略略透出忧伤的感觉。次日，我翻开总谱，发现穆蒂在前一晚成功做到的每一点都有据可依，都体现了他戏剧作家般专业的素养。没错，在海顿为《耶稣基督临终七言》所谱写的音乐里，通篇都没少了圆号。事实上，它们从一开始就是整体中的一部分。只是，除了极强的终乐章“地震”（*Terremoto*）里短小的第50—52小节，两把圆号一次也没有按照典型的六度—五度—三度的超吹模式进行演奏，而这恰恰是圆号天生的吹奏模式，甚或它还证明了流行术语“圆号五度”的合理性（即便是宏大的协奏曲“皇帝”也从头至尾仰仗它）。然而，在《耶稣基督临终七言》里，相反的情况出现了。圆号几乎总在吹奏一系列的八度或连续的八度—五度。海顿小心翼翼地将上述演奏模式一直“存”到最后才用，使之获得救赎和升华，以完成那个高贵的象征，并用它来描绘耶稣受难历经苦痛后回家的感觉，“主啊，我把我的 230

灵魂交给你了”。(时至今日，在遗体告别会上，人们仍在使用这样的表述：“今天，他离开尘世，回到了天父身旁。”)乐曲乡愁浓郁，那是一种在舒伯特的众多艺术歌曲中都出现过的思乡之情，有时传达游子归家的意境，有时表现“无家可归的”(heimatlos)天涯飘零客的深切痛楚。在德国传统里，这点尤为突出。哪怕是供家庭自娱自乐的通俗小品，也都充斥着类似的乐段，而且这样的乐思重复再多次也不为过(说句题外话，在普通人家里，可不大会用两把圆号来吹奏这段音乐，而很可能是用钢琴来弹奏它：人人都乐意接受这样的“就地取材”!)。虽然同样的例子不胜枚举，但就这一点而论，海顿的旋律线却是最基本的案例。不过，在洪佩尔丁克的歌剧《汉塞尔与格蕾特尔》(*Hänsel und Gretel*)里也有一段一模一样的音乐，即格蕾特尔在森林边喃喃诉说“林中站着个小矮人，不动也不语”(Ein Männlein steht im Walde ganz still und stumm)时，我们所听到的音乐：

在林中

跟这段日后的化身相比，写于 1785 年(《耶稣基督临终七言》问世之年)的前者——请原谅我使用这种教学化的年代 231
排序——因为额外的花哨之音而暗含了几许早期浪漫主义的韵味。它可算是一部描写纯“印象”(Empfindungen)的歌剧，其中几乎没有任何“画面”(Malerei)提示(除了“地震”，我只数得出三个反例：“一切都成了”中的“韵律”，“我渴了”中的“雨”和“主啊，我把我的灵魂交给你了”中的“故乡”)，穆蒂却无可挑剔地捕捉到了它拟态的一面。而且，这种拟态性还在最后几小节由长笛、圆号共同制造出的、常为人低估的回声效果里得到了加强，为作品添上了戏剧性的一笔。面对乐队的音乐家们，穆蒂把表情记号“总是较轻柔地”(*sempre più piano*)，翻译成“仿佛光亮不再有了”：带有几分学校讲台的温煦，“他的归巢是黑暗，他等待着，始终在轻柔地啜泣”。在回声部分，那个插句很弱地(*pp*)重复了一遍，此处，大师照样凭直觉从“恢弘的画卷”中发现了这一闪而过的本质，并且——我不免又要老生常谈了——极精准地演绎出了它的戏剧性。

1994 年，他指挥《诺尔玛》时，也是以同样的本能下意识地复制了这种气氛，地点(我敢)肯定是在拉文纳的阿利吉耶里歌剧院（Teatro Alighieri）[1]。当情侣间的戏剧冲突达到白热化时，音乐中出现了一个十六分音符动机，它使人联想起交响乐中的战栗，其后跟着一小段齐刷刷的上行音阶——顺理成章地承接了属和弦的“王冠”[2]——引出了二重唱《你终于落入我手》（*In mia mano al fin tu sei*），而在它前面还有一段由圆号演奏的独特音乐：

232

我以前总是觉得，那些插句不仅过于墨守陈规，而且过于拟态，过于斑斓，过于晦涩——一句话，就是什么都过了，所以放在像《诺尔玛》这般严肃的悲剧终场里显得格格不入。然

---

① 唉，这种事屡见不鲜：每当一部作品在两地上演时，其中，演出质量较好的那场几乎从来都不出在斯卡拉；只因为在较小的市镇里，那些“规模更人性化”的剧院给他们提供了千金难买的王牌（atout）。——原注

② 王冠（corona），指的是音乐中的自由延长记号（𝄐）。

而那晚，圆号的声音真的好悠远，几乎难以觉察，而且隐隐透着种回声效果，魔法般地勾起了思乡与怀旧之情（显然，这样的情绪注定要再现）。我第一次认识到一片自以为早已熟知的“地方”的美，是穆蒂领我走进了这片地方，它就和纪尧姆·阿波里耐笔下所描述的一样怡人，“记忆是狩猎的号角 / 它的声音随风消散了”（Les souvenirs sont cors de chasse / Dont meurt le bruit parmi le vent）[①]。

这种不经意的“创造力”，正是观众对每个堪当“艺术家”称号的从艺人员的要求。一天，在佛罗伦萨的圣洛伦佐教堂（Basilica di San Lorenzo），距离威尔第的《安魂曲》开演仅剩几个小时之际，穆蒂嘱咐了意大利青年管弦乐团几句话，这些话证明他不愧为一个真正的艺术家——憎恨“将任
何灵性的东西封死”[②]的人。穆蒂说：“别光想着要那样做！ 233
今晚看着我，跟着我：到时候会有些不一样的东西出现——

① 纪尧姆·阿波里耐（Guillaume Apollinaire）撰，《猎号》（*Cors de Chasse*）。想更多地了解猎号的读者，可以阅读这样一本奇书《九首阿拉伯风格乐曲以及一种从森林到乐队的对“猎号”浪漫之爱的“信息”》（*Nove arabeschi e un 'Messsaggio' di romantico affetto al 'corno da caccia' passato dal bosco all'orchestra*），阿纳尔多·费里古托（Arnaldo Ferriguto）著，维罗纳：Chiamenti 出版社，1952 年。——原注

② 这句知名引语来自卡尔梅洛·贝内的《圣母看见了我》，见《作品集》，第 1074 页。——原注

连我自己都还不知道今晚会做些什么!”(而当他获悉男低音斯特凡·埃伦科夫[①]根本看不懂拉丁文脚本,保不准每唱一句都会出错时,他又说:“今晚,无论出什么状况,看着我就行!”)卡尔梅洛·贝内曾在他的随笔《独白》(*Il monologo*)中,以一个乐队指挥的例子来批评某位演员,指责他完全低估了所饰角色在台上的作用,结果成了“说书+教导+演示式的”叙述者:

> 完成了最后一次“彩排”,乐队指挥却在“首演”中摔了指挥棒,接着,他尽可以反过来数落说“从演员、乐手、歌手起,一切都乱了套”,他们本该有更好的表现,勇于冒险;起码这样,某些不由自主、不负责任、无缘无故跳出来的东西,或许就会从那扇敞着红色天鹅绒窗帘的巨大窗户后,扑向到目前为止都被“死气沉沉的”剧本“麻痹”得全体陷入冷漠的观众,他们聚在那儿只想再讨一剂安神的药。[②]

---

① 斯特凡·埃伦科夫(Stefan Elenkov,1939—1997),保加利亚男低音歌唱家。

② 卡尔梅洛·贝内《作品集》,第1010页。——原注

不用说，正是因为这些特点，对于像里卡尔多·穆蒂这
样的指挥家，人们不应该只听他的录音。坐在扬声器前，三
十次地反复聆听同一种效果，是错误的！因为，随着一遍遍 234
的重复，那效果会僵死，会变成一种“糟糕的效果”！

或许正是上面提到的那种一成不变（aplomb），令穆蒂在某天下午的排练中感到失望，当时，他在菲耶索莱的托拉恰别墅[①]里教导演奏员们说：“让我们把章法留给别人吧！”这话激起了我的爱国豪情，有那么一刹那，它又转为“反爱乐”之心。穆蒂的循循善诱把我们从唱片录制业通行的“国际化风格”中拉了出来，给乐手们提供了创造“民族”声音的可能性，同时也使他们免遭时下冒进的物化大潮的冲击。他在米兰排练帕伊谢洛时，曾提醒演奏员们注意即将到来的强后立即变弱（*fp*）：

① 菲耶索莱的托拉恰别墅（Villa la Torraccia），现为菲耶索莱音乐学院（Scuola di Musica di Fiesole）的所在地。

他向他们保证，这不过是个小花样——他们只须立即停下手上的弓，并“随着那个弱把力都移至弓的左端，否则，声音就会死掉”——而“在维也纳，如果你不想让乐队把它演奏成一个普通的强加一个普通的渐弱，你多半得花上十分钟的时间向他们解释这一点！”[①]这在德语国家势必是一个相当普遍的通病。早在 19 世纪末，就有评论家指出：“弦乐
235 和管乐习惯于以一个强音—减弱（*forte-diminuendo*）来替代规定的强后立即变弱（*fp*）。这样的错误几乎所有乐队都会犯，从而让作曲家一心想要实现的效果大打折扣。为了使音符从最初的强直接过渡到后面的弱，你必须要求弦乐在出击后把弓收回来一点，要求管乐把气收回来一点。”[②]

此外，坚决而有动态的对比在舞台上也是极其重要的，它同样是戏剧的象征之一。戏这类事物，其根本的、“首要

---

① 这里讨论的乐段是焦尔焦的咏叹调《他的病不应该伤心》中的第二句“如果你们看见过，我的大人”（Se vedeste, mio signore），选自《尼娜》第一幕，第四场。——原注

② 卡尔·施罗德（Carl Schroeder）著，《关于指挥与打拍子的问答手册》（*Katechismus des Dirigierens und Taktierens*，莱比锡：Hesse 出版社，1889 年），第 37 页。——原注

的特点历来就是表现冲突”①；在《尼娜》第一幕终曲的一开始，随着一个简洁而响亮的滑奏(*coulé*)(由十六分音符和三十二分音符组成的上行音)，四重唱发起攻势，接着是八分音符轻柔的断奏，对于这样的反差范本，穆蒂做了强调。在他看来，尽管这是一段速度均匀的连奏乐段，但小节的划分应该被视为真正的分水岭：

“它们是两种截然不同的(diverse)呈现：前者是催逼，后者 236
是闲庭信步。”同样是这支终曲，它的尾声要求速度转快(*Più allegro*)，乐队在“有点疯狂……”的演奏中结束了全

① 意大利戏剧评论家、理论家西尔维奥·达米科(Silvio D'Amico，1887—1955)所撰的词条“戏剧”，见《意大利百科全书》(*Enciclopedia italiana*，1949)，卷13，第202页。——原注

曲，然后，只见穆蒂将拇指和食指相扣成环，两手同时摆出一个人人都懂的姿势OK，仿佛在说“太完美了”。

在《唐·乔瓦尼》于拉文纳上演之前，我们所有的人都对那些宣叙调一无所知——没成想，这一细节竟然决定了整场演出的成败。那些宣叙调不仅实现了莫扎特的创作欲望（在一封1778年11月12日自曼海姆写给父亲的信中，莫扎特满腔热情地说“在【格奥尔格·】本达[①]的作品里，他们在音乐与音乐间或者在音乐的伴奏下讲话：歌剧里几乎所有的宣叙调最好都这么处理”），而且还为全长三小时的演出带来了真正的惊喜。这种伴奏模式是这样的：仅一个音，一组和弦，余下的便是长长的静默。这乍听起来似乎很奇怪，但在大师的指挥下，却从第一段起便牢牢地抓住了观众。它也为故事情节平添了喜气与机敏，而常见的一组接一组的和弦，加上羽管键琴奏出的叫人难以忍受的终止式，只会令音乐失去活力。一位大牌评论家——他偏爱的大概是那种“更全面、更平衡的”指挥（这当然也无可厚非）——

---

① 格奥尔格·本达（Georg Anton Benda，1722—1795），本名伊日里·安东托宁·本达，捷克作曲家、小提琴演奏家，在德国被称为“格奥尔格·本达”。作有教堂音乐、管弦乐曲、室内乐、音乐话剧（加器乐伴奏的话剧）等。

在看过演出后指出：所有这一切（显然很新很莫扎特），都“太有想法了”。

穆蒂不仅把故事内容告诉了我们，还把整个戏剧都交到了我们手中。第一幕结尾处，有我钟爱的名段——由三支小乐队演奏三首不同的舞曲。这段音乐在评论文章中常被提及，但在剧院里却几乎听不到，出于“秩序感”（law and
order），指挥家们会有意模糊边界，将三首舞曲混在一起，只 237
选出其中的一首作为主打（很多时候，那首小步舞曲就这样被埋没了）。此前，我从没听过合奏发出如此令人苦恼的嘎嘎声，而结果我完全可以欣赏乐段中那粗糙刺耳的声音——它让音乐有了真实的味道。穆蒂掌控着整个舞台空间，并赋予了它鲜活的生命，只有一流的“导演”（metteurs en scène）才能做到这些。

就同样的问题，我们再来看一下罗西尼《湖上夫人》（*La donna del lago*）的第一幕终曲。我很好奇，（如果不是站在汉斯·维尔纳·亨策英雄般的视角来看的话）在穆蒂之前，是否有人已经意识到，戏里的那支乐队真的不只是一支乐队这么简单，它的作用更在于使管弦乐队的规模成倍地扩大，因此，它真正的光芒理应重现于舞台：

这是不是该作品“首演”170 年后，又一个被解开的疑问呢？我相信是的，而且，它还被解决得如此之好，以至于我必须承认，当我听到它时就开始想：过去，瓦格纳和马勒都大胆地做过这么一件事——为戏外的管弦乐队重新（*ex novo*）编写配器法，为什么穆蒂没有鼓起勇气去做同样的事呢？不过，就算他只是自己在心里琢磨了一下，我也还是要对他表示感谢。

又一次，完全是大师手笔，不仅把空间整个儿“填满了”（很罗西尼），而且还选用了一种格外“实在的语言”（很阿尔
238 托）来激活空间。由此，我意识到，自己先前将穆蒂与“导演”作类比，正是出于某种自由的联想——有此反应的原因之一便是我听从了心灵的召唤而非理性的思考（esprit，本义：精神）。这恰如为什么听帕伊谢洛的《尼娜》会让人回想起阿尔托精彩的论述文《舞台调度与形而上学》一样。这篇文章写道，戏剧诞生于电光火石之中——“突然的一道闪电”便是“剧情的突变”（‘coup de foudre’ *id est* ‘coup de

théâtre')！——那闪电是卢卡斯·范莱登的画作《罗得之女》中照亮罗得女儿们的光[①]："它所表达的情感……即使从很远的地方望去，也是那么清晰可见；那遍布整幅画面的视觉和谐，呼之欲出，极度震撼，叫人过目不忘。"[②]另外，卡尔梅洛·贝内也有一段阐述其戏剧观点的话，与阿尔托的这几句话不谋而合，他说："词语就像夜晚的烟花，光亮刺破长空，每一个都以自己璀璨的生命振奋人心；它们的美转瞬即逝，然又已有别的烟花继之而起，闪耀迷人，纵使千言万语也难描画。"[③]这正是歌剧《尼娜》中所有插句和动机的写照。来看最后一首歌《哦，多么甜蜜的渴望！》(*Oh che dolce sospirare！*)。就在大师以玩笑的口吻指示乐手"系紧你们的安全带"后，我们听到，原本非常缓慢的穿插在歌曲里的合唱，在"儿子是爱的怜悯"(Figlio è amor della pietà)这里

---

① 卢卡斯·范莱登(Lucas van Leyden，1494—1533)，本义是"莱登的卢卡斯"，也称卢卡斯·许根斯(Lucas Hugensz)或卢卡斯·雅各布斯(Lucas Jacobsz)，荷兰文艺复兴时期的风俗画家、版画家。他所绘的《罗得之女》(*Le Figlie di Lot*)是表现圣经故事的作品。

② 安托南·阿尔托撰，《舞台调度与形而上学》(*La mise en scène et la métaphisique*)，见《戏剧及其替身》，收于《作品全集》(*Oeuvres complètes*，巴黎：Gallimard出版社，1964年)，卷4，第39—42页。——原注

③ 卡尔梅洛·贝内撰，《马洛》(*Marlowe*)，见《作品集》，第1017页。——原注

分离出去，摇身一变，成为荒野上席卷而过的旋风，与先前的声音大相径庭：

这些旋律带着思想（noema）的声威，带着古代复调经文歌结束时爆发出的简短齐唱才有的荣耀，从余下的音乐里独立出来，接着便展开最后英勇无畏的加速，直至跌落在终止和弦上。[1] 为了指点乐手表现出他们连做梦都不敢想的紧张（*stringere*），大师叫道：“这些都是套路！快呀，快呀！！它不是贝多芬！！！”[2]与此类似的还有《唐·乔瓦尼》的结尾，这个

---

① 关于这句话，关于“思想”（noema），见克莱门斯·屈恩（Clemens Kühn）著，《音乐分析法》（*Analyse lernen*，卡塞尔：Bärenreiter 出版社，1994 年），第 68 页。——原注

② 原文部分为方言：“Queste sono formule! Jamme!! Non è Beethoven!!!”

结尾曾令马勒十分为难，它是男主角死前百无一用的绊脚石：幸存者们从舞台右侧空降而至——“啊，那个恶棍跑哪去了？”(Ah dov’è il perfido?)——聚光灯追着他们，然而，你可以看到，这并不是导演安排的灯光，而是穆蒂单凭声音创造出来的另一束别样的光。他把很快的快板(*Allegro assai*)推向极至，随后为了爱侣们的那场戏，即《亲爱的，现在我们已经报了仇》(*Or che tutti o mio tesoro*)而刹车。坐在漆黑的剧场里，观众们都心知肚明，他已经缔造了一幕完全不同于第 15 场的“场景”。一切都很棒：完美如斯。

这些就是莎士比亚式的“完美幻觉”(司汤达语)，也是
T. S. 艾略特在塞内加和莎士比亚中所感受到的“喧哗与骚 240
动的时刻”。司汤达、艾略特这两位真是懂戏！因为恰恰是在这些例子里，随着认同的加深，观剧者便不知不觉地沉入戏中，从而使简单的“经验”转化为“亲身的经历”，不再是经验(Erfahrung)而是经历(Erlebnis)。穆蒂的指挥风格不仅将一段段关键的表达识别了出来，而且还大胆地以自己的所知使这些关键段落独立成篇——既不破坏作品的完整性，也不使其流失由阿马多伊斯·霍夫曼[①](更不消说亚里

---

① 阿马多伊斯·霍夫曼(Ernst Theodor Amadeus Hoffmann, (转下页)

士多德!)建立起来的音乐的"统一和谐"。例如在《忏悔者的庄严晚祷》中,"感谢上帝"(*Confitebor*)这一曲竟然长达102小节,而在穆蒂眼中,只有第63—65小节才是"全曲唯一的伟大诗篇":

同样,穆蒂执棒的《玛侬·莱斯科》之所以引人瞩目,也是因为倒数二十小节对小步舞曲无与伦比的再现。通常情况下,这段音乐仅仅是给你"听到"一下而已,许多指挥甚至傲慢无礼地将它彻底漏过。可是那天晚上,它听起来就像淹没在水中,神秘莫测,叫人难以辨识,为此每个观众才会带着和主人公一样的绝望试图去抓住它不放。而它却沉在湖底,仿佛安徒生童话里母亲的双眼,在死神花园的井里看见

(接上页)1776—1822),德国浪漫主义作家、作曲家、音乐评论家。原名恩斯特·特奥多尔·威廉·霍夫曼,因崇拜莫扎特,将"威廉"改成了"阿马多伊斯"。曾在班贝格、德累斯顿等地从事指挥工作和音乐创作,其音乐论文对浪漫主义时期的音乐评论影响很大,所写小说很多被作为歌剧脚本的素材。

的是“另一种人生，完全被伤心、贫穷、恐惧、苦难所占据”①；或者说，它像罗伊·利克滕斯泰因②的连环漫画中哭喊的女 241
孩：“我不管！我宁可淹死也不向布拉德求救！”

1970 年 12 月 1 日晚上，正当男中音心灰意冷地讲述着自己的情感创伤（最原始、最让人不堪忍受的：单相思）时，急不可耐的铁皮鼓锵锵锵地敲了起来，此时，音乐一心想用爱国主义般质朴的“情感”将两者糅合到一处。突然，场内响起了一阵格外有力且嘹亮的号声，它“充满了整个剧院”——好似罗西尼的指令一般。③ 它是一根不为人知的支柱，就像当铺里售卖的老货又破又旧，可重要性却不输给任何舞美装饰。那一夜，30 岁的年轻后生里卡尔多·穆蒂携

---

① 汉斯·克里斯蒂安·安徒生撰，《母亲的故事》（*Storia di una mamma*），见《故事 40 则》（*40 novelle*），玛丽亚·佩泽-帕斯科拉托（Maria Pezzé-Pascolato）编译，米兰：Hoepli 出版社，1931 年，第 32 页。——原注

② 罗伊·利克滕斯泰因（Roy Lichtenstein，1923—1997），美国画家、雕塑家、图形艺术家。最初使用抽象的表现主义技法，20 世纪 60 年代起转向波普艺术，成为该领域的鼻祖之一，色彩鲜艳的大幅连环漫画是他最受欢迎的作品。

③ “所以，我老说，音乐就是一股正气，它充满了整个剧院，戏里的各路人马就在这个地方粉墨登场。”安东尼奥·扎诺利尼（Antonio Zanolini）转述，见《与罗西尼的一次散步》（*Una passeggiata in compagnia di Rossini*），转引自路易吉·罗尼奥尼（Luigi Rognoni）著，《焦阿基诺·罗西尼》（*Gioacchino Rossini*，都灵：Einaudi 出版社，1977 年），第 379 页。——原注

《清教徒》初次登台。“我认为，舞台就是一个实实在在的具体场所，它需要被填满，需要用属于它自己的实实在在的语言来说话”[①]：鼓声来自四面八方——这种超级现代的表现手法也体现在《走向〈普罗米修斯〉》[②]中，与《十字路口》(*Quadrivium*)或《应答曲》(*Répons*)[③]一脉相承——它们听起来别有一番效果，而且这效果是如此显见，乃至奇迹般地令导演成了多余的人：[④]

---

① 原文为法语“Je dis que la scène est un lieu physique et concret qui demande qu'on le remplisse, et qu'on lui fasse parler son langage concret”，引自阿尔托撰，《舞台调度与形而上学》，第 45 页。——原注

② 《走向〈普罗米修斯〉》(*Verso Prometeo*)一书，收入了路易吉·诺诺(Luigi Nono, 1924—1990)的歌剧《普罗米修斯》(*Prometeo*)，诺诺是 20 世纪意大利古典音乐界杰出的先锋派作曲家，该书还收录了他的一些文章。

③ 《十字路口》是意大利作曲家、指挥家同时也是电子音乐先驱的布鲁诺·马代尔纳(Bruno Maderna, 1920—1973)的代表作之一，这部作品由四个乐队组和四个打击乐独奏来演奏，乐队和独奏的谱子都是写好的，但他们之间的互动、组织、发展却由指挥来定，乐队指挥俨然时刻站在十字路口，决定着音乐的走向；《应答曲》是法国作曲家皮埃尔·布莱兹(Pierre Boulez，1925—　)为传统乐器和电声乐所写的实验性作品，需要一支乐队、六位独奏和电声装置共同完成表演，演出时乐队处于场地中央，独奏围绕乐队占据六个角，乐队的站台前则是由技术人员控制的电声装置，作品重在表现乐器音响与其电声变化形式之间、乐队与受电器控制的独奏乐器之间、个别演奏与集合共鸣之间的应答关系。

④ 这里谈论的音乐片段出自《清教徒》，第一幕，No. 9，第 12—29 小节。在路易吉·诺诺为《走向〈普罗米修斯〉》所绘的一幅草图中也表现了类似效果。见汉斯·彼得·哈勒尔(Hans Peter Haller)撰《弗里堡实验音乐工作室关于“现场电子音乐”技术的研究》(*La tecnica del "live* (转下页)

242

次日，我开始好奇于彼时彼刻演员们都在做些什么，合唱在哪儿，是不是全都被一块指示季节的背景幕布遮挡起来了？至于别的所有细节，悉数在唱词中做了交代，那唱词仿佛是直接脱胎于历史小说的一般。与山德罗·塞奎①有关的一切我都忘记了，是的，什么也想不起来了。那个时候我才明白，

(接上页)electronic" allo Studio sperimentale di Friburgo)，引自《路易吉·诺诺和电声乐》(Luigi Nono e il suono elettronico，米兰：米兰音乐出版社，2000 年)，第 213—217 页。——原注

① 该剧导演。

对我而言，导演——从最糟的角度讲，还有“戏剧”——已经被那个站在乐队中央的黑发小子取代了，而我差不多整晚上都在为那个小朋友叫“好”。埃尔薇拉（Elvira）的咏叹调结束
243 时，我叫得格外起劲，毫无疑问，那就像在为一粒进球而大声欢呼一样！虽然卡内蒂、阿多诺、欣德米特分别在他们的著作《大众与权力》[①]、《大师的高超技艺》[②]、《演奏》[③]中表达了对从众心理的厌恶，但我绝不是跟着哄，也不是有什么过盛的精力需要发泄，而是出于某种简单得多的原因：真心的认同。自亚里士多德时代起，戏院里的老观众便一直在搜寻演出中每一个短促、意外、稍纵即逝的不同，每一样高于日常世界的东西，以及悄无声息地就在某一刻感动我们的生活——本案例里便是那个男中音。第二天早晨，平藻蒂于评论文章的一开始就做出让步：“在最不该叫好的时候叫好，也是歌剧的魅力所在：说到底，它是生命力与参与度的

---

① 埃利亚斯·卡内蒂（Elia Canettis）撰，《论权力：指挥家》（*Aspekte der Macht : Der Dirigent*），见《大众与权力》（*Masse und Macht*，慕尼黑：Hanser 出版社，1960 年），第 468—470 页。——原注

② 阿多诺撰，《大师的高超技艺》，第 55 页。——原注

③ 保罗·欣德米特撰，《演奏》（*Interpreten*），见《作曲家的世界》（*Komponist in seiner Welt*，苏黎世：Atlantis 出版社，1994 年），第 171 及以后数页；显然，他对指挥的反感本质上是对独裁的反感，这也暴露了他对“元首”既怕又恨的心理——就像他先前提到过的那个乡下朋友一样。——原注

体现”[1]；而我则觉得自己像个恶作剧的男孩，和德安德烈歌曲[2]中的爆破手一样，得到了满足。

这些反应看起来可能非常个人化，好像一时的心血来 244
潮，又像是下意识里产生的某种对往事的怀恋，把属于自己的记忆写在这里似乎毫无意义。不过，也许我们可以透过它看到另一些东西；也许，我们可以借助它用更为明确的语言来描述人与现象的本质。卡尔梅洛·贝内的警告发人深省，他说：导演本应对一切都怀有艺术创作的欲望，可如果大家只满足于照本宣科，像初出茅庐的新手一样坐在最靠近舞台的明暗交界处，带着羞怯，简单地将剧本复制一遍，而置艺术创作欲于不顾，那这份职业就该遭殃了；同样，如果音乐本身已经在某种意义上形成书面指示，而且总谱也

---

① 平藻蒂撰，《由市立歌剧院上演的〈清教徒〉掀起的又一幕热情》，初载《民族报》，1970 年 12 月 2 日，转引自《里卡尔多·穆蒂在佛罗伦萨市立歌剧院，1968—1982》，第 17 页。此前，穆蒂已经在市立歌剧院指挥过另一些作品，但那天晚上是他头一次出人意料地与观众建立起默契，并一下子赢得了他们的好感。作为著名的评论家，平藻蒂以其最具代表性的客观与诚实确认了这一点。——原注

② 法布里齐奥·德安德烈（Fabrizio De André，1940—1999），意大利著名的创作型歌手，作品多表现对社会边缘人士的同情，这里指的正是他于 1973 年发行的单曲《爆破手》（*Il bombarolo*）。歌中唱道：一个文职人员计划去炸议会大楼，却没有击中目标，反而炸飞了一个报摊，结果发现每张报纸的头版都印着他女友的照片（仿佛他能预见未来）。——英译本注

已经完美地取代了剧本(因为它足够清晰地阐明了剧情与场景,且爆发力胜过任何语言文字),此时,若还有谁胆敢葬送配乐戏剧,那他离倒霉也不远了。

在绝大多数观众的心目中,意大利派的传统始于托斯卡尼尼。经年累月,它的谱系已经似参天大树般茁壮成长起来,在这棵"家族树"上有德萨巴塔、古伊、加瓦泽尼和"崇高者"卡洛·马里亚·朱利尼[①](我这里说的崇高者,是照该词的原义来讲的,就是指那种"超越了纯美境界,能让我们的灵魂脱离下界俗世并引领它升入无限王国的"人)[②]。该家族自然也包括了像沃托、塞拉芬这样的指挥大师,他们是

---

① 卡洛·马里亚·朱利尼(Carlo Maria Giulini, 1914—2005),意大利著名指挥家。

② 这个定义来自尼科洛·托马塞奥(Niccolò Tommaseo)的《词典》(*Dizionario*),该书诞生于意大利统一时期,是最重要的意大利语词典之一。我不清楚我们中有多少人会这么想,但我和费代莱·达米科的意见一致:"'我们在英国这里的人都认为,朱利尼是继托斯卡尼尼之后,意大利出现过的最好的指挥。'我全心全意地赞同",引自《他将是无与伦比的!》(*Insuperabile sarà lei!*),见《音乐新闻全编》,第1613页;"朱利尼恰恰相反:那声音,那活力,所有的一切,全是为乐句处理而生的;而且,他的乐句处理不是让人一下子就能看见的,它更私密,更个性化,同时又相当深刻,强大无比",引自《今晚,是上帝在指挥》(*Stasera dirige Dominiddio*),同前,第1655页;说到拒绝自己所钟爱的富特文格勒的专辑,达米科写道"你尽可以留着你的唱片,我却想随着他的转世投胎刷新自己的记忆,所以,我更乐意去听朱利尼",同前,第1505及以后数页。——原注

歌剧秘密的守护者，在管弦乐队置身的那个“坑”里不见天 245
日地工作着。和前辈大师威尔第、普契尼一样，他们把这份遗产代代相传，而到了60年代末，穆蒂来了。根据意大利的音乐习俗，他既指挥交响乐保留曲目又指挥歌剧——没有在两者间设置森严的等级鸿沟，因为，后者那“典型的”劲度与戏剧力会赋予前者活力，而通常在处理前者时所秉持的庄严与慎重也会被用于后者。那个关于“表现”的难题(*vexata quaestio*)，顷刻间便迎刃而解了：对穆蒂而言，音乐——无论配不配剧本——必须总能“说话”；它必须尽可能地以最快、最真的方式向观众传递信息，毋庸多言，音乐必须尊重剧本，但在表演时却要带着和原剧作者一样的(天生的？本能的？直觉的？)创作冲动去复制它(所以，我前面参照了阿多诺谈论“抄写”的佯谬理论)。

人们在欣赏配乐戏剧时，特别容易与之产生互动，这是因为，除了单纯的剧情，每个音符也都有自己的含义。新的情节，根本上说就是由音乐构成的情节，源源不断地产生，显得很有必要，这在穆蒂身上可认为是其“导演”才能的展现。卡尔梅洛·贝内就曾在《纳西索斯之声》(*La voce di Narciso*)中预言过有这样的导演——即使面对最晦涩的内
容，他也有能力从中提取出核心思想。无论信与不信，这就 246

好像导演成了摆设：因为穆蒂取代了他的位子，成为所谓的“导演的剧院”（Regietheater）[①]里的导演，这样的剧院因为太独特而不为人所知。他独具慧眼，这种天性令他既可以从数行乐句中撷取出感人肺腑的“场景”，又可以指挥一首活力四射的歌曲，并且百分百地令人信服。他让观众在剧院里享受到可能享受的最高级别的体验，几个世纪以来——恕我老调重弹——这样的体验已经囊括了如下精彩：认同、同情、怜悯、默契和恐惧。

那年的12月1日，我开始理解到这点，而我再次无比深切地体会到这点，是在1996年6月的某个下午。当时，我碰巧在博洛尼亚市立歌剧院（Comunale di Bologna）看到穆蒂进行《乡村骑士》的最后一次乐队排练，再过十天该剧就要在拉文纳上演了。没有歌手，没有合唱，显然，也没有舞美，可我却觉得，听者能从马斯卡尼那儿获得的最大享受我都获得了。而且，由于我还记得简短的故事梗概，结果证

---

① 德语“Regietheater”意为导演的剧院或制作人的剧院。这个词指当代（尤其是二战后）一种允许导演（或制作人）对某部规定的歌剧（或戏剧）进行自由发挥的实践。在这类实践中，不仅原作者的初衷、特定意图和舞台指示（如果给出的话）可以被更改，舞台地位、时间顺序、角色分配乃至情节要素也可以改。这种改动最典型的出发点可能是为了和传统表演划清界线，也可能是为了某种特殊的政治指向。

明,没有脚本也未对理解造成任何阻碍——甚至,它还让我产生了一种在观看传统表演时从未有过的感觉。

不言而喻,要是我听到的是托斯卡尼尼与乐队单独排练时留下的著名录音(即排练威尔第《茶花女》第二幕第二部分“弗洛拉家的聚会”时的录音),那么,我也会产生类似的感觉。有些事不由得人不信:我的确不需要看见舞台上的肢体表演,因为,指挥家已经把这一切都呈现出来了。他代理了导演的工作,单凭音符这一非严密的手段就取代了脚本和说明,足见,阿尔托在他那篇“形而上学的”论文中将 247
戏剧比作高耸的金字塔,这种戏剧观是多么正确!埃及人不正是从无到有地在沙漠中建起了一座戏剧大山吗?(这所谓的“无”其实是法老小小的尸骸——也就是,剧本。)“放弃对舞台加以利用,就和下面这种人无异,”阿尔托写道,“他们说金字塔只是用来安葬法老遗骸的,便以法老遗骸只占一个壁龛大小的地方为由,命人把金字塔炸了。与此同时,他们可能把一整套神奇而智慧的体系也一并炸了,在这套体系中,遗骸不过是前提,壁龛仅仅是起点。”①

---

① 阿尔托撰,《语言初论》(*Première letter sur le langage*),见《戏剧及其替身》,第 127 页。——原注

或许，我可以通过再次引用某个意大利人（特指卡尔梅洛·贝内）对儿时的记忆，来更好地阐释自己的感觉：

> 基本上，在我眼里，“带唱”的戏剧才是唯一的戏剧：音响、灯光、壮观的场面、华丽的舞美，演出中没有人像日常生活中那样讲话。但有那么两三次，我去看了另一种表演，在年幼的我听来，那些“说一口大白话”的人都很轻松自如，仿佛只是在相互抱怨，唧唧咕咕。……
>
> “他们几时开唱啊？”我缠着奶奶问个不休。
>
> “傻孩子，这些演员光说不唱的。”
>
> “他们光说？我们为这个就付他们钱？”
>
> 248 “当然啦，为什么不呢，难道你想让他们白说？”
>
> “可这家戏院不就是我们平常来听音乐和唱歌的地方嘛。”
>
> “嘘！这些演员和音乐不沾边。他们没有那样的好嗓子。”
>
> “好吧，那我们到底干吗来了？”[1]

---

[1] 卡尔梅洛·贝内撰，“话剧舞台（朱塞佩·迪斯特凡诺）”，见《圣母看见了我》，引自《作品集》，第 1112 页。——原注

这段亲身经历格外吸引人的眼球，因为它包含了那位伟大的男演员对配乐戏剧和歌剧根深蒂固的热爱。在歌剧院，人们歌唱；在普通戏院，他们不唱。于是，贝内的童年记忆就变成了一种寓言，不仅证明了他对歌剧真挚的热情，也表明了他对戏剧的看法。众所周知，他的观点与阿尔托的如出一辙："在换装过程中，特别是在疏忽大意，发生穿错戏服、跑调等事故时，往往会出现失语的症状。在这类突发状况下，结结巴巴、失常抽搐、小声嘟哝、阵阵狂咳、冷汗淋漓、热汗直淌或失声叫喊都会支配舞台表演。"[①]接下去，他继续写道："剧作家之所以被认为是剧作家，是因为他的脚本(清除了那些让人太不舒服、一来一往俗套无味的"俏皮话")已经不仅仅停留在计划阶段，而成了真实的舞台呈现；就音乐的特性而论，总谱也必须在其庆典之夜经历重新的阐释。"[②]

如果上帝保佑，那么，在换装过程中是不会有一个或一 249
行悲剧脚本里的字眼或句子从演员嘴里吐出来的。这样一来，贝内的童年理想就实现了：演员们都住了嘴，不再相互

① 卡尔梅洛·贝内撰，"话剧舞台(朱塞佩·迪斯特凡诺)"，见《圣母看见了我》，引自《作品集》，第 997 页。——原注

② 同上，第 1006 页。——原注

诉说台上正在发生的事。随着演员坠入“失语”之境，剧本与临时住嘴的演员之间便形成了对照，它将语言放在一头，将其他一切有别于语言的东西放在另一头。这就是一个成人在回首儿时与祖母一起经历的事情后得出的理论。“突发状况”最终导致“支配”。从戏剧角度讲，所有处在天平另一头的东西，都比语言更有分量。

对于“结结巴巴”，尤其还有“失声叫喊”的偏爱，将语言推到一边，将其他大量无法清楚识别的东西如残余物一般统统推到另一边。这样的偏爱并非孤立的奇论。相反，在长达两千多年的辩论中，始终有人执此观点，它差不多纵贯了整个戏剧史。与之对立的是亚里士多德，他的看法刚好相反，他对“文本”的热情胜过任何附加内容或其他与演出相关的元素。照此看来，迷上配乐戏剧是势在必行的了。贝内对“对话”提出了异议（这“对话”已经和连珠炮似的俏皮话一并挨批），又将“白话”戏剧与欢闹的演出进行了比照（亚里士多德在《诗学》里用的两个术语分别是 *lexis* 和 *opsis*，对话与戏景）。换言之，一方面有拙劣的戏剧，另一方面也有真正的戏剧。这就是为什么当他想和大家分享他的诗学时，会选择歌剧。他对总谱（partitura）的热情之所以越
250 来越浓，是因为总谱在话剧和配乐戏剧之间建立起了一种

令人信服的相似，这种相似非常重要。在歌剧里，总谱取代了剧本，身兼“剧作家”之职的导演最终消失，让位给作曲家，当然，还有乐队指挥。

这类范例帮助我解释了里卡尔多·穆蒂作为一名乐队指挥的偏好、长处和个性。与贝内的观点（文本是戏剧的敌人，戏里该有些别的东西）一致，舞台演出也显示：乐队“伴奏”是可贵的附加内容——正是它的存在，才让那些闲扯——不管是“苏格拉底式的”还是纯粹的“言语”——失去了立足之地。这也是我在博洛尼亚聆听《乡村骑士》时心潮澎湃的原因，因为我听到的是被当成“交响诗”（symphonische Dichtung）一般来演奏的《乡村骑士》。回到1970年的12月，同样是这个理由，让我突然对大师格外强调的几个重音产生了好奇心，这些重音出现在《清教徒》第一幕尾声的高潮处，那儿有一场三人交锋（ménage à trois）的戏——“啊！你干了什么？”/“囚犯！”/“正是！”/“来呀，现在就用高贵的剑来说话。”/“不，你还是跟她一起逃吧。”（“Ah! che festi?” / “La prigioniera! ” / “Dessa io son!” / “Vien... tua voce altera or col ferro sosterrai.” / “No, con lei tu illeso andrai.”）：

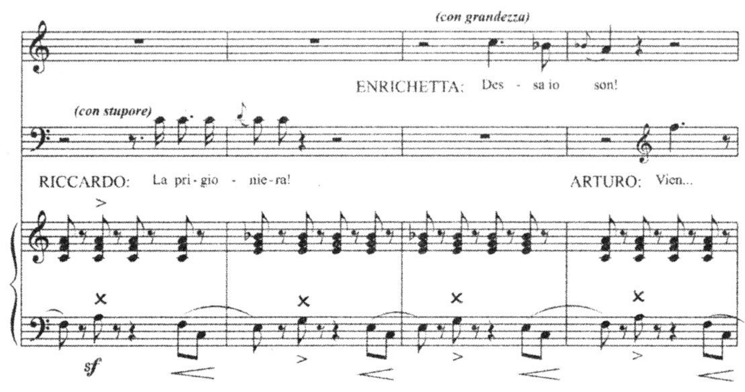

251 穆蒂以一句“戏剧性的话语”——“就像在扮鬼脸!”——巧妙地向乐手们诠释了威尔第曾经说过的“从现在起,用不了多久,你们就只能看到我的音乐”①,以及阿尔托说过的“不仅悦耳,而且悦目”②。我本人也在某些令人难忘的歌剧片段里发现了这一点,这些片段来自《纳布科》、《尼娜》和《费加罗的婚礼》:③

---

① 贝内认为这些是威尔第的话,见《作品集》,第 1011 页。——原注

② 阿尔托撰,《舞台调度与形而上学》,第 40 页;他接着写道:“那穿过满天星斗绽放的烟火”(Le grésillement d'un feu d'artifice à travers le bombardement nocturne des etoiles)。——英译本注

③ 指《纳布科》中的交响段落,第 207 及以后数小节;《尼娜》的第一幕开场(大师谈及过);《费加罗的婚礼》,序曲,第 61 及以后数小节。——原注

一句话，在“导演的剧院”如日中天的年月，配乐戏剧就是从最高意义上来理解的戏剧的范式：

> 更荒唐、更叫人难以忍受的是在抒情歌剧里出现 252
> 了一位导演。……【他】通常会用“病态”的舞美和道具搞砸一个场景：我在听莫扎特的时候，必须盯着一间“不怎么样的”客厅看，这种视觉折磨逃也逃不开。灯光永远无视音乐，它的用途仅仅是“照明”，以及（在晴空万里时）投下一些黄昏和拂晓的色彩，其实音乐的明或暗已经交代了色彩的变化。威尔第早有预见：“从现

> 在起，用不了多久，你们就只能看到我的音乐。”……在威尔第心里，音乐从来就等于表演，而且，它还包含了大量经过严密计算的“标准”效果，这些效果同样不可能允许视觉上粗俗的画蛇添足。……黄金时代的（顶级）戏剧久已湮没，那个时候，文字即音乐，直至欧里庇得斯—苏格拉底式的叙事诗（*epos*）出现，才用它的辩证法摧毁了悲剧诗歌。这场对陶醉的道德理由不宣而战的战争，必定需要一个冗长闲扯的序幕，它骗走了戏剧的“形而上学慰藉”。[①]

眼前的这些话，像小手册上的文字一样简洁，它们摘自前面提到过的贝内的《独白》——这或许是他最重要的文章：一方面，配乐戏剧的音乐是如此具有表演性，以至于你几乎可以看见它更甚于听见它（也正因如此，导演所做的任何事情才注定是多此一举）；另一方面，剧本及其辩证的痛苦，不可救药地破坏了观众的陶醉感。由音符修葺起来的魅力非凡的建筑，也是戏剧与舞台调度的一个庄严象征。

253 总之，亚里士多德在读那些悲剧作家的作品时，关心

① 卡尔梅洛·贝内著，《作品集》，第1005、1011及以后数页。——原注

的是他们所写下的文字，而对演出文本的概要（*conspectus*）与装置（*apparatus*）①几乎不上心。许多人都保有这样的分级思想，现代尤以阿尔托为代表。卡尔梅洛·贝内和阿尔托一样，一心想把所有会在演出时盖过文本的东西从戏里清除掉，结果他发现，配乐戏剧才是再现文本的理想剧种，因为音乐（戏剧表演）扩展了剧本（文本）的内容，与之相比，剧本（文本）反而显得微不足道，只能靠边站了。讨厌的剧本被总谱所替代，作曲家取代了可憎的导演的席位。

就好比，一方面，如果没有乐队指挥这位神奇的中间人，我们甚至都无法理解作曲家；另一方面，也不是每位指挥都有里卡尔多·穆蒂那样敏锐的戏剧感。他的艺术都体现在舞台上了。

正如尼采在 1880 年春天写道的：

---

① 这是术语，瓦拉（1498 年）和帕齐（1536 年）最先将亚里士多德的作品翻译成拉丁语时就使用了这两个词来解释希腊语单词 òpsis。贝内的读者不会惊讶于以下事实：第二个术语“从那时起就总是出现在拉丁语版《诗学》的注释中”；见弗朗切斯科·多纳迪（Francesco Donadi）撰，《谈亚里士多德哲学对戏剧的阐释》（*Per una interpretazione aristotelica del dramma*），载《诗与文体》（*Poetica e stile*，帕度亚：Liviana 出版社，1976 年），第 6 页。——原注

254 诗人激起我们本能的欲望去探究戏剧，作曲家则不然，他让我们的欲望休息；是否有一天，诗人与作曲家可以达成一致呢？当我们全身心地投入音乐时，我们的大脑里没有文字，那是一种极大的放松。一旦我们再回过来听歌词，并试图得出一些结论——简单地说，就是当我们试图去理解文本时——我们对音乐的感觉立时立刻(*illico et immediate*)就变得肤浅了，我们将它概念化，将它与情感进行比较，我们寻找着符号式的答案。所有这些都非常具有娱乐性，但那独一无二的、能让我们的思想歇息片刻的高深魔法，那一度令精神的艳阳变柔和的神圣暮色，却统统消失了。反过来，只要你不再去琢磨文字的意思，一切又会回归有序：幸运的是，通常这就是规则。你应该永远偏爱那些写得不怎么样的文本，因为它们不会抢夺你的注意力，反而老是在说“忘了我吧”。[①]

换言之，他或多或少和穆蒂想到了一起：“即使你完全

---

① 尼采《遗言录》(*Frammenti postumi*)，编号3.118。——原注

不理解它也没有关系，因为，重要的是你个人听到了什么，以及这让你产生了怎样的感受——丝毫不必担心那些专家会怎么想。”[①]

① 这是2010年1月18日晚上，里卡尔多·穆蒂对博拉特监狱的在押犯们所说的话。——原注

说明：

索引中所标页码为意大利语原版页码，即中文版页边码。

人名索引

A

B

D

E

F

G

K

L

M

R

S

T

W

Y

Z

图 1　穆蒂母亲，吉尔达·穆蒂·佩利—塞利托。

图 2　穆蒂父亲，身着军医少尉制服的多梅尼科·穆蒂。

图 3　穆蒂和小学同学的全班合影，中间的老师是穆蒂的爷爷多纳托，站在他右手边的就是里卡尔多·穆蒂。

图 4　1952 年 5 月 15 日,年少的穆蒂在莫尔费塔举办的一场音乐会上演奏小提琴。图中是这位年轻的小提琴手摄于 20 世纪 50 年代初的照片。

图5　穆蒂在早年的一次排练中。

图6　而立之年的穆蒂在休息间里小坐。

图 7　和妻子克里斯蒂娜在拉文纳自家的花园里，摄于 20 世纪 70 年代。

图 8　和儿子多梅尼科在一起，摄于 1979 年。

图 9　牵着拳师犬在雪中的拉文纳散步。

图 10　和儿女们在斯卡拉歌剧院的休息间，摄于 1981 年。

图 11　全家人在拉文纳的家中，摄于 2000 年。

图 12　穆蒂夫妇，摄于 20 世纪 80 年代。

图 13　在意大利北部的高山运动胜地科尔蒂纳丹佩佐(Cortina d'Ampezzo),摄于20 世纪 80 年代。

图 14　在拉文纳下属的马里纳-迪拉文纳(Marina di Ravenna),摄于 20 世纪 80 年代。

图 15　2004 年 12 月 7 日，在修葺一新的斯卡拉歌剧院，穆蒂携家人出席开幕庆典，并指挥了开幕演出安东尼奥·萨列里的歌剧《欧罗巴的现身》（*Europa riconosciuta*）。

图 16　在斯卡拉歌剧院的观众席里。

图 17　在斯卡拉的一场音乐会上，摄于 20 世纪 90 年代。

图 18　1967 年，在诺瓦拉的科恰歌剧院指挥坎泰利指挥大赛的颁奖音乐会。

图 19　1968 年的一张签名照。

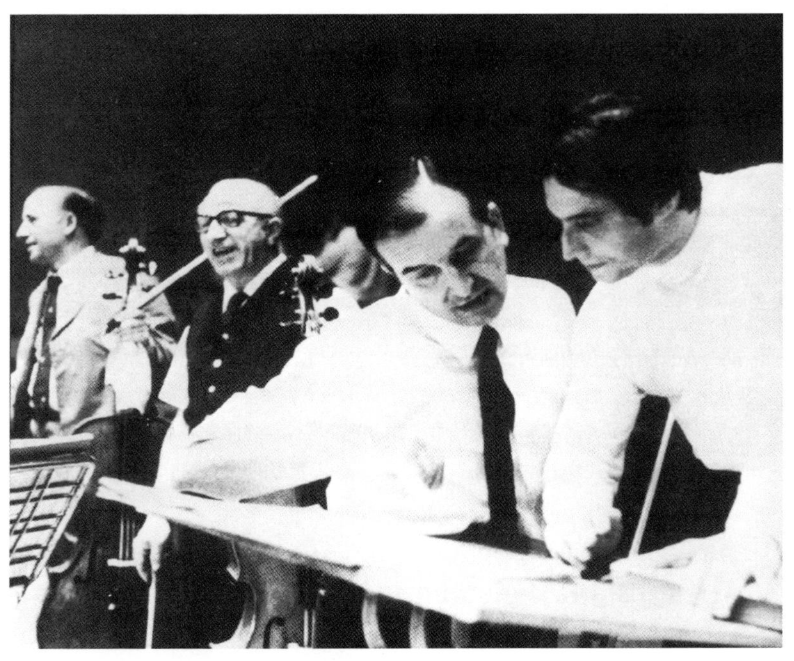

图 20　1969 年，在罗马的 RAI 礼堂，为表演普罗科菲耶夫的《第三交响曲》和肖斯塔科维奇的《第十三交响曲》做准备。肖斯塔科维奇“第十三”中的歌词选自叶夫图申科的诗篇，这部作品的总谱先前已由弗朗切斯科·西奇利亚尼带回意大利并翻译成了意大利语。照片中最右侧的人为穆蒂，他正和第一中提琴洛多维科·科孔在一起，他们身后站着的是第一大提琴朱塞佩·塞尔米。

图21　这两张照片都摄于1981年，斯卡拉歌剧院排演《费加罗的婚礼》期间。上图为穆蒂在指挥，下图为他和导演乔治·斯特雷莱坐在一起。

图 22　1980 年，穆蒂指挥柏林爱乐演出《博伊伦之歌》，这两张照片记录了他和卡尔·奥尔夫的会面，上图是在穆蒂的休息间里，下图是在舞台上。

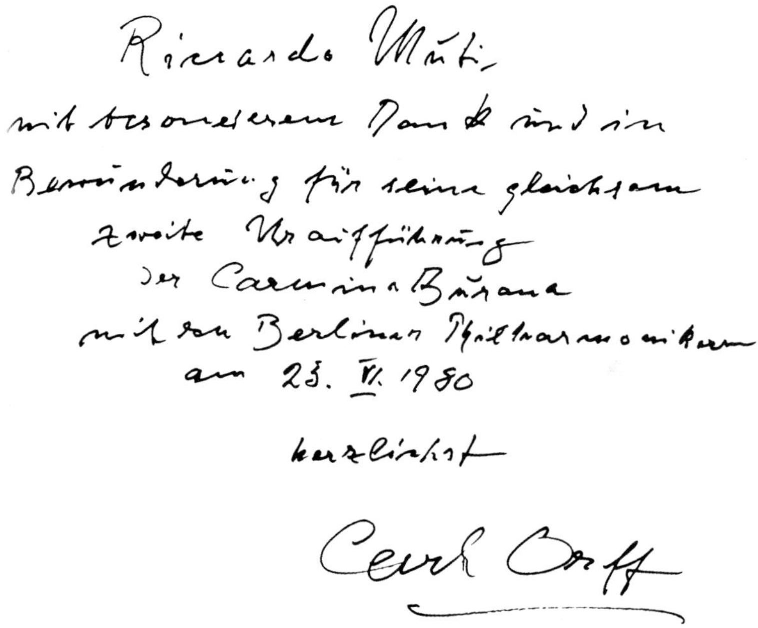

Riccardo Muti

mit besonderem Dank und in Bewunderung für seine gleichsam zweite Uraufführung der Carmina Burana mit den Berliner Philharmonikern am 23. VI. 1980

herzlichst

Carl Orff

图 23　卡尔·奥尔夫的亲笔信:“对于你和柏林爱乐共同献上的这场堪称《博伊伦之歌》二度首演的演出,我致以特别的感谢。”

图 24　和鲁道夫・塞尔金在一起，摄于 1988 年，费城。

图 25　和佛罗伦萨五月音乐节的创始人维托里奥·古伊在一起，摄于1969 年。

图 26　作曲家戈弗雷多·彼得拉西在斯卡拉观看穆蒂指挥他的《亡者大合唱》。

图 27　与钢琴家斯维亚托斯拉夫・里赫特一起在伦敦录制贝多芬的《第三钢琴协奏曲》。

图 28　与尤金・奥曼迪的合影，摄于 20 世纪 70 年代。穆蒂正是从他手中接过了费城管弦乐团的指挥棒。

图 29　同蕾娜塔·斯科托在一起，摄于 1978 年。

图 30　同杰西·诺曼在一起，摄于 20 世纪 80 年代，费城。

图 31　穆蒂及其好友卡洛斯·克莱伯，摄于 1995 年，萨尔茨堡。他们分别把名字签在了对方的头像下。

图 32　1984 年，克劳迪奥·阿劳在费城演完贝多芬的《第四钢琴协奏曲》后，送给穆蒂的照片。他写道："致里卡尔多·穆蒂，一位了不起的艺术家，志同道合的好伙伴。"

图 33　1975 年，小提琴家齐诺·弗朗塞斯卡蒂赠给穆蒂的照片："献给杰出的指挥大师里卡尔多·穆蒂，很高兴能同你一起演出。"

图 34　在布塞托举行的一场露天音乐会，与男高音贝尔贡齐合作演出威尔第的《安魂弥撒曲》。

图 35　在伦敦指挥爱乐乐团。

图 36　1988 年，指挥费城管弦乐团。

图 37　1990 年，阔别斯卡拉歌剧院二十六年之久的《茶花女》在斯卡拉再度上演，照片为首场演出结束后穆蒂上台谢幕。

VIVA L
CONGRATULAZIONI
DEL TOURN
ARRIVED
GR

图 38　2003 年，率领斯卡拉爱乐乐团在日本巡演。

图 39　1993 年，指挥维也纳爱乐乐团献上新年音乐会。

图 40　与柏林爱乐乐团的一场音乐会。

图 41　与芝加哥交响乐团的一场音乐会。

图 42　与路易吉·凯鲁比尼青年管弦乐团在一起排练，这支年轻的乐团是穆蒂一手创建的。

图 43　2010 年 8 月 17 日，在萨尔茨堡音乐节上，穆蒂和维也纳爱乐乐团共同庆祝他们的第 200 场音乐会。

Caro Riccardo
e da tutti noi del Festival di Salisburgo!

图 44　与教皇若望·保禄二世握手。

图 45　2000 年，在斯卡拉的指挥休息间，与英国女王伊丽莎白二世会面。

图 46　穆蒂夫妇与米哈伊尔·戈尔巴乔夫及其夫人赖莎的合影，摄于斯卡拉爱乐乐团成功访问前苏联期间。

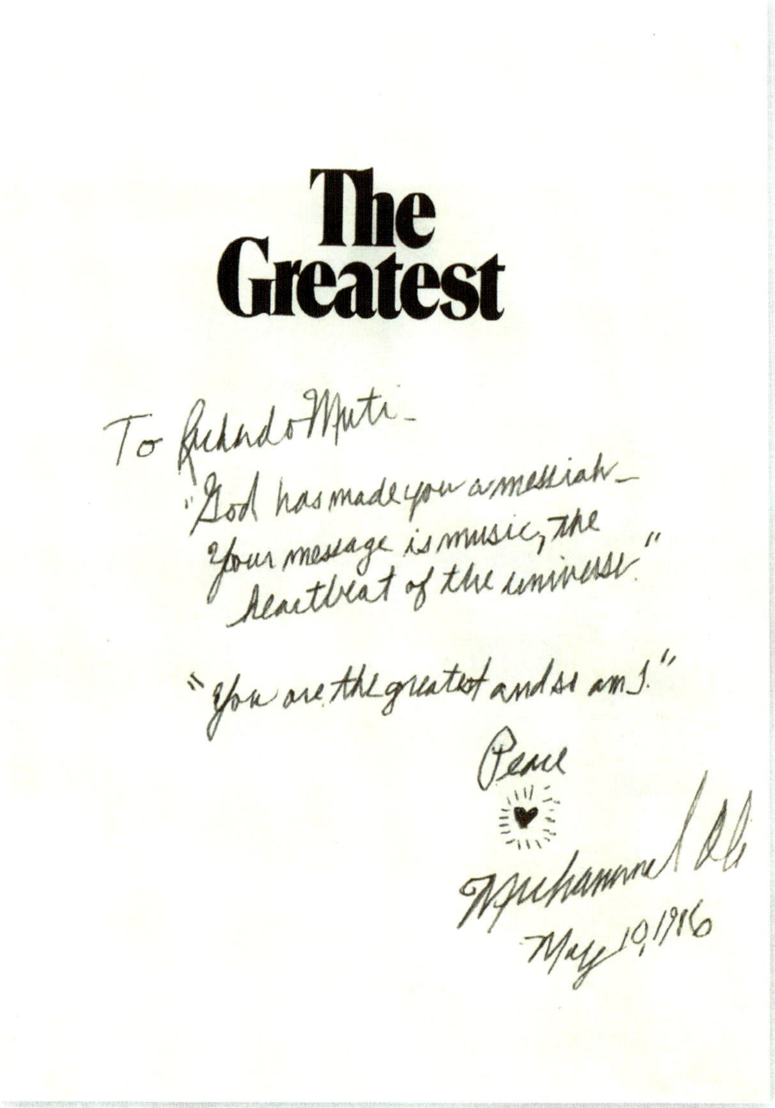

The Greatest

To Richardo Muti –

"God has made you a messiah – your message is music, the heartbeat of the universe."

"You are the greatest and so am I."

Peace

Muhammad Ali

May 10, 1986

图 47　拳王阿里给穆蒂的题词："致里卡尔多·穆蒂，上帝让你成为他的信使，而音乐便是你要传达的信息，它是宇宙的心跳。你最了不起，我也一样。让我们共享和平。"

TEATRO ALLA SCALA

ENTE AUTONOMO

ORCHESTRA FILARMONICA DELLA SCALA

Stagione di Concerti 1995/96

12 novembre 1995 — Direttore **RICCARDO MUTI**
R. Schumann — Concerto per violoncello e orchestra in la min.
Solista: **YO-YO MA**
A. Bruckner — Sinfonia n. 4 in mi bem. magg. (Romantische)

29 gennaio 1996 — Direttore **MYUNG-WHUN CHUNG**
J. Brahms — Due danze ungheresi
L. Janacek — Taras Bulba, rapsodia sinfonica
A. Dvorák — Sinfonia n. 6 in re magg.

19 febbraio 1996 — Direttore **EMMANUEL KRIVINE**
P. Dukas — L'apprenti sorcier, scherzo sinfonico
M. De Falla — Noches en los jardinos de Espagna
Solista: **JOAQUIN ACHUCARRO**
B. Blacher — Variazioni per orchestra su un tema di Paganini op. 26
C. Debussy — Iberia, da Images

11 marzo 1996 — Direttore **SEMYON BYCHKOV**
F.J. Haydn — Sinfonia n. 44 "Trauersymphonie" in mi min.
D. Sciostakovic — Sinfonia n. 11 in sol min., op. 103, L'anno 1905

18 marzo 1996 — Direttore **RICCARDO MUTI**
L. van Beethoven — Triplo concerto in do magg., op 56 per pianoforte, violino, violoncello e orchestra
Solisti: **GIANLUCA CASCIOLI**, pianoforte; **FRANCESCO MANARA**, violino; **ENRICO DINDO**, violoncello
A. Bruckner — Sinfonia n. 6 in la magg.

15 aprile 1996 — Direttore **YURI TEMIRKANOV**
N. Rimskij Korsakov — La foresta incantata, ouverture *da* "La leggenda dell'invisibile citta di Kitez"
S. Prokofiev — Concerto n. 3 in do magg. per pianoforte e orchestra
Solista: **NIKOLAI PETROV**
S. Rachmaninov — Sinfonia n. 2 in mi min. op. 27

6 maggio 1996 — Direttore **RICCARDO CHAILLY**
Bach / Webern — Fuga (Ricercata) a sei voci *dal* "Musikalisches Opfer" BWV 1079
A. Bruckner — Sinfonia n. 5 in si bem. magg.

9 giugno 1996 — Direttore **WOLFGANG SAWALLISCH**
W.A. Mozart — Concerto n. 6 in la magg. K219 per violino e orchestra
Solista: **GIL SHAHAM**
A. Bruckner — Sinfonia n. 3 in re min. (Wagner Symphonie)

I concerti avranno inizio alle ore 20.00

La stagione 1995/96 dell'Orchestra Filarmonica della Scala è realizzata con la collaborazione di

GRUPPO FININVEST

PREZZI SERALI (Tasse comprese)

Posto unico di platea o di palco L. 80.000 - Posto unico di I^a galleria L. 30.000
Posto unico di II^a galleria L. 20.000 - Ingresso L. 6.000

Sui biglietti riservati o acquistati nei giorni precedenti quello del concerto si applica il 10% di servizio prevendita.
I biglietti sono in vendita il giovedì precedente al concerto presso l'Azienda di Promozione Turistica del Milanese (Arengario) Via Marconi, 1 - Milano con il seguente orario: 9.00 - 18.30 sino ad esaurimento dei posti disponibili.

图 48　斯卡拉歌剧院 1995—1996 音乐季的节目单，其中不少演出是由穆蒂邀请的客座指挥执棒的。

图 49　芝加哥的天际线。

图 50　穆蒂指挥芝加哥交响乐团。

图书在版编目(CIP)数据

音乐至上:里卡尔多·穆蒂自传/(意)穆蒂著;谢瑛华译.
—上海:上海三联书店,2015.12
ISBN 978-7-5426-5422-9

Ⅰ.①音… Ⅱ.①穆… ②谢… Ⅲ.①穆蒂,R.—自传
Ⅳ.①K835.465.76

中国版本图书馆 CIP 数据核字(2015)第 305272 号

音乐至上:里卡尔多·穆蒂自传

著　　者 / [意]里卡尔多·穆蒂
译　　者 / 谢瑛华
校　　者 / 徐卫翔

责任编辑 / 黄　韬
装帧设计 / 豫　苏
监　　制 / 李　敏
责任校对 / 张大伟

出版发行 / 上海三联书店
(201199)中国上海市都市路 4855 号 2 座 10 楼
网　　址 / www.sjpc1932.com
邮购电话 / 021-22895559
印　　刷 / 上海盛通时代印刷有限公司

版　　次 / 2015 年 12 月第 1 版
印　　次 / 2015 年 12 月第 1 次印刷
开　　本 / 850×1168　1/32
字　　数 / 200 千字
印　　张 / 12.875
书　　号 / ISBN 978-7-5426-5422-9/K·356
定　　价 / 48.00 元